计算机系列教材

周苏　王文　编著

人机交互技术

清华大学出版社
北京

内容简介

本书是为高等院校计算机科学与技术、软件工程、信息管理与信息系统等相关专业的“人机交互技术”或“人机界面设计”等课程编写的以实验实践为主线开展教学的教材。

全书通过一系列在网络环境下学习和实践的实验练习，把人机交互技术的概念、理论知识与技术融入实践当中，从而加深对该课程的认识和理解。内容涉及人机交互技术知识的各个方面，包括人机交互与用户体验、人机交互的相关学科、人机交互设备、设计指南与原则、设计过程的管理、直接操纵与虚拟环境、命令/菜单与表格填充、人机界面的时尚设计、用户文档和在线帮助、人机交互的质量与测评、信息可视化等，全书包括可供选择的10个实验和1个课程实验总结。

图书在版编目(CIP)数据

人机交互技术/周苏，王文编著. —北京：清华大学出版社，2016(2022.1重印)
计算机系列教材
ISBN 978-7-302-42084-2

Ⅰ. ①人… Ⅱ. ①周… ②王… Ⅲ. ①人-机系统—高等学校—教材 Ⅳ. ①TP18

中国版本图书馆CIP数据核字(2015)第264099号

责任编辑：张 玥 薛 阳
封面设计：常雪影
责任校对：李建庄
责任印制：刘海龙

出版发行：清华大学出版社
网 址：http://www.tup.com.cn，http://www.wqbook.com
地 址：北京清华大学学研大厦A座　**邮 编**：100084
社 总 机：010-62770175　**邮 购**：010-83470235
投稿与读者服务：010-62776969，c-service@tup.tsinghua.edu.cn
质量反馈：010-62772015，zhiliang@tup.tsinghua.edu.cn
课件下载：http://www.tup.com.cn，010-83470236
印 装 者：小森印刷霸州有限公司
经 销：全国新华书店
开 本：185mm×260mm　**印 张**：17　**字 数**：421千字
版 次：2016年6月第1版　**印 次**：2022年1月第12次印刷
定 价：59.00元

产品编号：067043-02

《人机交互技术》前言

人机交互技术(Human-Computer Interaction Techniques)是指通过计算机输入输出设备,以有效的方式实现人与计算机对话的技术,是计算机用户界面设计中的重要内容,它与认知学、人机工程学、心理学等学科领域有密切的联系。

十多年来,结合软件工程、多媒体技术、数字媒体技术等课程的教学实践,我们在多家一流出版社编写出版了很多本相关教材,其中的《人机界面设计》(科学出版社 2007 年第 1 版、2011 年第 2 版)更是为本教材的编写出版打下了良好的教学研究基础。当我们终于完成本书编写工作的时候,很高兴地看到,它至少在以下几个方面具有一定的特色。

(1) 内容新颖,技术先进,包含人机交互技术领域的最新知识内容。

(2) 结构合理,文字流畅,能够适合不同起点、不同层次读者的需要,并具有专业教育所必需的技术深度。

(3) 知识丰富,内容全面。全书内容包括人机交互与用户体验、人机交互的相关学科、人机交互设备、设计指南与原则、设计过程的管理、直接操纵与虚拟环境、命令/菜单与表格填充、人机界面的时尚设计、用户文档和在线帮助、人机交互的质量与测评、信息可视化等,共 11 章和 1 个课程实验总结。

(4) 理论先行,注重实际。结合一系列了解和熟悉人机交互技术丰富知识的学习和实验,把概念、理论和技术知识融入实践当中,使学生保持浓厚的学习热情,加深对人机交互技术知识的认识、理解和掌握。

本书可作为高等院校相关专业"人机交互技术"、"人机界面设计"等课程的教材,也可用作各专业学生学习软件工程技术知识的辅助教材。

在本书的设计编写中,包含以下几个愿望。

(1) 通过基于因特网和多媒体应用环境的实验活动,培养学生自主学习的能力。

(2) 通过针对常用人机交互技术的学习和实验活动,培养学生的动手能力。

教学内容与实验、实践内容紧密结合。每个实验均留有"实验总结"、"教师评价"等部分,最后安排了"课程学习能力测评"环节,希望以此方便师生交流对学科知识、实验内容的理解与体会,以及对学生学习情况进行必要的评估。

蔡锦锦、周志民、张泳等参加了本书的编写工作。本书的相关资料可以从清华大学出版社网站(www.tup.com.cn)的下载区下载。欢迎教师索取为本书教学配套的教学PPT等相关资料并交流。E-mail：zhousu@QQ.com，QQ：81505050，个人博客：http://blog.sina.com.cn/zhousu58。

周 苏

2016年4月于西子湖畔

《人机交互技术》课程教学进度表

课程号：________ 课程名称：人机交互技术 学分：2.5

周学时：3

总学时：51 其中理论学时：34 课内实践学时：17

主讲教师：周　苏

序号	校历周次	章　节	学时	教学方法	课后实验
1	1	引言与第 1 章　人机交互与用户体验	2+1	课堂教学+实验	
2	2	第 1 章　人机交互与用户体验	2+1	课堂教学	实验 1
3	3	第 2 章　人机交互的相关学科	2+1	课堂教学	
4	4	第 2 章　人机交互的相关学科	2+1	课堂教学	实验 2
5	5	第 3 章　人机交互设备	2+1	课堂教学	实验 3
6	6	第 4 章　设计指南与原则	2+1	课堂教学	
7	7	第 4 章　设计指南与原则	2+1	课堂教学	实验 4
8	8	第 5 章　设计过程的管理	2+1	课堂教学	实验 5
9	9	第 6 章　直接操纵与虚拟环境	2+1	课堂教学	
10	10	第 7 章　直接操纵与虚拟环境	2+1	课堂教学	实验 6
11	11	第 7 章　命令、菜单与表格填充	2+1	课堂教学	
12	12	第 7 章　命令、菜单与表格填充	2+1	课堂教学	实验 7
13	13	第 8 章　人机界面的时尚设计	2+1	课堂教学	实验 8
14	14	第 9 章　用户文档和在线帮助	2+1	课堂教学	实验 9
15	15	第 10 章　人机交互的质量与测评	2+1	课堂教学	实验 10
16	16	第 11 章　信息可视化	2+1	课堂教学	课程实验总结
17	17	总复习	2+1	课堂教学	

《人机交互技术》读者指南

本书在深入浅出、全面介绍人机交互技术概念和理论知识的同时，通过一系列应用人机交互技术的实验把人机交互技术的概念和知识融入实践当中，从而加深对人机交互技术的认识和理解，熟练掌握人机交互技术的设计技能。

读者对象

本书可作为高等院校计算机及相关专业“人机交互技术”、“人机交互界面”等课程的教材，也可用作各专业学生和继续教育学习软件工程相关知识的辅助教材。

相信本书相关实验内容的设计，将有助于“人机交互技术”等相关课程的教与学，有助于读者对掌握和理解本课程内容建立起足够的信心和兴趣。

实验内容

全书的实验操作平台采用主流 Windows 操作系统环境。书中的实验练习几乎覆盖了人机交互技术的各个方面，内容涉及人机交互与用户体验、人机交互的相关学科、人机交互设备、设计指南与原则、设计过程的管理、直接操纵与虚拟环境、命令/菜单与表格填充、人机界面的时尚设计、用户文档和在线帮助、人机交互的质量与测评以及信息可视化等。每个实验练习的难易程度不同，以帮助读者加深对教材中概念的理解。

第 1 章实验：熟悉人机交互技术。熟悉人机交互技术的基本概念和主要内容；通过因特网搜索与浏览，了解网络环境中主流的人机交互技术网站，掌握通过专业网站不断丰富人机交互技术最新知识的学习方法，尝试通过专业网站的辅助与支持来开展人机交互技术应用实践。

第 2 章实验：熟悉认知心理学和人机工程学。了解人机交互技术的研究内容；熟悉认知心理学的基本概念和主要内容；熟悉人机工程学的基本概念和主要内容。

第 3 章实验：熟悉硬件人机界面设计。熟悉硬件人机界面设计的基本内容，了解硬件界面设计在人机界面设计中的作用；欣赏著名设计公司的设计成果，熟悉人机界面设计的成果表达，提高自己的鉴赏水平和知识水平，提高对设计的鉴赏能力。

第 4 章实验：理解设计风格与原则。熟悉人机交互的设计风格，掌握人机交互设计的基本原则；了解 Windows“辅助功能选项”的人文设计。

第 5 章实验：熟悉设计管理和游戏界面设计。了解和熟悉人机界面设计过程管理的相关知识；了解和评价游戏软件的人机交互设计，提高自己的评价能力，提高自己对设计水平的鉴赏能力。

第 6 章实验：熟悉直接操纵界面。熟悉直接操纵与虚拟环境的基本概念和内容；了解人机交互设计师的岗位特点和职业要求；欣赏手机界面设计的优秀作品。

第 7 章实验：熟悉网页设计。熟悉企业网页设计的基本内容与要求；通过因特网搜索与浏览，欣赏成功网站的设计，分析网站建设需要注意的问题，学习网页设计的成功经验。

第 8 章实验：人机交互界面的创新设计。熟悉人机界面时尚设计的基本内容；熟悉技术进化 S 曲线及其应用与技术预测的作用。

第 9 章实验：软件产品开发文件编制指南。掌握用户文档的相关知识与开发原则；通过熟悉 GB/T 8567—1988《计算机软件开发文件编制指南》，掌握软件项目规模与软件文档实施关系的处理方法。

第 10 章实验：典型软件人机界面设计评价。了解人机交互的质量要求与测评方法；熟悉“软件人机界面的评价”指标与评价方法，并应用此方法对著名软件产品进行测试评价，提高自己对人机交互界面设计水平的鉴赏能力。

实验要求

根据不同的教学安排和要求，“人机交互技术”的实验学时数也有所不同。

致教师

人机交互技术的应用面广，涉及的技术领域广泛，被人们寄予了很高的期望值。此外，人机交互技术除了具有实践性外，在应用基础理论来指导开发实践方面也有着特别的需求。因此，要让学生真正理解人机交互技术的基础理论知识，具备将人机交互技术应用于社会实践的能力，积极加强人机交互技术课程的实验环节是至关重要的。

本书通过提供一组与课程知识密切相关的实验练习作为对人机交互技术课堂教学的补充，有助于学生理解理论知识，提高应用能力。

为了方便教师对课程实验的组织，本书在实验内容的选择，实验步骤的设计和实验文档的组织等方面都做了精心的考虑和安排。

根据经验，虽然部分实验确实能够在一次上机实习课的时间内完成，但学生普遍存在着以下两方面的问题。

(1) 常常会忽视对每个实验内容的阅读和理解，而一味只求完成实验步骤。

(2) 在实验步骤完成之后，没有对实验内容进行深入思考和消化，从而不能很好地进行相关的实验总结。

因此，为保证实验质量，建议老师重视这两个教学环节的组织，例如：

(1) 在实验之前要求学生进行预习，预习重点包括相关的课文内容和实验内容。实验指导老师检查预习情况并计入实验成绩。

(2) 明确要求学生重视对实验内容的理解和体会，要求认真完成"实验总结"。为此，一般不要求当堂完成实验。

对于那些基础较好的学生，可以在现有实验的基础上，在应用实践方面做出一些要求和指导，以进一步发挥学生的潜能和激发学习的主动性和积极性。

每个实验均留有"实验总结"和"教师评价"部分，便于师生交流对学科知识、实验内容的理解与体会，方便老师对学生实验成绩的记录与管理。

关于实验的评分标准

合适的评分标准有助于促进实验的有效完成。在实践中，我们摸索出了如下评分安排，即对于每个实验以 5 分计算，其中，阅读教学内容(要求学生用彩笔标注，留下阅读记号)占 1 分，完成全部实验步骤占 2 分(完成了但质量不高则只给 1 分)，认真撰写"实验总结"占 2 分(写了但质量不高则只给 1 分)。以此强调对教学内容的阅读和通过撰写"实验总结"来强化实验效果。

致学生

对于计算机及其相关专业的学生以及喜欢计算机的其他专业学生和读者来说，人机交互技术肯定是需要掌握的重要知识之一。但是，单凭课堂教学和一般作业，要真正领会人机交互技术课程所介绍的概念、原理、方法和技巧等内容是很困难的。

另一方面，经验表明，学习尤其是真正体会和掌握人机交互技术的最好方式是进行充分的实践，通过了解、熟悉和掌握众多优秀的人机交互设计方法与软件工具，无疑是应用人机交互技术的重要途径。

本书为读者提供了一个研究人机交互技术的学习方法，由此可以来体验人机交互技术的知识及其应用技巧。

在开始每一个实验之前，请务必对课文内容和实验内容进行预习；完成实验后，请认真填写"实验总结"，把感受、认识、意见、建议等表达出来，这能起到"画龙点睛"的作用，也可以和老师进行积极的交流。

实验设备

个人计算机在学生，尤其是专业学生中的普及，使得我们有机会把实验任务分别利用课内和课外时间来完成，以使学生获得更多的锻炼。这样，对实验室和个人计算机的配置就有不同的要求。

实验室设备与环境

用来进行人机交互技术实验的实验室环境，对其计算机设备有较高的要求，例如，必须具有多媒体环境和较大的存储能力，部分实验内容需要上网条件（例如网络浏览和发送作业）。

由于部分实验有可能无法一次完成，有些实验在内容和素材上有一定的互通性和连贯性，所以，实验室设备应能帮助并注意提醒学生妥善保存其实验的制作内容。

个人实验设备与环境

用于人机交互技术实验的个人计算机环境，建议安装 Windows 7 操作系统。

由于人机交互技术实验涉及的工具软件十分丰富，因此，个人计算机环境需要为实验准备足够的硬盘存储空间，以方便实验软件的安装和实验数据的保存。

在利用个人计算机完成实验时，要重视理解在操作中系统所显示的提示甚至警告信息，注意保护自己数据和计算机环境的安全，做好必要的数据备份工作，以免产生不必要的损失。

由于有些实验在内容和素材上有一定的互通性和连贯性，所以，要注意妥善保存自己的实验作品。

没有设备时如何使用本书

如果本书的读者由于某些客观原因无法获得必要的实验设备时，也不要失望，我们相信您仍将从本书中受益。全书以循序渐进的方式介绍了每个实验的具体任务，其中也包含相当一部分知识内容。读者通过认真阅读课文和仔细分析实验中给出的实例和程序代码，也能在一定程度上有所收获。

Web 站点资源

几乎所有人机交互技术工具软件的生产厂商都对其产品的用户提供了足够的网络支持，用户可利用这些网络支持来修改错误、升级系统和获得更新、更为详尽和丰富的技术资料。

由于网络资料的日新月异，不便在本书中一一罗列，有要求的读者可以上网利用搜索工具进行检索。

第1章　人机交互与用户体验

人机界面(Human-Machine Interface)是人与机器进行交互的操作界面，即用户与机器互相传递信息的媒介。计算机系统中的人机界面(Human-Computer Interface)又称人机接口、用户界面(User Interface，UI)，是计算机科学中最年轻的分支之一。作为一个独立和重要的研究领域，人机交互技术正在日益受到人们的关注。

用户体验(User Experience，UX)是指日常生活里用户和计算机交互过程中，用户建立的所有知识、记忆和感受。具体来说，用户体验是指用户在使用数字产品或享受数字服务，或者预测使用方式过程中，建立的所有感受、知觉、认知印象等。好的人机交互界面美观易懂、操作简单且具有引导功能，使用户感觉愉快、增强兴趣，从而提高使用效率。

1.1　人机界面与人机交互

从狭义的角度来看，人机界面分为自然的人机交互、计算机使用与配置、人的身体特征、计算机系统与界面结构、发展过程等5个部分；而从广义的角度来理解，可以结合设计艺术、计算机技术、人机工程、心理学等学科的知识对人机交互技术做进一步的研究。

1.1.1　系统

所谓"系统"一般是由相互作用、相互依赖的若干部分组成的，具有特定功能的有机整体。人机系统包括人、机和环境三个组成部分，它们相互联系构成一个整体，如图1-1所示。其中，显示器显示操作过程的情况，操作者首先要感知显示器上指示信号的变化，然后分析和解释显示的意义并做出相应决策，再通过必要的控制方式实现对操作过程的调整。这是一个封闭的人机系统，即闭环人机系统。

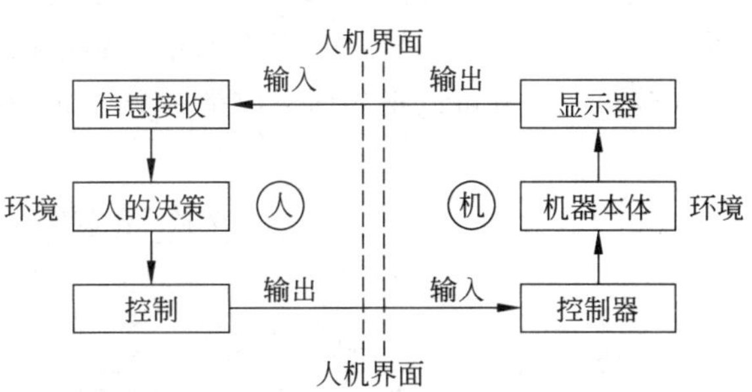

图1-1　人机系统模型

1.1.2 人机界面

在人机系统模型中，人与机器之间存在着一个相互作用的“面”，即人机界面。人与机器之间的信息交流和控制活动都发生在人机界面上。机器的各种显示都“作用”于人，实现人-机信息传递；人通过视觉和听觉等感官接受来自机器的信息，经过人脑的加工、决策，然后做出反应，实现人-机的信息传递。可见，人机界面的设计直接关系到人机关系的合理性，而研究人机界面则主要针对两个问题：显示与控制。

人机界面介于用户和计算机之间，是人与计算机之间传递、交换信息的媒介，是用户使用计算机的综合操作环境。人机界面是计算机科学与心理学、图形艺术、认知科学和人机工程学的交叉研究领域，是人与计算机之间传递和交换信息的媒介，是计算机向用户提供的综合操作环境。近年来，随着软件工程学的迅速发展、新一代计算机技术研究的推动以及网络技术的突飞猛进，人机界面设计和开发已成为计算机界最为活跃的研究方向之一。

计算机系统由计算机硬件、计算机软件和人所共同构成，人与硬件、软件的结合构成了人机界面，如图 1-2 所示。

人机界面设计师处理的是人与硬件界面和人与软件界面的关系，而硬件界面与软件界面之间的关系则通过计算机技术来解决。

1.1.3 人机交互

传统的人机交互(Human Computer Interaction，HCI)是研究运用什么样的开发原理及方法，让人们可以方便地使用计算机系统的学科。也就是说，这是研究用户与计算机系统间的交互，最终设计和评估用户使用计算机方便程度的领域。

如图 1-3 所示，数字系统和人之间存在着一般的输入和输出装置，在这些输入输出装置之间会发生一系列相互作用。这里，将人接触的数字系统的输入输出装置以及这些设备上显示的内容作为用户界面(UI)。界面设计是指针对这种输入输出装置的外观和内容的设计。例如，在界面上设计菜单栏，将按钮的颜色设计为红色，提供语音识别装置等都叫用户界面设计。由于界面侧重于输入输出装置上的单一画面以及效果音等，所以相对而言和用户接触的时间较短。另外可以把界面看成是一个与输入输出装置有紧密关联

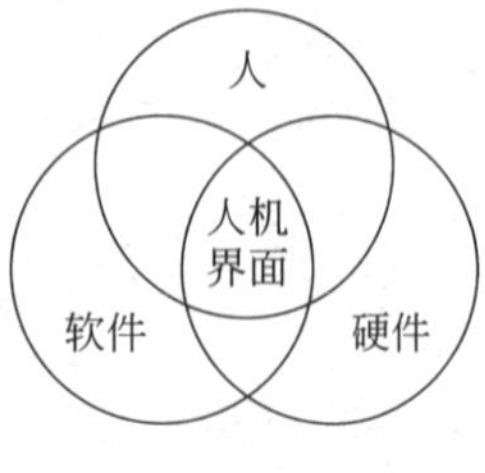

图 1-2 人机系统的组成示意

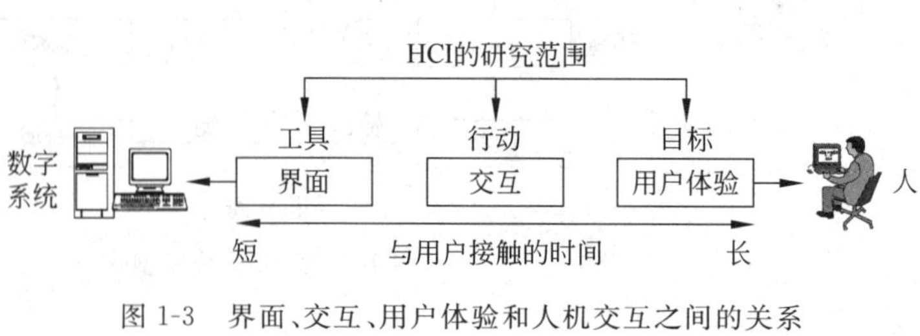

图 1-3 界面、交互、用户体验和人机交互之间的关系

的具体的工具，所以，界面和数字系统也有着紧密的关系。

信息交换的形式有多种，如键盘、鼠标、显示屏幕上的符号或图形，也可以用声音、姿势或身体的动作等。通常所说的人机交互是指用户与计算机相互之间的通信。实现人与计算机之间通信的硬、软件系统即为交互系统。这里的"交互"即信息交换，包括计算机通过输出或显示设备给人提供信息，以及人通过输入设备向计算机传达有关信息。

人机交互可划分为人(Human)、计算机(Computer)以及交互(Interaction)这三个要素。HCI 1.0 关注于人们可以亲眼看到、亲耳听到的界面设计或音效制作。例如，研究用哪个颜色作为计算机界面的背景，执行按钮要放在哪个位置等。HCI 2.0 规定的范围得到了拓展(如图 1-4 所示)，它特指从 2000 年年末开始流行的 Web 2.0 环境下的人机交互。

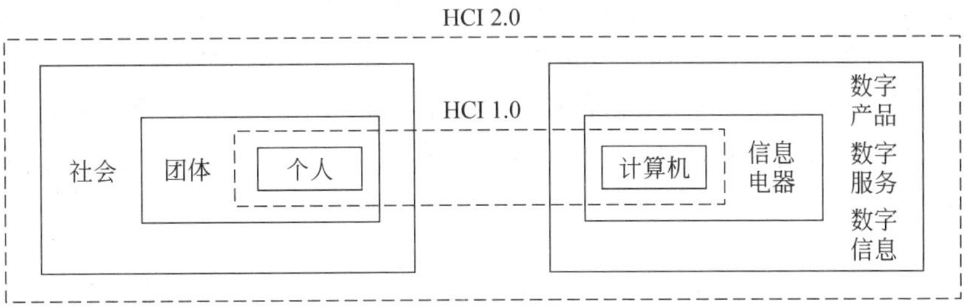

图 1-4 HCI 1.0 和 HCI 2.0 的定义

新的人机交互不仅是人们从计算机界面上看到的系统模样，而且还把多种系统与人们之间所有的交互当作人机交互的对象。在此，计算机实际上意味着可以与人类发生交互的所有数字系统。也就是说，个人计算机、手机等所有数字产品、服务及数字信息都可以当作人机交互对象。而人，包括使用数字系统的个人，使用系统的团体，甚至包括所有社会成员。例如，收发手机短信的个人，或在博客上发表文章来共享创意的团体等，这些参与在线环境的主体都可成为人机交互的对象。HCI 2.0 把多种数字系统与人们之间的用户体验当作研究对象。换句话说，HCI 2.0 是用户利用个人计算机在社交网络上发表文章，利用手机来确认现在的交通情况，或者利用 IPTV 来确认今日体育转播节目的所有过程中体验到的一切。

可见，HCI 1.0 关注个人用户与计算机间技术上的交互，而 HCI 2.0 关注的是数字技术为个人或团体提供的新鲜且有趣的体验。因此，HCI 2.0 可定义为研究个人或团体利用多种数字技术来得到最佳使用体验的方法及原理的领域。

人机交互技术是 21 世纪信息领域需要发展的重大课题。例如，美国 21 世纪信息技术计划中的基础研究内容定为 4 项，即软件、人机界面、网络、高性能计算。其中，人机建模研究在信息技术中被列为与软件技术和计算机技术等并列的 6 项国家关键技术之一，并被认为"对于计算机工业有着突出的重要性，对其他工业也很重要"。美国国防关键技术计划不仅把人机交互列为软件技术发展的重要内容之一，而且还专门增加了与软件技术并列的人机界面这项内容。

1.1.4 用户体验

用户体验是一个非常广泛的概念，包括用户在对产品使用前、使用期间、使用后的感受、信念、喜好、知觉、身体及精神上的反应或行为等。用户体验和用户界面与人机交互的差异性表现在以下几方面。

第一，主观性。从用户体验的定义可以看出，体验是人内心建立的一种感受。所以，即使两名用户使用相同产品或者服务，他们的体验也有可能完全不同。因为体验会受到用户本人特征以及产品使用过程的影响。

第二，整体性。用户界面可以用界面的色彩、音效来区分；人机交互可以用菜单结构来区分；这些区分要素都是具体的。但由于体验是特定个体在特定时间的总体性感受，所以无法用具体的要素来区分。由于体验的整体性，其能对产品和服务的成败产生重要影响。因此，用户体验设计具有重要的战略意义。但是由于用户体验缺乏具体性，所以无法对特定的用户体验进行直接操作。在这种情况下，要对引发用户体验的相关人机交互和用户界面进行设计。

第三，情境性。对于特定的数码产品或者服务的体验并不仅仅取决于产品或者服务的特征，也取决于产生人机交互时的环境或者情境。由于用户环境和情境易变，因此用户体验也会频繁发生变化。这也意味着和人机交互与用户界面相比，建立用户体验的时间更长。

人机交互是为了向用户提供满足主观性与总体性的最佳体验，研究具体的用户界面与交互方法及程序的领域。因此用户体验作为人机交互的目标，用户界面是具体的手段，交互是连接这两方面的纽带。值得注意的是界面与交互，以及用户体验不是分离的概念。界面的要素能够表现出交互的各阶段，执行一系列的界面操作可形成用户体验。总之，界面是基础，其次提供交互，然后最终形成体验。由此，人机交互可视为以界面为基础，通过交互来向用户提供有价值的体验的领域。

1.2 人机界面的发展

人机界面的知识内容涉及面向人的学科和面向计算机的学科。

从人类设计学史中可以看出，面向人的设计思想很早就萌发了。例如，中国古代的各种器皿就很好地在功能、造型、装饰等多方面达到了较为完美的统一。随着机械化、自动化和电子化的高度发展，人的因素在生产中的影响越来越大，人机协调问题也显得越来越重要。

人机界面中面向人的知识和方法主要来自于人机工程学、心理学、哲学、生物学、医学等学科。建立于20世纪的人机工程学是一门应用性很强的学科，从它诞生时起，就与工业界紧密地联系在一起。人们逐渐认识到，对制造出来的各种高效能的机器系统进行操纵和控制时，整体系统的工作效率在很多情况下是由人的活动来决定的。若设备的全部潜力没有发挥出来，大部分原因是操纵人员不能掌握对这一设备的复杂操作。经验和教训提醒人们比以往任何时候都更加重视机器设计，使得对机器的操作能够适应大多数普通人的能力范围(可操作性)。这种机器适应人的策略，引起了特定领域内的工程师和生物学界科学家的广泛合作。

人机界面中面向计算机系统的知识和方法主要来源于物理、电学和电子工程、控制工程、系统工程、信息论和数理逻辑等，它们分别构成了现代计算机工业的两大基础领域：硬件工程和软件工程。随着计算机技术的发展，硬件工程和软件工程的进一步深入，为人机界面设计奠定了基础，并拓展了研究领域。人机界面的发展包括硬件和软件两个方面，随着电子技术和计算机技术的发展，二者正逐步走向一体化。

1.2.1 硬件人机界面的发展

硬件人机界面的发展以人类社会的三次技术革命作为分水岭。

工业革命前，人造物的设计以手工业为主，并与人们的生产劳动、生活方式息息相关。

18世纪末在英国兴起了工业革命，机器生产逐渐取代手工生产，改变了人们的生产、设计方式。从此，为探索设计对人类的生产活动，对社会、文化的关系，各种设计思潮和流派层出不穷，如工艺美术运动、新艺术运动、德意志制造联盟、风格派、包豪斯、流线型等。

20世纪40年代末，晶体管的发明和电子技术的出现，使电子装置的小型化成为可能，机器化大生产逐步向小型化、电子化方向发展；同时也为此后在自动化生产和信息处理中起关键作用的计算机的广泛使用开辟了道路。此时，出现了各种设计风格，如斯堪的纳维亚设计、现代主义、高技术风格、理性主义、后现代设计等，结合了越来越多的工程技术、社会学、心理学、人机工程学等多学科知识。

随着计算机技术和网络技术的逐步发展，信息化改变了人们的生活方式。此时的设计逐步从物质化设计，转向信息化、非物质化设计。软件开发设计层出不穷，虚拟设计、网络化设计、并行工程逐步成为设计的主流。人与机器的交互走向多通道化、虚拟化，人与人之间的交互也进入了网络化、虚拟化。

1.2.2 软件人机界面的发展

软件人机界面的发展首先归功于计算机技术的迅速发展。今天，计算机和信息技术的触角已经伸入到现代社会的每一个角落。相应地，计算机用户已经从少数计算机专家发展成为一支由各行各业的专业人员组成的庞大的用户大军，软件人机界面学也随之迅速地发展起来。

早期的计算机需要人们用二进制编码形式写程序，既耗费时间，又容易出错，限制了计算机的应用。

第二代计算机的时候出现了FORTRAN等高级程序设计语言，使人们可以用比较习惯的接近自然语言的形式描述计算过程，从而提高了程序开发效率，也使更多的人乐于投入到计算机应用的开发工作中，软件产业由此诞生。

随着集成电路和大规模集成电路的相继问世，第三代计算机变得更小、功耗更低、速度更快。这个时候出现的操作系统使得计算机在中心程序的控制协调下，可以同时运行许多不同的程序；这个时期的另一项重大发展是图形技术和图形用户界面技术的出现。Xerox公司Polo Alto研究中心(PARC)在20世纪70年代末开发了基于窗口菜单按钮和鼠标器控制的图形用户界面技术，使计算机操作能够以比较直观、容易理解的形式进行，为计算机的蓬勃发展做好了技术准备。1984年，Apple公司仿照PARC技术开发了新型Macintosh个人计算机，采用了完全的图形用户界面，取得巨大成功。这个事件和1983年IBM推出的PC/XT计算机、微软于20世纪90年代开始推出的系列Windows操作系统一起，推动了微型计算机的蓬勃发展。

至此，计算机专业人员开发出了易用的图形形式的人机界面，并且已经开发出大量能够帮助普通人解决实际问题的应用程序系统。这两个方面的发展都具有重大意义。计算机易用性和有用性的提高使更多的人能够接受它、愿意使用它，同时也不断提出各种各样的要求，其中最重要的，是要求人机界面保持“简单、自然、友好、方便、一致”。由此，人文因素成为计算机产品中越来越突出的问题。

1.3 人机交互的重要性

一般来说，可把人机交互学术团体——美国计算机协会(ACM)的HCI研究会SIGCHI创立的1982年视为人机交互之元年。因此，人机交互可以说是一门只有几十年历史的新生学科。虽然历史短暂，但人们对于人机交互的关注程度可谓越来越高，究其原因有以下几点。

第一，过去(20世纪80年代)只有特定领域专家或企业才能使用计算机。但是，自从PC的引入、因特网大规模流行后，计算机演变成一般人在日常生活中就可使用的通用工具。对于专家来说，他们愿意为了自己的事业忍受难以操作又无趣的系统，但对于一般人来说，他们只要系统使用有困难，或者仅仅因为无趣，便会轻易地放弃这个系统。因此，开发一般人也能容易使用并且更加有趣的系统以及能够有效实现这个目标的人机交互变得日益重要。

第二，随着大部分系统的小型化、轻量化，甚至出现了扣在手腕或放在手指上使用的计算机系统，数字技术不再仅仅停留于PC或主机系统，而是渗透在日常生活使用的家电或在单位使用的办公用品中。这种机器称为嵌入式系统。像手机这种数字产品或博客这样的数字服务，虽都不算是传统的计算机系统，但它仍保持计算机系统的功能与特征。随着这些数字产品与服务扩散于整个社会，能够帮助人们便利、有效且快乐地使用该产品与服务，人机交互的重要性也一起提高了。

第三，计算机系统用于军事等重要用途之后，不能满足人机交互原则时可能会发生的问题是相当严重的，甚至具有毁灭性。例如，曾经就发生过导弹意外击落私人或民航客机的悲惨事故。据参与相关案情调查的美国国会听证会发表的声明，事故缘于军舰装载的雷达系统对于目标飞机的高度记号设计得难以理解，导致操作员误以为上升中的私人客机是以军舰攻击为目标而下降的战斗机。这正是没有正确运用人机交互原则的系统所付出的生命的代价。

第四，因商业上的原因，人们在不断开发新的数字技术，使它们能更贴近用户以得到广泛使用。但无论是多么新的技术，如果它无法提供有使用价值或因使用过程无法让人产生兴趣，则难以广泛应用。人机交互是数字技术与用户之间的桥梁，它以用户为基础，对新技术在数字技术或服务上的应用有着极大的贡献。

如图 1-5 所示，iPhone 从问世开始，短短几年便在市场上获得巨大的成功，成为许多用户的愿望及竞争对手羡慕的对象。

图 1-5 从人机交互角度看来非常成功的数字产品：iPhone 6

实际上，iPhone 使用的技术本身没有很新鲜的地方，多点触控也不是最新技术，一些其他企业也在设计中使用触摸屏界面技术。而 iPhone 成功的原因，是它把这些已经存在的技术做成了高效且有趣的数字产品。同时，为 iPhone 提供各种实用应用的 App Store 应用商店也对 iPhone 的成功有着极大的推动作用。如此，产品成功的关键因素不在于使用了多少新技术，而在于如何把那个技术做成人们能够有用、方便且有趣地使用的产品。由此，人机交互的重要性大大提高。这样，由于使用数字系统的人数增加，市场扩大，人们使用的大部分产品及服务里配备了数字技术，其应用影响了企业的成败，作为连接该技术与相应产品服务及用户的桥梁，人机交互的重要性越来越高。

1.4 最佳用户体验

人机交互设计的最终目标，是要在人们使用数字产品或服务来工作或解决问题的过程中，向他们提供最佳和流畅的体验。最佳体验是指用户表现出如下几个特征：第一，一旦开始特定体验就愿意一直享受此体验；第二，在体验时全心全意地集中于此状态；第三，有了最佳经验之后会格外关注该产品或服务；最后，有了最佳经验之后会喜欢经历体验的过程。也就是说，欢乐与乐趣是提供最佳体验的重要因素。

提供最佳体验不只局限于数字产品或服务。各领域的企业逐渐脱离计算机或机器的特性，开始关注于与机器交互所产生的体验，不但在人机交互里所主张的用户体验受重视，而且顾客体验或消费者体验的概念也受到重视。例如，如图 1-6 所示，德国大众汽车强调他们的主要卖点在于乘车者的体验。当然油耗很重要，具备各种驾乘设施也很重要，但是，最终目的是使人们搭乘那辆车的过程中所体验的快乐、方便和安全。因此，大众汽车通过风格奇特的广告来宣传，且由此强调他们在关注用户体验。

传统服务上也有类似的例子。日本旭川市动物园位于全日本最冷的北海道，过去因旅客不足而遭遇闭园的危机。但动物园一改以往只是单纯让游客观看动物生活，变为使游客体验到动物的舒适、满足且在最佳环境里生活的样子，之后，该动物园成为日本最好的动物园之一。游客看到动物园关怀动物，提供舒适环境，以及动物满足于此的样子之后，也能够感受到在园中的最佳体验。在杭州野生动物公园中也能享受到类似的最佳体验（如图 1-7 所示）。游客欣赏着自然环境中优哉地嚼食食物和散步的猛虎与雄狮，这些

图 1-6　强调用户体验的大众汽车广告

体验是很难从观看囚笼中的动物而感受到的。因此，提供最佳体验不只在数字产品或服务上成了重点，在传统产品与服务方面也成了重点。

图 1-7　因用户体验成功的杭州野生动物世界

开发数字技术和服务的最终目标是为用户享受到最佳体验，但这个目标很模糊且抽象。也就是说，用户体验的最终目标是好的，但在开发数字产品或服务的过程中需要更具体的目标。如果没有具体的目标，用户体验或人机交互很容易变成空虚的词汇。

那么，为了人们使用数字产品或服务时最终享受到最佳体验，需要具备哪些条件呢？可以把电影产业作为研究各种用户体验的领域。首先收取观众电影门票费用，然后在狭小的空间里，让所有观众在两个小时内拥有最佳体验——因而可以说，电影产业就是在研究如何在有限的时间与场所里向观众提供最佳体验。电影评论家乔恩·布尔斯廷主张电影的成功需要满足三个要素。第一，在理性思考水平上，电影把想传达的信息正确地传达给观众。搞笑电影要使观众大笑，悲剧电影要使观众悲痛。看完电影之后不清楚电影想传达什么的，就不能说是部好电影。第二，在行动水平上，不能因电影进度太快而无法了解或进度太慢而觉得无聊。不管多集中精神也难以了解故事为何如此进行或中途去厕所之后觉得剧情也没有改变的电影，在行动水平上不能说是好电影。第三，感性水平上，电影给人的感官上的刺激要符合其主题。

与此相似，有关产品设计上唐纳德·诺曼主张反思性设计、行为性设计和本能性设计，这三个设计和谐一致时才能做出人们喜欢用的产品或服务。本能性设计关注于人的感官与感性的层面来设计，行为性设计是以方便为中心的设计，反思性设计是指设计是人才能做出的面向目的的行为。只注重一方面的设计难以做出使人们愉快地使用且爱上的东西。为了让人们真正愉快地使用数字产品或服务，须设计出在本能上、行为上，以及在反思水平上都能够满足人们的作品。

1.4.1 有效性

有效性是开发任何产品或服务时最优先的目的。图 1-8 展示了军用汽车——悍马，此车型底盘高，符合军用车辆通过复杂道路的能力，机动性很高，并且能廉价大量生产。不但如此，车辆内外坚实，在执行各种任务时也很少有故障。

图 1-8 强调有效性的悍马军用汽车

有效性的另外一个例子是在网上证券交易的数字服务系统。这种情况下，不管系统做得多么好，只要系统不稳定或登录不了则不能说是具有有效性的数字服务。而且，假如由系统能够获得的证券信息有限，而用户找不到想要的证券信息，也无法说其是有有效性的数字服务系统。有效性不足的另外一个例子，是在休息时间可用手机来玩的游戏。如果此游戏过于简单、过于复杂或谬误太多，则不管它的性能多好也不能说是具有有效性的系统，因为此系统无法达成人们愉快地度过休息时间的目标。因此，为了让人们使用数字系统时享受到最佳体验，首先要确保其有效性。

1.4.2 可用性

可用性是要有效使用数字产品或服务的过程。为了高效，人们使用数字产品或服务时期望以最小的付出来达到所期望的目的。此时，付出指的是金钱上的付出与非金钱上的付出的总和。图1-9是强调可用性的汽车例子。此车的特征为容易驾驶且方便操作。由车内仪表盘上看得出该车提供了人们驾驶过程中提高便利性的各种配置。也就是说，因驾驶者能够轻易地驾驶，自然地减少身体上或精神上的疲劳，到达目的地的过程就变得有效率。

图1-9 强调可用性的奥迪汽车

以证券交易为例，可用性较高的服务把人们经常使用的购买功能排在容易找到的地方，单击就能轻而易举地购买相应证券，而且妥善放置联机帮助，初次使用系统的人也很容易学会。以移动游戏系统为例，人们容易将手机通话按钮当作游戏的开始按钮，或在手机小小的界面上也能显示所有的游戏项目等。

一般来说，可用性视为有效性问题解决之后要解决的下一个问题。但事实上，可用性与有效性正如硬币的正反面，难以单独分开考虑。例如，利用一般手机来搜寻网上的信息时，如果要将长长的网址输入手机，还需要按几十次的按钮，那即使有搜寻功能也无济于事。证券交易系统也是如此，有无提供购买功能是关于可用性的问题，但如果提供的使用方式太难，那它就是没有用途的。也就是说，有效性与可用性同时满足才能向用户提供最佳体验。

1.4.3 感性

感性是指人们使用系统时心理上的感觉。为了满足感性，人们使用系统时要体验到符合其基本目的的各种感受。此时，感性是包括看到某个系统之后所接触到的审美印象和情绪，或是对象的个性等概念。

以网上证券交易系统来说，它的系统界面及其内容构成使人感觉可靠。有关金钱的服务，人们需要感到信任才可放心地使用。又例如，针对儿童的在线游戏可设计成令人高兴的画面，针对成人的在线游戏可设计成使人感到神秘的画面。过去认为感性跟有效性或可用性的条件相反，具有与众不同的感性体验的产品经常被贬低为拙劣的作品。但现在，感性被认为是适当满足有效性或可用性的必需条件。

1.4.4 三位一体的体验

在使用特定系统时，要想获得最佳体验，该系统必须具备很好的有效性、可用性、感性，三者缺一不可。任天堂的 Wii 是一款将有效性、可用性和感性很好地结合在一起的数字产品（如图 1-10 所示）。除了具备主机游戏的功能之外，Wii 还提供了许多其他功能。其中，值得一提的是 Wii 一改传统游戏的封闭形象，它能让人们多运动，多活动筋骨，在使人们恢复健康方面显示出有效性。在可用性方面，Wii 率先在家庭主机游戏领域采用能让身体运动起来的具有带动性的实体互动技术，从而让其成为一款老年人都能方便使用的便利型游戏。在感性方面，由于它有多种多样的游戏功能，所以可以吸引许多人一起参与，一家人在共同参与游戏的过程中，增进亲情感受温情。任天堂 Wii 通过将有效性、可用性、感性有机结合，提供了和之前市面上的游戏不一样的最佳体验。

图 1-10　Wii 游戏机

这三个条件的相对重要性随系统性质的不同而不同。例如，在核电站中央控制室里使用的系统首先要保证安全，在地震或者海啸这类自然灾害发生的时候能及时应对。因此，在这种情况下，有效性是最重要的。与此相反，儿童家居娱乐数字产品较为重要的则是可用性和感性，而办公室里的大部分电子设备最重要的则是可用性。不过，尽管三者的相对重要性有所不同，但不能为了满足一个方面的条件而完全忽视其他条件。要想让用户在使用系统过程中获得最佳体验，就必须实现有效性、可用性、感性的三位一体。

1.5　实现最佳用户体验的基本步骤

制造有效性、可用性、感性有机结合的数字产品，或者提供这样的服务，让用户享受最佳体验，不是一件简单的事情。而且，随着技术的发展，人们的需求会变得更加复杂，这就需要有更多步骤且使用更多技术。人机交互理论告诉人们一些基本步骤，指导人们在制造数字产品或者提供服务的过程中，更有效地为客户提供最佳体验。为了完成新的数字系统，既需要对现状进行分析，还需要进行新的设计。反复、循序渐进地对结果进行评价，然后进行再创造，这种分析和设计能使系统得到进一步提升。

1.5.1 研究用户体验

人机交互的基本作用，是认识和区分人能做什么、计算机能做什么。为此，分析使用系统的用户就成了一件重要的事情。要分析什么是用户重视的价值，什么是用户看重的可用性，同时还要分析用户的情绪如何受到外部的影响。由此可以看出，在人机交互中人是必要因素，因此，对使用数字产品的人进行分析就成了人机交互的重中之重。

人机交互是制造数字产品、提供数字服务的领域，它让用户更加简单方便地使用数字系统达成目标。因此，用户用系统完成什么样的任务，也是人机交互的重要因素。这个任务，既可能是工厂里控制工序的技术工作，也可能是在网上下载自己想看的电影这类娱乐性任务。理解用户希望做的事情，然后根据这个事情的性质，开发合适的数字产品或服务，这可以说是为了达到最佳用户体验这个目标而要具备的基本条件。为了完成任务，人一定会在某一环境中和数字系统发生交互。例如，为了写工作报告而在办公室使用计算机，这个过程的环境一般都是室内环境；而手机或者 MP3 等移动式设备的使用环境却大不一样。即使是同样的交互，环境不同，结果也可能不同。因此，对系统常用的使用环境进行分析也是人机交互的重要因素。

不仅是传统的个人计算机、笔记本，而且比计算机普及率更高的手机以及快速进入人们家庭生活的网络电视、智能冰箱等都属于数字系统。在这日渐增多的系统和技术当中，哪一种最适合在特定环境中完成特定任务，这也成为人机交互的重要的因素。

1.5.2 设计用户体验

在研究用户体验中完成对用户、任务、环境、适用技术的分析之后，要设计为用户提供最佳体验的数字系统。从人机交互角度来看，用户体验设计步骤分为以下 4 步，即决定整体系统概念、设计系统信息结构、设计系统人机交互、设计系统用户界面。

和一般的机械产品不一样，数字系统的对象非常模糊，它的形态和功能的设计有很多可能性。因此，设计过程中最重要的步骤是明确数字系统的概念是什么。这里所说的概念，既有可能是从旧产品概念中推导出来的，也有可能是全新的概念。为了让用户能有一个愉快、方便、有效的体验，选择什么样的概念、怎样选择概念很重要。数字系统基本上使用已经电子化的信息。为了提供最佳体验，需要搜集多种信息，对这些信息进行分类，构建一个有系统性的信息结构。例如，像证券交易系统这种情况，需要决定要给用户提供什么样的信息，需要制定这些信息分类和结构化的参考标准。

数字系统的人机交互是在系统对用户的特定行为做出反应的过程中实现的。为了给用户提供最佳体验，需要具体设计系统对用户行为的反应。例如，在线游戏中，需要设计系统对用户按了某一个按键的反应，还需要设计该反应和下一步的反应如何衔接。数字系统的概念，信息结构以及人机交互，这些都需要通过系统界面表现出来以后，才能传达给用户。为了给用户提供最佳体验，需要设计出用户能亲自看、听、触摸的系统表现方式——用户界面。例如，为了给使用证券系统的用户留下冷静分析的印象，需要设计画面构成要素的运用方法。

用人机交互方法论进行实际系统开发的时候，要循序渐进，不断反复地进行操作。即研究和设计不是一气呵成的，而是要循序渐进反复不断地进行，每一次都要做评价，进行改进。

1.5.3 提升用户体验

为了给用户提供最佳体验，需要设定所设计的数字系统的最终目标。一般情况下，像人机交互这样的新领域发展速度非常快。不仅数字技术本身发展速度非常快，而且用户和使用环境也都在急剧变化。在这种情况下，需要正确认识在现有条件下，数字系统的长期目标，根据这个目标，需要从人机交互观点对目前的数字产品或者服务所提供的用户体验级别进行评价，在评价的基础上，使系统朝着用户体验最终目标的方向改进。

1.6 人机交互与软件工程

通常，人们将软件工程与人机交互视为两个相互独立的学科。首先，软件工程师与人机交互设计师关注的重点有很大不同(如图1-11所示)：软件工程师经常是以系统功能为中心，形式化方法在这里得到了广泛应用；而交互设计人员则以用户为中心，对用户特性和用户需要执行的任务要有深入的了解。其次，交互设计的评估方式也与一般软件工程方法存在不同：交互评估通常基于真实用户，评价机制也往往来自于用户使用的直观感觉。再次，以往人机交互与软件工程经常是分开讨论的，一方面软件工程较少提及交互团队在产品设计中的重要作用，另一方面人机交互也很少谈及其与软件工程的密切关系。

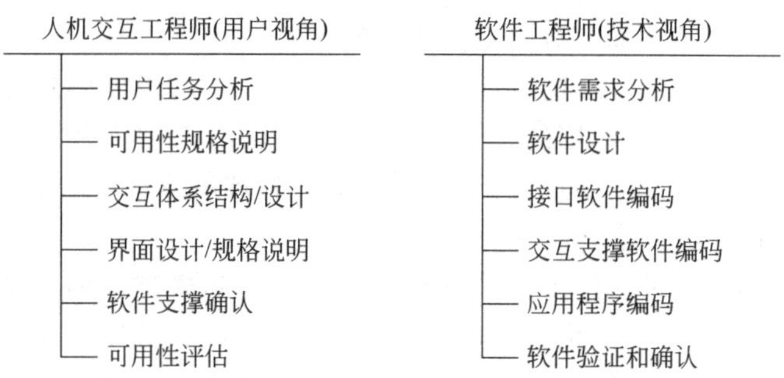

图1-11 人机交互与软件工程的不同观点

实际上，人机交互对软件工程技术的发展具有很大的促进作用。研究表明，现有的软件工程技术大多基于构建仅包含少量交互情况或者根本不涉及用户交互的软件，在实现交互式系统过程方面存在天生的缺陷，比如：

(1) 没有提出明确的对用户界面及可用性需求进行描述的方法；

(2) 不能够在系统开发过程进行中对用户界面进行终端测试等。

因此，使用现有软件工程技术开发出来的交互式系统尽管具有完善的系统功能，但对用户而言，产品的可用性、有效性以及满意度并不高，相应地，产品很难取得市场上的成功。一项研究中表明，程序开发过程中约80%的维护开销都与用户和系统的交互相关，这其中又有 64%属于可用性问题。在软件开发过程中引入人机交互技术,可有效改进上述问题。

然而,由于种种原因,许多优秀的人机交互技术长久以来一直不为软件工程人员所知。例如,以用户为中心的设计(User-Centered Design,UCD)方法提出了多种用于构建交互式系统的技术和工具。实际上,只要开发团队中的成员体验过 UCD 方法,那么他就会发现 UCD 和传统软件工程方法的相似之处(如均包含用例和任务分析等),并试着用 UCD 思想来取代传统软件工程方法。

尽管人机交互和软件工程表现为相互独立的两个部分,但实际上从系统工程的角度来看,它们之间也存在着紧密的联系。它们之间不仅存在信息交换,同时,相互之间的验证还是最终产品可用性和可行性的有力保障。

人机交互工程模块接收来自用户方有关产品功能的需求定义,这既可能包括用户工作环境的描述和对用户执行的任务以及系统自动完成的任务的描述,也可能包括来自市场的相关信息等。人机交互阶段首先明确产品的交互和可用性需求,然后进行交互设计,并使用原型技术和可用性评估方法对需求及设计进行验证。最终获得的有关产品的软件需求和交互特性将作为输入传递给软件工程模块。

软件工程模块将人机交互阶段所获得的需求和软件产品的其他需求融合在一起,比如产品的计算性能和信息检索能力等,并开发能够满足以上所有需求的软件产品。同时,这一过程也可能会产生新的交互需求,并使人机交互再次加入到产品开发过程。举例来说,软件开发阶段发现可能需要对产品在线的帮助和错误信息进行设计,这就需要人机交互的参与。此外,软件工程也会给交互设计施加限制,包括来自技术局限性和可行性方面的建议,基于开发进度和预算的考虑等。

当然,将传统软件工程方法与人机交互的相关技术相结合还存在许多困难。首先,双方人员通常对对方的价值观持否定态度:软件工程人员在对工作的实施策略和方法选择上常有一定的倾向性,通常基于对问题性能和处理复杂度考虑等;而人机交互人员的工作则包含较多的主观性和灵活性,这也可能是学科自身尚不够成熟的缘故。将二者结合的另一个主要困难在于它们所使用的方法论体系存在差异:软件工程师较多使用形式化方法分析问题,对非形式化方法存在偏见;而人机交互领域虽然也可能使用到一些形式化的方法,但对非形式化方法也给予了充分重视。

幸运的是,人机交互对软件工程的重要性已经得到越来越多的重视。学术界对人机交互技术在软件工程教学中的重要性也给予了足够的重视,已经有越来越多的高等院校正在积极开设各种有关将软件工程与人机交互相结合的崭新课程。软件工程专业国际教学规范 SWEBOK 中将人机交互课程作为软件工程专业的必修课程之一,体现了人机交互学科在软件工程教学中的重要地位。

人机交互与软件工程既相互区别又相互影响。只有将二者有机地结合,才能保证在有效的时间和资源下开发出高可用性的软件产品。

1.7 人机交互技术的发展趋势

随着信息社会的发展,人们生活水平的提高和审美情趣的变化,以及各种工具和技术的不断涌现,对人机界面设计提出了越来越高的要求。

从目前来看，人机界面设计会朝着以下几个方向发展。

1.7.1 高科技化

信息技术带来了计算机业的巨大变革。计算机越来越趋向超薄型和平面化，输入方式由单一的键盘、鼠标输入，朝着多通道输入发展。追踪球、触摸屏、光笔、语音输入等人机交互设备竞相登场，蓝牙等技术改变了接口方式，多媒体技术、虚拟现实等提供了真实、动态的影像和刺激灵感的用户界面。在计算机系统中，各种技术各显其能，使产品的造型设计更加丰富多彩。

计算机辅助设计(CAD)软件也不断推陈出新，各种造型软件如Pro/ENGINEER、Alias等，用其全新的界面给设计师提供了广阔的造型空间，使他们能够充分利用先进的计算机技术，设计出优美的造型，也为用户建立了一种良好的实现功能的桥梁。

1.7.2 自然化

由于硬件技术的发展以及计算机图形学、软件工程、人工智能、窗口系统等软件技术的进步，图形用户界面(Graphic User Interface，GUI)、直接控制(Direct Manipulation)、"所见即所得"(What you see is what you get)等交互原理和方法相继产生并得到了广泛应用，推动人机界面自然化向前迈进了一大步。然而，人们不仅满足于通过屏幕显示或打印输出信息，还进一步要求能够通过视觉、听觉、嗅觉、触觉以及形体、手势或口令等，更自然地"进入"到工作空间中去，形成人机"直接对话"，从而取得"身临其境"的体验。

1.7.3 人性化

现代设计已经从功能主义逐步走向了多元化和人性化。消费者要求表现自我意识、个人风格和审美情趣，反映在设计上也使产品越来越丰富、细化，体现一种人情味和个性。它一方面要求产品功能齐全、高效，适合于人的操作使用，另一方面又要满足人们的审美和认知的精神需要。

现代的计算机设计，已经摆脱了纯机器味的单调，机器更加紧凑和完美。软件界面中颜色、图标的使用，屏幕布局的条理性，软件操作间的连贯性和共通性，都充分考虑了人的因素，使操作更简单、更友好。

建立自然化、人性化的人机界面已成为当今信息社会研究的主课题。人机交互正朝着从精确向模糊，从单通道向多通道以及从二维向三维交互的方向转变，发展用户与计算机之间快捷、低耗的多通道界面。

1.8 阅读与思考：20世纪最伟大的10种人机界面装置

下面10种产品被专家们认为是20世纪最伟大的人机界面装置。

(1) 扩音器。这是1915年发明的，它的问世使得人们在乘坐地铁或去郊外远足时都能够欣赏自己喜爱的音乐和广播节目，而且还能聆听以电子手段保存下来的早已故去的人的声音，甚至是大自然中根本不存在的种种奇妙声音。在电影院里，扩音器所营造的声的世界将观众们带入了丰富的想象空间。扩音器也是20世纪所有具有个性魅力的公众人物与大众沟通的重要工具。

(2) 按键式电话。这项业务是美国电话电报公司在1963年11月正式开通的。贝尔实验室的研究人员实验了16种按键排列方式，还在电话机的大小、形状、按键的间距、弹性甚至与手指尖接触的部位的外形上做了大量的文章。节省拨号时间只是按键式电话的设计初衷之一，更重要的是它开创了语音数据通信的新时代。

(3) 方向盘。最初的汽车是用舵来控制驾驶的。当发动机被改装在车头部位之后，方向盘便应运而生，它在驾驶员与车轮之间引入齿轮系统，操作灵活，很好地隔绝了来自道路的剧烈震动。不仅如此，好的方向盘系统还能为驾驶者带来一种与道路亲密无间的感受，如图1-12所示。

(a) 可调节方向盘　(b) 很多功能在方向盘上

(c) 运动版皮革方向盘　(d) 桃木真皮方向盘

(e) 敞篷跑车铝合金方向盘　(f) F1赛车方向盘

图1-12　汽车方向盘

(4) 磁卡。20世纪70年代早期，带有磁条的信用卡在美国问世，极大地提高了信用卡购物时的验证效率，很快便受到零售商的青睐，美国的信用卡行业因此进入了一个高速增长期。

(5) 交通指挥灯。是非裔美国人加莱特·摩根在1923年发明的。它的职责在很大程度上是要告诉汽车司机将车辆停下来,维护交通秩序,保障行人安全。现在,新式的红绿灯还能将闯红灯的人拍摄下来,有的红绿灯还具备监测车辆行驶速度的功能。

(6) 遥控器。美国顶峰(Zenith)公司在1950年开发出了世界上第一个有线的遥控器。接着,又在1955年研制了世界上第一个使用光学传感器的无线遥控器,后来又发明了超声波遥控器。红外线遥控器则是到20世纪80年代初才问世。今天,遥控器已经成为家电产品的标准配置,手持遥控器从一个频道切换到另一个频道,甚至也是电视带给人们的欢乐之一。

(7) 阴极射线管(CRT)。是德国物理学家布劳恩(Kari Ferdinand Braun)发明的,1897年被装在一台示波器中首次与世人见面,但CRT被广泛应用则是在电视机出现以后。当CRT显示器上显示出计算机的操作界面时,人们可以与之互动、交流。

(8) 液晶显示器。电视机和计算机屏幕可向人们展示容量庞大的可视信息,但它们有一个共同的缺点,即体积太大,因为它们都需要一个CRT作显示器。液晶显示器的发明使得人们可以将显示器携带在身边,有力地推动了笔记本电脑和便携式DVD播放机等的发展。以薄、平著称的液晶显示器,很快就淘汰了以前人们普遍使用的又笨又重的CRT显示器。

(9) 鼠标/图形用户界面。道格·恩格尔巴特在20世纪60年代发明了鼠标和图形用户界面。他曾经这样说过:"我当初发明鼠标的时候,几乎谁也不相信人们会愿意坐在计算机显示器跟前进行在线操作。"

20世纪70年代,鼠标和图形用户界面在施乐(Xerox)公司Polo Alto研究中心(PARC)的努力下得到进一步的完善;20世纪80年代在Apple公司的努力下,它终于完成了走向大众的进程;20世纪90年代微软公司推出Windows操作系统后,图形用户界面得到了空前的普及。至此,显示在计算机屏幕上的内容在可视性方面得到大大改善,人们再也不用像从前那样记忆计算机文件的名称和路径。由于图形用户界面减轻了计算机操作者的记忆负担以及提供了一个良好的视觉空间环境,计算机终于发展成为一种工作环境。美国学者史迪文·约翰逊在《界面设计》一书中盛赞恩格尔巴特的发明"为普及数字化革命所做出的巨大贡献是其他任何在软件上所取得的进步所不能比拟的。"

(10) 条形码扫描器。第一次实际应用是在美国俄亥俄州特洛伊市的马什超级市场,扫描的是10小包一袋的口香糖。此前,条码扫描器经过了一个漫长的开发过程。扫描器对商家最初的吸引力是它的扫描结果非常准确。激光能够读取大量信息,包括所售商品的类型、时间和组合等。条形码提高了供应链的通信效率。

资料来源:中国科普网(http://www.kepu.gov.cn/)

1.9 实验:熟悉人机交互技术

1.9.1 实验目的

(1) 熟悉人机交互技术的基本概念和主要内容;

(2) 通过因特网搜索与浏览,了解网络环境中主流的人机交互技术网站,掌握通过专业网站不断丰富人机交互技术最新知识的学习方法，尝试通过专业网站的辅助与支持来开展人机交互技术应用实践。

1.9.2 工具/准备工作

在开始本实验之前，请认真阅读课程的相关内容。

需要准备一台带有浏览器，能够访问因特网的计算机。

1.9.3 实验内容与步骤

1. 概念理解

（1）为什么说："节省拨号时间只是按键式电话的设计初衷之一，更重要的是它开创了语音数据通信的新时代"？请思考并简单阐述。

答：______________________________

____

____

____

（2）从"20世纪最伟大的10种人机界面装置"来看，人机界面并不仅指计算机系统中的人机界面，而是具有更广泛的意义。请结合这10种人机界面装置之一，介绍该装置的最新发展，并简单谈谈你的感想。

答：______________________________

____

____

____

____

（3）T. H. Nelson说："设计对象时，要想让对象既简单又清楚，设计者至少要花费比一般设计方法多一倍的时间。首先，要集中精力弄明白简单、清楚的系统将怎样工作，接下来所需的步骤是让这套系统确实这样工作。通常这些步骤比实现普通系统的步骤要困难和复杂许多。实现这个系统需要我们对简明性不懈地追求，即使障碍重重，也决不放弃。"[①]对他的这段话，你是怎么理解的？有什么看法或感受？

答：______________________________

____

____

____

____

① [美]Ben Shneiderman 等. 用户界面设计——有效的人机交互策略. 第四版. 北京：电子工业出版社，2006.

2. 网络搜索和浏览

查一查有哪些网站在支持人机交互技术或者人机界面设计的技术工作？请在表 1-1 中记录你的搜索结果。

> **提示**：一些人机界面设计的专业网站：
> http://www.chinaUI.com/(优艾网——中国人机界面设计门户网站)
> http://www.dolcn.com/(设计在线网站群)
> http://www.blueidea.com/(蓝色理想——网站设计与开发人员之家)

你习惯使用的网络搜索引擎是：________

你在本次搜索中使用的关键词主要是：________

____

表 1-1 人机交互技术专业网站实验记录

网站名称	网址	主要内容描述

请记录：在本实验中你感觉比较重要的两个人机交互技术专业网站是：

(1) 网站名称：________

(2) 网站名称：________

请分析：你认为各人机交互技术专业网站当前的技术热点(例如从培训项目中得知)。

(1) 名称：________

技术热点：________

____

____

____

(2) 名称：________

技术热点：________

____

____

____

(3) 名称：________

技术热点：________

____

3. 讨论议题

(1) 请举例说明人们在日常生活中能感受到用户体验的重要性。

答：

(2) 在人们所使用过的数字产品或服务中，列举用起来不方便的系统，并讨论为什么感觉使用不方便的原因。

答：

(3) 举例说明因向用户提供最佳体验而获得成功的数字产品或服务。

答：

(4) 举例说明数字产品或服务中满足了可用性或感性没有满足有效性，因而无法提供最佳体验。

答：

1.9.4 实验总结

1.9.5 实验评价(教师)

第 2 章　人机交互的相关学科

人机交互主要是两大学科，即计算机科学和认知心理学相结合的产物，同时还涉及人机工程学、哲学、生物学、医学、语言学、社会学、设计艺术学等学科，属于跨学科、综合性的科学。人机交互的研究覆盖领域很广，如硬件界面、界面所处的环境、界面对人（个人或群体）的影响、软件界面，以及人机界面开发工具等。

2.1　与人机交互相关的领域

人机交互最初是由很多领域的学者共同设立的，它是一个交叉性很强的学科。人机交互相关的学会或者团体中的专家来自众多领域，不仅包括心理学、计算机科学、设计等领域，还包括电气电子、机械、管理、建筑、人文、信息管理、大众传媒、生命工程等领域。这些领域大致可以分为人文社会、技术、设计，还有将这些带入经济生活的商业领域（如图 2-1 所示）。

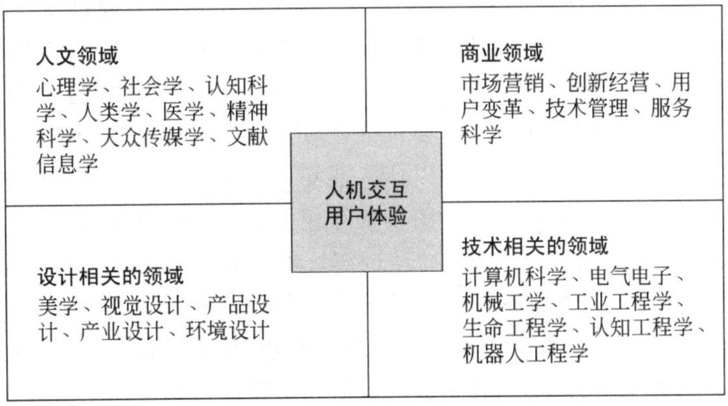

图 2-1　与人机交互密切相关的领域

2.1.1　人文领域

人机交互的重要因素之一是人，因此，以研究人为目标的心理学就成为人机交互的一个重要背景学科。心理学，特别是认知心理学是人机交互成立至今非常重要的作为背景的理论学科，认知心理学中关于人类信息处理的理论是人机交互的一个重要部分。

认知科学是对人的内心和大脑，以及计算机系统完成的智能过程进行研究的领域。该领域研究的是，人如何接收外部现象，如何在内部处理，如何采取智能行动；通过该过程可以分析人的各种局制性和优缺点。为了开发使用便捷的系统，需要了解人的优点，然后充分利用这些优点;同时,需要对人的弱点进行有效补充。认知科学可在这些方面提供理论性的、有充分证据的基础。除此之外,随着计算机使用环境的多元化,环境心理学和社会学也变得日益重要。同时,随着移动互联网和普适计算的普及,用户使用系统的环境变得更加重要。因此,分析这类环境的文化和民俗学方法也受到越来越多的关注。人机交互为了给用户提供最佳体验,不仅要知道人的认知性特点,还要了解身体和精神方面的特征。所以,精神科学也成为其热门学科。

社会学主要涉及人机系统对社会结构影响的研究,而人类学则涉及人机系统中群体交互活动的研究。人机交互技术要研究人类的文化特点、审美情趣以及个人、群体的爱好偏向等。

从广泛的意义来看,人类和计算机的交互是一种交流沟通,着重关注人与人之间的沟通以及人和媒体沟通的大众传媒也和人机交互有密切关系。特别是,人机交互对交互的理论基础,就来自于大众传媒的长期研究。另外,伴随着网络的发展,人与系统的相互作用过程,大部分指的是在海量信息中检索信息的过程。文献信息学恰恰在这一点和人机交互有着密切联系,即构造和设计人们容易理解的信息结构。

2.1.2 技术相关的领域

计算机科学是人机交互的重要背景领域之一,其结果最终要通过以计算机为基础的数字系统来实现。计算机科学,尤其是计算机的输出输入的相关领域涉及和人进行直接交互的部分。而且,多媒体和人工智能领域也和人机交互有着紧密的联系。在分析人的任务方面,工业工程学是人机交互的重要背景领域。认知工程学基于认知科学,以对人类认知活动的研究成果为基础,设计系统以让人能更简单方便地进行认知。生命工程学是对人类活动的环境、使用的工具以及方法步骤等相关系统进行设计的领域,尤其是在可用性这个方面,为人机交互提供了必要的、经过实证的基础。认知工程学着重研究头脑活动,而生命工程学着重研究身体活动。因此这两个学科在提高用户体验方面有着密不可分的联系。随着计算机被越来越多地搭载在通信设备、显示设备内,电气电子和机械工学领域也越来越受到重视,尤其是二者融合的机器人工程在人机交互中占的比重越来越大。

人机交互的形式定义中使用了多种类型的语言,包括自然语言、命令语言、菜单语言、填表语言或图形语言等。计算机语言学就是专门研究这些语言,以及涉及它们的计算机语言学和形式语言理论等各个方面的内容。后者已成为整个计算机科学形式理论的重要组成部分。

随着人工智能(Artificial Intelligence,AI)技术的成熟和介入,智能人机界面的研究非常活跃,其中包括用户模型、智能人机界面模型、智能用户界面管理系统、专家系统、智能对话、智能网络界面、帮助和学习、智能前端系统、自适应界面、自然语言、多媒体界面等。

2.1.3 设计相关的领域

美学是和创造最佳用户体验的三个先决条件之一的感性密切相关的领域。美学不仅研究美,它还研究和艺术相关的各种形态的情感。因此,为了设计让用户在和数字系统交互过程中产生特定感受的系统,必须以美学理解为基础。在和美学密切相关的众多领域里,其中有一种是最近不断取得发展的感性工学。感性工学的主要研究是,设计富有亲切感的手机或者舒适感的汽车坐垫这类产品,从而给用户带来特定的感受。此外,视觉设计以及产品设计都是和人机交互有着密切关系的领域。因为人机交互最终要将概念形象化,从视觉上表现出来,给用户提供实际的体验;所以,视觉设计以及产品设计在人机交互中占据的比重也越来越大。特别是随着很多新任务、新需求的面世,人机交互设计师越来越重要,那些非传统的和基于内容的人机交互设计领域正在迅速发展。

2.1.4 商业领域

管理学和创造最佳用户体验的先决条件之一的有效性有着密切的关系。尤其是管理学中的创新管理、服务科学、市场营销等领域和人机交互的联系很密切。举例来说,在认识需求,并将需求转化为具体方案的过程中,市场营销学提供了理论背景和原理。而人机交互提供具体使用数字技术的人机交互步骤信息结构和界面表达方法,让人感到有效、方便、舒适。因此,人机交互和市场营销可以很好地互相补充。另外,在创新的重要性日益突显的情况下,研究创新产品的生产和创新服务的提供过程以及环境与人才的创意经营,和以人为本进行革新的 HCI 2.0 是一脉相承的。服务科学是一门新学科,它阐明日益重要的社会产业的本质。在此基础上,为了提高生产力,试图将技术、管理、社会科学等许多领域的知识融合在一起。尤其是随着网路和无线通信技术的发展,许多服务正在数字化。在这种情况下,涵盖新的数字服务过程的服务科学可以为人机交互提供宝贵的基础资料,该领域将技术革新和人机交互结合在一起。技术管理研究如何才能更有策略性地把人机交互用在企业管理上,它对于人机交互产业的成功做出了很大的贡献。不管是多么优秀的数字产品或服务,如果没有合适的管理模式,就不能获得成功。另外,如果没有起支撑作用的用户体验,这些管理模式的寿命也不会长久。从这点来看,管理学在人机交互的发展中,能发挥重要的引领作用。

2.2 认知心理学

认知心理学(Cognitive Psychology)是 20 世纪 50 年代中期在西方兴起的一种心理学思潮,在 20 世纪 70 年代成为西方心理学的一个主要研究方向。认知心理学研究人的高级心理过程,主要是认识过程,如注意、知觉、表象、记忆、思维和语言等,从心理学的观点来研究人机交互的原理。该领域的研究包括如何通过视觉、听觉等接受和理解来自周围环境的信息的感知过程,以及通过人脑进行记忆、思维、推理、学习和解决问题等人的心理活动的认识过程。其中，人脑的认知模型——神经元网络及其模拟，已经成为新一代计算机、人工智能等领域中最热门的研究课题之一。对人的认知行为的研究、测量、分析和建模也称为认知人机工程学。

2.2.1 认知心理学的概念

了解并遵循认知心理学的原理是进行人机交互设计的基础。人机交互设计，主要用理论来指导设计，一方面防止出错，另一方面用以提高工作效率。为了提高人机交互设计的水平，增强用户与计算机之间的友好程度，必须对用户，即使用计算机的人，有一个较为清晰的认识，也就是说对人的心理基础要有所了解。既要了解人的感觉器官（视觉、听觉、触觉）是如何接受信息的，也要了解人是怎样理解、处理信息的，以及学习记忆有哪些过程，人又是如何进行推理的等。由此，应尽量使自己的设计适应于人的自然特性，以使设计的系统满足用户的要求。

以信息加工观点研究认知过程是现代认知心理学的主流，它将人看作是一个信息加工的系统，认为认知就是信息加工，包括感觉输入的变换、简约、加工、储存和使用的全过程。按照这一观点，认知可以分解为一系列阶段，每个阶段是一个对输入的信息进行某些特定操作的单元，而反应则是这一系列阶段和操作的产物。信息加工系统的各个组成部分之间，都以某种方式相互联系。

从逻辑角度看，计算机接受符号输入，进行编码，对编码输入加以决策、储存，并给予符号输出，这与人加工信息的全过程相类似。

1. 感觉信号的检测

感觉信号的检测是信息加工的第一步。人们对世界现象的视、听、嗅、味、触觉等，可被视为一串连锁事件中的第一环节，包括信息的编码、储存、转换和思维等，最后，对信息做出反应；反过来，这种反应又提供新的感觉线索，可引起新的循环。在人类所能检测的有限范围内的物理能刺激着感觉系统，可被转换成神经能和短暂地留在感觉库中，并可能被传送到记忆系统进行加工，其结果引起反应，此反应又可以成为进一步加工的刺激场的一部分，如图 2-2 所示。

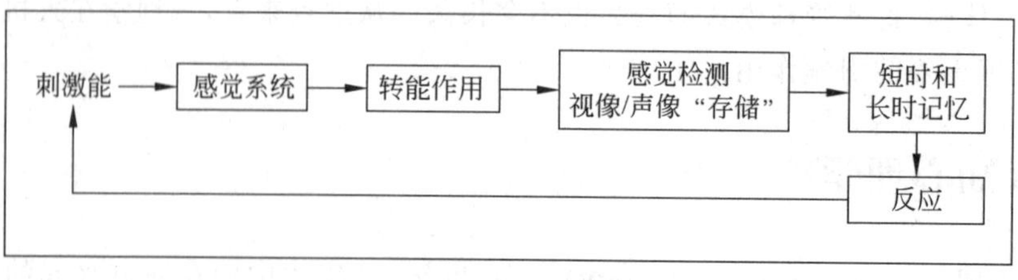

图 2-2 信息加工的阶段

2. 视觉

视觉是人与周围世界发生联系的最重要的感觉通道。外界 80%的信息都是通过视觉获得的，因而视觉显示器也是人机系统中用得最多的人机界面之一。

1）视敏度和色彩感知

视敏度又称视锐度或视力，是指眼睛能辨别物体很小间距的能力，通常用被辨别物体最小间距所对应的视角的倒数表示。在一定视距条件下，能分辨物体细节的视角越小，视敏度就越大。视敏度是评价人的视觉功能的主要指标，它受几个因素的影响，即图像本身的复杂程度、光的强度、图像的颜色和背景光等。光的强度过低会使图像很难分辨，而增加照明则可以提高视敏度，因此，视屏显示器应配以良好的照明。但是，如果光太强，又会引起瞳孔收缩，从而降低视敏度。同时，亮度的增加使视屏显示器的闪烁更加明显，人们直视荧光屏会很不舒服。

视敏度也可以用闪光融合频率来测量。闪光融合频率是由于眼睛要在一个短的时间内分辨图像的变化引起的。如果变化得足够快，使眼睛看到连续的状态，且不能区分每一幅图像的差异，此时大约每秒 32 幅。在变化较慢时，眼睛开始感到差异，视屏显示器的闪烁会令人烦恼，其闪烁取决于它的刷新速度，也即一秒钟内荧光屏的扫描次数和图像的重画次数。

人的视敏度是很高的，但不同个体间的差异也很大。多数人能在 2m 的距离分辨 2mm 的间距。在界面设计中，对较为复杂的图像、图形和文字的分辨更为重要。视力测试统计表明，最佳视力是在 6m 远处辨认出最下一行 20mm 高的字母，平均视力能够辨认 40mm 高的字母。

另外，人们能感觉到不同的颜色，这是眼睛接收不同波长的结果。各种波长的光是从带色的物体表面或有色光源反射出来的。正常的眼睛可感受到的光谱波长为 400～700μm。但视网膜对不同波长的光敏感程度不同。颜色不同而具有同样强度的光，有的看起来会亮一些，有的看起来会暗一些。当眼睛已经适应光强时，最亮的光谱大约为 550μm，近于黄绿色。当光波长接近于光谱的两端，即 400μm（红色）或 700μm（紫色）时，亮度会逐渐减弱。

2）视觉模式识别

视觉模式识别涉及较高级的信息加工过程。在视觉模式识别中，既要有当时进入感官的信息，也要有记忆中存储的信息，只有在所存储的信息与当前信息进行比较的加工过程，才能够实现对视觉模式的识别。

外界刺激作用于感觉器官，人们辨认出对象的形状或色彩时，就完成了对视觉模式的识别。目前，针对视觉模式识别过程的理论，主要有格式塔、模板匹配、原型匹配、特征分析等。

（1）格式塔（Gestalt）心理学，又称完形心理学，其模式识别是基于对刺激的整个模式的知觉，其中主要有以下几个原则。

① 接近性原则：某些距离较短或互相接近的部分，容易组成整体。例如，图 2-3(a) 中距离较近而毗邻的两条线段，自然而然地组合起来成为一个整体。图 2-3(b) 也是如此，因为黑色小点的竖排距离比横排更为接近，所以人们认为它是 6 条竖线而不是看成 5 条横线。

② 相似性原则：人们容易将看起来相似的物体看成一个整体。如图 2-4 所示，○为白点，●为黑点，观察者倾向于将其看作纵向排列，而非横向排列。

图 2-3　格式塔接近性原则的图示

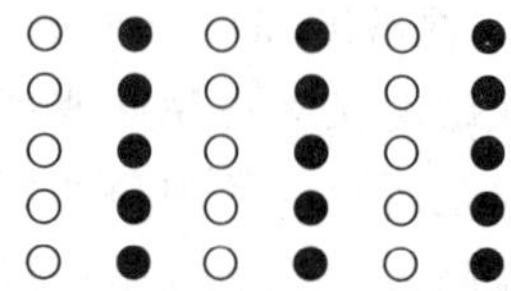

图 2-4　格式塔相似性原则的图示

③ 连续性原则：是指对线条的一种知觉倾向。如图 2-5 所示，人们多半把它看成两条线，一条从 a 到 b，另一条从 c 到 d。由于从 a 到 b 的线条比从 a 到 d 的线条具有更好的连续性，因此不会产生线条从 a 到 d 或者 c 到 b 的知觉。

④ 完整和闭合性原则：彼此相属的部分，容易组合成整体；反之，彼此不相属的部分，则容易被隔离开来。如图 2-6 所示，12 个圆圈排列成一个椭圆，旁边还有一个圆圈，尽管按照接近性原则，它靠近 12 个圆圈中的其中一个，但人们还是把 12 个圆圈当作一个完整的整体来知觉，而把单独的一个圆圈作为另一个整体来知觉。这说明知觉者的一种推论倾向，即把一种不连贯的有缺口的图形尽可能在心理上使之趋合，即闭合倾向。完整和闭合性原则在所有感觉通道中都起作用，它为知觉图形提供完整的界定、对称和形式。

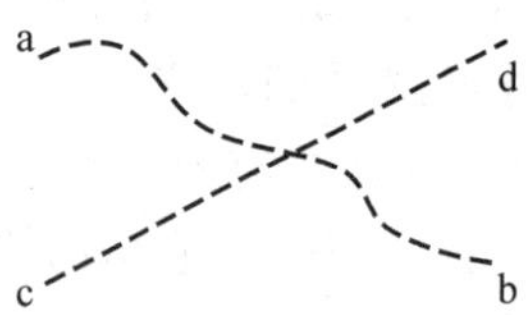

图 2-5　格式塔连续性原则的图示

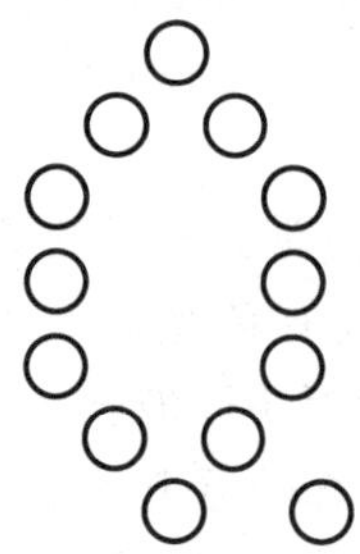

图 2-6　格式塔完整和闭合性原则的图示

⑤ 对称性原则：比较一下图 2-7 中所示的 a 模式和 b 模式，a 模式似乎是“好”得多的模式，因为它是对称的。格式塔的对称性原则能够反映人们知觉物体时的方式。例如 c 模式，人们多半认为是由菱形和垂直线组成的图形，而不把它看成由许多字母 K 组成的图形，尽管图中有很多正向的 K 和反向的 K。这是因为图中菱形是对称的，而 K 不是对称的。

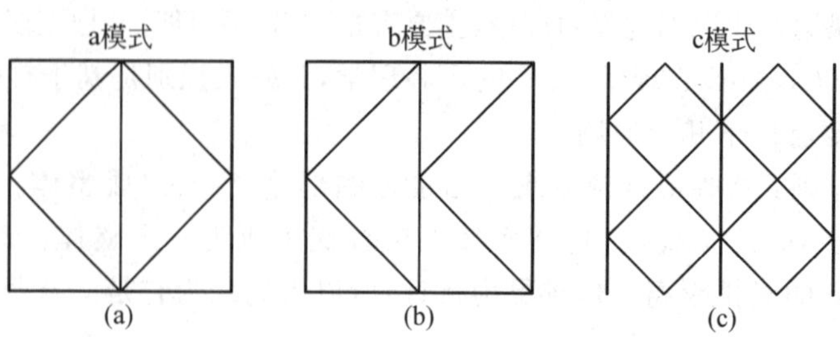

图 2-7　格式塔对称性原则的图示

(2) 模板匹配(Template Matching)理论。在模式识别的知识中,模板指的是一种内部结构,当它与感觉刺激匹配时就能识别对象。这一概念认为,在人们的生活经验中创造了大量的模板,每一个模板都与一定的意义相联系。因此,对一个形状(如几何形状)的视觉识别将会这样产生:发源于形体的光能落在视网膜上,并转换为神经能,然后传送到大脑。大脑对现有的模板进行搜索,如果发现了与神经模式相匹配的模板,就识别了该物体。当物体与模板相匹配后,就可能产生对物体的进一步加工和解释。

按照这种理论,只有当"外部"物体与其内部表征之间具有 1∶1 匹配时才可能识别,哪怕只有微小的不一致,物体也不会被识别。这样就需要形成无数个模板,它们分别与我们所看到的各种对象及这些对象的变形相对应。为了储存许多模板,我们的大脑会非常大,这种本领从神经方面来说却是不可能的。

(3) 原型匹配(Prototype Matching)理论。原型形成和匹配是取代模板匹配的另一种手段。它不是对要识别的千百万种不同模式形成各种特定的模板,而是把模式的某种抽象物储存在长时记忆中,并且起着原型的作用,这样,模式对照原型进行检查,如果发现相似性,模式就被识别。

这种理论认为,眼前的一个字母 A,不管它是什么形状,也不管把它放在什么地方,它都和过去知觉过的 A 有相似之处。按照这种模型,我们可以形成一个理想化的字母 A 的原型,它概括了与这个原型相类似的各种图像的共同特征,这就使我们能够识别与原型相似的所有其他 A。因此,我们能识别不同大小、不同方位的 A,并不是因为它们整齐地装到了大脑的框框里,而是因为它们有共同的特点。

(4) 特征分析。这是模板匹配理论和原型匹配理论的发展,它认为刺激是一些基本特征的结合物。例如,对于英文字母,特征可能包括水平线、垂直线,大约 45°角的线以及曲线。这样,大写的字母 A 便能被看成两条 45°角的线和一条水平线。字母 A 的模式由这些线条加上它们结合在一起的形式组成。在进行模式识别时,个体把知觉对象的基本特征与存储于记忆中的特征相匹配,以做出肯定或者否定的决定。

3) 视错觉

一般来讲,形态要素并不是单一存在的,当所处环境不同,受某些光、形、色等因素的干扰,自身部分之间的相互作用以及透视感等将引起某些图形产生不同状况的变化。再加上人的自身心理状态的影响,人们对形态的视觉感往往发生"错觉"。这种错觉具有普遍性,是人们所具有的共同生理特性。

视错觉产生的原因主要有两个:一是人的生理特征所致,即它与眼睛的视觉通道的构造有关,以及与观察不同的物体而发生的变化因素有关;二是由心理的知觉所致,是知觉恒常性的颠倒,从而形成"受骗"的现象。设计师必须全面理解和辩证处理各种视错觉现象,根据不同的要求,在设计中加以灵活应用。

图 2-8 展示了有名的莱亚错觉。两条线段本来是等长的,但由于其中一条在线的末端加上了向内的箭头,就比末端加上向外箭头的线段显得短些。

艾宾豪斯错觉如图 2-9 所示。两个直径相等的圆,被不同直径的两组圆所包围,其结果是:被小圆包围的圆比被大圆包围的圆看起来显得大一些。

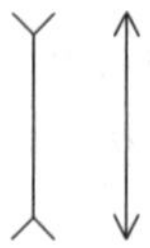

图 2-8 莱亚错觉

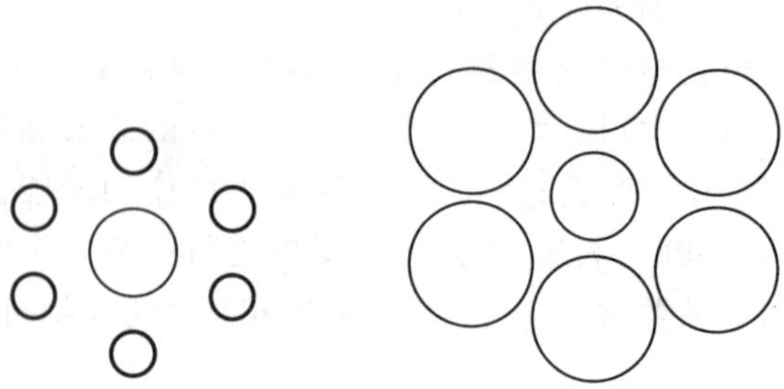

图 2-9 艾宾豪斯错觉

视错觉的另一种现象是含糊图像。含糊的图像可以有多种解释，不同的人根据自己的视角和理解，会看到不同的图像。图像被误解是因为每个人都把他自己的意思附加到他所看到的东西上去。对于这些容易造成视觉和语义上错觉的图形、图标，在设计时尤其要注意，以免造成界面隐喻上的错误。

3. 听觉

人类从外界获得的信息有近 15%是通过耳朵得到的。听觉所涉及的问题和视觉一样，即接受刺激，把它的特性转化为神经兴奋，并对信息进行加工，然后传递到大脑。

1）听觉的预处理和听觉系统

听觉可以感知到频率范围大约在 20～20 000Hz 的音波。音波是一种机械波，它是声源的振动在介质中的传播。音波在 0℃空气中的传播速度为 331m/s，温度每增高 1℃，音速将增加 0.6m/s。

听觉的器官是耳朵。听觉的感受性在 1000～4000Hz 时为最高。在 500Hz 以下和 5000Hz 以上的声音，需要大得多的强度才能被听到。20Hz 以下和 20 000Hz 以上的音波在一般情况下是听不到的。当音强超过 140dB 时，所引起的不再是听觉，而是痛觉。人可以辨认的语音频率范围是 260～5600Hz，电话只传送 300～3000Hz，这对人们听清语言来说已经足够了。

2）声音的解释

声音的解释与语言的理解完全联系在一起，两种功能都是在大脑的听觉皮层中完成的。为了解释声音，听觉系统必须把输入分成三类：噪声和可以忽略的不重要的声音；被赋予意义的非语言声音，如动物的叫声；用来组成语言的有意义的声音。

听觉系统就像视觉系统一样，利用以前的经验来解释输入。口语中充满着发错音的单词、不完整的句子和中断，而且口语说得很快，讲话的速度在每分钟 160～220 个单词之间，因此解释机制必须跟得上输入。

2.2.2 记忆和学习

从视觉的图像识别到听觉的声音解释，都涉及过去经验的参与，而过去经验是指保持在大脑中的以前曾经感知过的东西，即记忆中的东西。

1. 记忆的分类

记忆一般分为感觉记忆、短时记忆和长时记忆。信息在这三种记忆之间的流动和转化是认知过程的基础。

1）感觉记忆

这是人的信息加工的第一个阶段。在这个阶段中，关于刺激的一定信息以真实的形式（即与原来呈现的刺激几乎相同的形式）短暂地记录在感觉记忆中。接着，刺激转化为新的形式（通过模式识别过程），并传递到系统的另一个成分。刺激的信息停留在“寄存器”中，会自动地迅速“衰变”，保留的时间很短暂，大约 1s 左右；另一方面，原有的刺激信息也会由于新的刺激信息进入感觉寄存器而被掩蔽和抹掉。

2）短时记忆

相当于计算机中的 RAM。在这里存储的信息，已经不是关于刺激的一种粗糙的感觉形式了。短时记忆是一种特殊形式的记忆，也叫“工作记忆”。

短时记忆的能力相当有限，一般为 7±2 个项目，保持的时间也较短，一般为 30s 左右。短时记忆的信息容量为 7b（位）。这里一个信息单位可能是一个字母也可能是一个数字，甚至是一个象棋布局。总之是一个熟悉的“内容”。不熟悉的内容，例如电话号码，也许要占 6～8b 的存储容量。而熟悉的电话号码，无论几位数字，都只占一个单位的存储容量。因此，为了保证短时记忆的作业效能，一方面不能超过信息容量，例如电话号码、商标字母最好不超过 7 个数字或字母；另一方面，作业者要十分熟悉自己的工作内容或信息编码。

短时记忆中的信息是以信息组块的形式存储的，这些组块包括从简单的字母和数字到复杂的概念和图像。例如，记忆 536 436 326 这个数字很难，但如果按其读音规律分为 536-436-326 这样三组就好记得多；又如 10 位数的电话号码 73 287 973 204，这样大的号码一般是很难记住的，但如果把这一号码分成几个小一点儿的单元，如 732（地区代号）、8797 和 3204，这就容易记忆了。一定“模式”的信息有利于记忆。

记忆内容在系列中所处的位置对短时记忆也有影响。如果记忆的内容是 7 个字母，例如，在抄写、读数、计算机输入等作业中，出现错误的可能性较大的系列位置是第 5 个字母。而只有 5 个字母的系列，由于低于短时记忆的容量，几乎不受系列位置的影响。

短时记忆会借助于“复述”的过程，把信息“长时间”地保存下来，这种“复述”过程使记忆项目一次又一次地穿过短时记忆，反复循环，重复地把某个记忆项目重新存入短时记忆，从而使信息的强度得到更新而不产生衰变。“复述”的第二个功能是有助于信息向长时记忆传递，能够加强记忆信息向长时记忆的转移和存储，加强记忆项目在长时记忆中的强度，使该记忆项目在日后能够经得起回忆（信息提取）的检验。

视觉材料和听觉材料的记忆也不同。听觉材料的开头和结尾部分比较容易记忆，而视觉材料的前面部分较之后面部分容易记忆。

3）长时记忆

这实际上是一个有关知识的永久性仓库。一方面，进入系统的刺激被识别而传递到短时记忆后，再转移到长时记忆中，长期地保留在人的头脑里面，成为关于世界的永久性指示；另一方面，系统在进行加工活动时，要从长时记忆中提取（检索）有关知识（包括数据和程序），以供加工和活动使用。例如，进行模式识别时，就要从长时记忆中提取有关数据，与刺激进行匹配，以便把刺激识别为某个已知的东西。存储在长时记忆中的信息，对识别一个客体来说起着决定性的作用。

长时记忆的信息容量几乎是无限的。长时记忆中的信息存储和提取有两种方式，即基于规则（Rule-based）和基于知识（Knowledge-based）。只有与长时记忆内的信息容易连接的新信息才能够进入长时记忆，这说明长时记忆存储信息时，有赖于信息的结构，而并非杂乱无章的。长时记忆中的这种特点用来与以前的知识、规则进行匹配。

长时记忆的信息有时也无法“提取”，也就是通常所说的“遗忘”。事实上，长时记忆的信息很难说丧失了，遗忘只能看作是失去了提取信息的途径，或者原来的联系受到了干扰，导致新的信息代替了旧日的信息。

长时记忆中信息的组织、编码和储存形式，以及当人们需要某一项信息时，从这些复杂的组织中提取的方式，就成为长时记忆研究中的主要问题。

塔尔文（Tulving，1972）将记忆区分为语义记忆和情节记忆两类。语义记忆是指对一般知识和规律的记忆，它们与一定概念的内涵意义有关，具有层次网络的特点，它在提取时是以激活状态在网络通道上扩散而实现的。从人工智能的角度来说，它有助于提高计算机存储知识、理解语言的能力；情节记忆则是与一定的时间、地点以及事件的具体情景相联系的记忆，它的信息来自于外在的信息源，但是它要被储存在长时记忆中且又需要有一定编码的过程，因而情节记忆的痕迹是内外信息源相互作用的混合物。所以，情节记忆信息的提取是一个较为复杂的过程，是一种基于信息模式的相似性匹配的记忆和再认知的过程（如图 2-10 所示）。

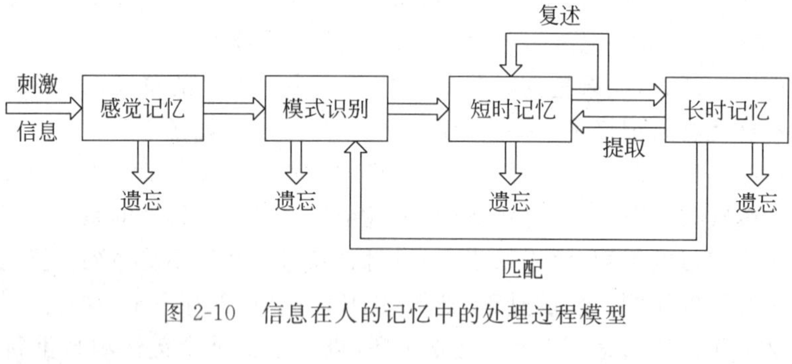

图 2-10 信息在人的记忆中的处理过程模型

4）模式识别

模式识别是介于感觉记忆和短时记忆之间的一个过程。它是把进入系统的感觉信息与先前掌握的、存储在长时记忆中的信息进行匹配的过程，把粗糙的、对系统来说相对无效的感觉信息，转化成某种对系统来说有意义的东西。

5）三种记忆的比较

许多实验指出，长时记忆是以比较高水平的语义的编码形式来储存信息的，而短时记忆则是在感觉记忆的基础上主要以语音听觉的编码形式来储存信息的。当然这种区分是相对的。长时记忆的遗忘机制主要是干扰，而短时记忆的遗忘机制主要是迅速衰退；从长时记忆中提取信息需要有较长的搜索时间，而从短时记忆中提取信息则只需要极短的时间。短时记忆中的信息或者经不断的复述而进入长时记忆，或者迅速衰退而遗忘，而长时记忆中的项目能经久不衰，甚至终生难忘。两种记忆的这些明显的区别，使人们更倾向于接受记忆的双重理论。

在人机交互设计中，要尽量减少必须学习的信息总量，当学习无法避免时，应该用记忆线索来帮助回忆。我们用规则和分类来处理世界上的复杂事物，界面设计人员应该在设计中利用结构性来支持这一过程，这是人机交互的基本原理之一。把复杂的事物用分级的方法分解成较简单的组成部分，可以帮助人们理解和记忆复杂的信息。通过存储在不同层次上组成和描述对象的若干事实，并与我们一开始用来分析和理解对象间联系的存取通道相结合，就能记住许多复杂的现象，从而理解这些现象。人们能够对一批信息赋予的分类和结构性越多，信息也就越容易学习。

2. 学习迁移

学习是与长时记忆密切相关的，学习来的信息必须存储在长时记忆内作为经验积累。在学习与使用学习来的知识或技能之间，人的活动会极大地影响遗忘。学习迁移所造成的对记忆的干扰可以分为两类，即先学的干扰和后学的干扰。

先学的干扰是指某人先学A事物，后学B事物，另一人只学B事物，结果后者做B事物的成绩要优于前者，这叫作先学干扰，即先学的事物阻碍了后学事物的学习。例如，会骑自行车的人学蹬三轮车，比不会骑自行车的人学起来要困难些。也可以说，人们先学A后学B时，趋向于遗忘与事物A有联系的事物B的一部分，并可能以A事物代替B事物。例如，某人在甲厂学会了红灯作为水压过高的信号，后来到乙厂工作，但乙厂红灯表示有水通过管道，即管道在正常工作。如此，当出现紧急情况时，该工人就可能重新把红灯当作指示水压过高而关掉水管，而这时正需要用水来冷却该系统。这种现象在诸如核电站一类的高度安全系统的设计中是绝对不允许的。

后学的干扰是指后学事物对先学事物的干扰。在后学干扰中，人们先学事物A后学事物B，但做事物A的成绩不如只学了事物A的人。

后学的干扰与先学的干扰虽然干扰方向不同，但都不利于作业。

在界面设计中，设计师必须了解作业的性质，控制技能学习的过程，防止学习迁移的干扰。当然，学习迁移除了上述的不利干扰，即负迁移以外，还有相互促进的正迁移。一种改型产品如果其操作技能可以受原产品操作技能的正迁移，就可以提高操作者的学习速度和作业效率。

2.2.3 人的易出错性

人为失误和出错是人的弱点之一，例如在键盘输入时按错键等。人的易出错性的原因，一方面是人具有功能和行动上的自由度，他可以对各种情况进行分析、判断并采取随机应变的措施，而判断的错误以及动作的失误都会导致产生错误；人为出错的另一原因是工作时注意力不集中、开小差、训练不足及素质较差等。

在人机工程学中，人的失误被定义为："人未发挥自己本身所具备的功能而产生的失误，它可能降低人机系统的功能。"

人机系统未完成分配的功能可能有以下几种情况。

(1) 信号太弱；

(2) 人没有执行人机系统中分配给他的功能；

(3) 人由于识别错误而错误地执行了分配给他的功能；

(4) 按错误的顺序或时间执行了分配给他的功能；

(5) 执行了未分配给他的功能。

以上几种可能情况都可看作是操作失误。这些错误从表现形式上看是由操作者的误解、误动作或疏忽大意引起的，但往往也有可能是设计者在设计过程中没有充分考虑人文因素而潜伏下来的。也可以说是因设计不周而诱发出的操作失误。

为了避免人为的失误，可以在主、客观两方面采取措施。主观方面，增强人的责任心、增加训练、提高人员素质；客观方面，可以在人、机、环境及管理上加以改善。

1. 注意

一般来说，人们把"注意"看作是系统的过滤器和瓶颈。注意的重要功能在于滤掉不重要的输入，而选取重要的输入作为进一步的加工，使人能够稳定地集中于所要加工的信息。人的信息通道容量是有限的，系统不能对其所有的输入都进行加工，这就是注意发生的所在点。

有实验证明，在1/10s时间内，成人一般能注意到8个左右的黑色圆点或4～6个没有联系的外文字母。另外，通常我们很难同时完成两个或两个以上的心理任务，例如，同时看报和听收音机，要么记住报纸的内容，要么记住收音机的内容，但不能两者都记住。这说明我们对信息的加工基本上是顺序进行的。即我们最多能做到在通道间分时工作，使我们能记住播音员的一部分话，也能记住报纸上文章的一部分内容。

尽管注意是顺序的，但仍有相当大的并行处理能力。比如，人们可以一边驾车一边谈话。这时动作处理器控制腿和臂的肌肉去把握方向盘和刹车，语言处理器控制发音器官形成语音，而认知处理器将注意力分配于监视路面交通和听别人讲话。这样同时并行的 n 种活动，其中必须有 $(n-1)$ 种是熟练的、自动完成的动作。这些自动的动作就是通常所说的"技巧"。技巧的动作顺序存储在长时记忆中，需要时作为动作指令顺序取出，输出到相应的处理器上。

虽然人们能同时进行 n 项活动，实行并行处理，但在认知处理时，仍然受顺序处理的瓶颈限制。这样必然会发生资源分配问题，像计算机一样，资源分配主要是通过对重要事件安排中断来进行控制的。假如我们对环境中发生的事情没什么兴趣，就不会注意感觉输入，这就是当我们专心致志于某项工作时，通常感觉不到周围所发生的事情的原因。但当意外事件突然发生时，比如一声巨响，我们的注意力会马上转移到感觉输入上，视觉和听觉处理器发出一个中断。输入处理器就是这样与认知处理器争夺注意。一般情况下，我们总是忽略环境中的稳定状态而感受其变化的成分。

在一些人机交互控制中，要求人长时间地保持警觉状态，例如雷达监控、汽车驾驶、仪表监控等。在这类脑力作业中，通常不需要过多的脑力劳动，却要求保持警觉的准备状态，称为持续警觉。持续警觉要长时间保持警觉，而且一般是在刺激环境单调和脑力活动以注意为条件下的维持警觉，也可以称为单调警觉。持续警觉是注意的一种情况，它的一个特征是人体会产生疲劳，造成信号漏报、作业效率降低等，甚至酿成事故。作为一般规律：持续警觉在30min后开始下降。对于监视作业的效能，可以通过下列措施获得一定程度的改进。

(1) 适当增加信号频率；

(2) 增加信号强度；

(3) 被试获知自己的作业成绩；

(4) 增强信号的可分辨率：

(5) 间隔休息等。

人的注意力除了受外界刺激物的特点、人的精神状态影响之外，还受任务的难度、个人的兴趣和动机的影响。较困难的任务比那些单调乏味的任务更能吸引人的注意。这就是人们能长时间专心致志于内容丰富而责任重大的任务的原因，而对于像监视雷达屏幕上稳定信号的任务，则很快就会变得不耐烦。人对事物的兴趣和动机也会影响人的注意力，有兴趣时，注意力就容易集中(如游戏)，否则就容易分散。同样，能满足人的需要的事件，亦即能引起动机的事件，就能引起较长时间的注意。由此，在人机界面设计中，必须把注意力引向用户需要的信息和要采取的行动上。必须避免同时对注意力过多竞争的设计，否则会超出认知处理器的处理能力，从而导致人体机器的失灵和故障。

2. 疲劳

疲劳是由于长时间地执行监控任务、连续的心理活动或执行十分困难的任务时，精神高度集中所引起的。日本学者桥本邦卫将大脑觉醒水平分为5个等级，其研究资料表明：人在精力充沛状况下，大脑处于常态而清醒，有随机处理和准确决策的能力，其工作可靠度在0.999 999以上；当机体出现疲劳、困倦和轻睡状态时，大脑处于常态之下，意识模糊，此时极易失误、出事故，其工作可靠度在0.9以下。两种不同的大脑觉醒水平之间，作业出错率相差10万倍之多，说明各种疲劳，尤其是脑疲劳对作业可靠性影响甚大。

疲劳会导致心理机能的紊乱，主要反映在以下几方面。

(1) 注意力的失调：即注意力容易分散、怠慢、少动；或者正相反，产生杂乱无章、好动、游移不定。

(2) 感觉方面的失调：参与活动的感觉器官的功能紊乱。如果一个人不间歇地长时间读书，会感到眼前的文字变得模糊不清。又例如，手的工作时间过长，会导致触觉和运动知觉敏感性的减弱。

(3) 动觉方面的紊乱：动作节律失调，动作滞缓或者忙乱，动作不准确、不协调，动作自动化程度降低。

(4) 记忆和思维故障：忘记与工作有关的操作规程，而对与工作无关的东西则熟记不忘，理解能力降低，头脑不够清醒。

(5) 意志衰退：人的决心、耐性和自我控制能力减退，缺乏坚持不懈的精神。

可见,疲劳会使人的工作能力下降。所以人机界面设计要保证:

(1) 尽量避免长时间执行单调的任务。

(2) 在执行长时间的连续任务期间有适当的休息间隔,使用户的心理疲劳得以恢复。但是,任务的复杂性并不一定导致疲劳的增加。人们对于富有挑战性的任务是有兴趣的,它可以在相当一段长的时间内吸引人的注意,延迟疲劳的发生,例如复杂的游戏。当然也要避免高要求的连续动作,因为用户可能没有意识到疲劳而产生错误。

单调乏味的、无刺激性的任务肯定会引起用户疲劳,这样的任务最好避免,如果无法避免,则应采取高频率的休息间隙,从而缓解因被迫完成无兴趣的任务而引起的精神紧张。

(3) 疲劳还有可能是因为感觉因素而引起的。强刺激,如强光、艳丽的色彩、强噪声等都能引起感官的超负荷,从而产生疲劳,所以人机界面设计应该避免使用太多的强刺激。

2.2.4 软件心理学

在软件开发过程中,人们越来越认识到软件人员(系统分析员、程序员、项目经理等)的素质的重要性,这是因为软件产品与其他产品有一个明显不同的特点,即它完全是一个逻辑元素,极大地依赖于人的智慧。而硬件则像是音乐家的提琴、作家的笔、画家的画笔,它只是提供软件人员创作用的工具。正因为软件的设计、开发、管理的核心是人,因而在软件开发过程中,对人的决策、认知心理的分析、改进是十分重要的。采用实验心理学的方法,可以提供改进各类计算机系统使用的知识,也可以为开发高质量友好的用户界面提供辅助。一个用实验心理学的技术和认知心理学的概念来进行软件生产的方法,即将心理学和计算机系统相结合而产生了一个新的学科,这就是软件心理学(Software Psychology)。

采用软件心理学的方法,研究计算机及信息系统开发、使用过程中人的因素,是一件新的工作。在目前的研究工作中,大多采用各种实验统计方法来取得数据,进行分析比较。

2.3 人机工程学

人机工程学(Ergonomics)是运用生理学、心理学和医学等有关科学知识,研究人、机器、环境相互间的合理关系,以保证人们能安全、健康、舒适地工作,达到提高整个系统工效的边缘科学。与认知心理学相比,人机工程学更多地从人本身和系统的角度出发,来研究人机关系(如图 2-11 所示)。

人机工程学是工业设计和艺术设计专业的主要专业基础课程。人机工程学和工业设计在基本思想与工作内容上有很多一致:人机工程学的基本理论“产品设计要适合人的生理和心理因素”与工业设计的基本观念“创造的产品应同时满足人们的物质与文化需求”,其意义基本相同,侧重稍有不同,同样都是研究人与物之间的关系,研究人与物交接

图 2-11 人机工程学 3D 鼠标

界面上的问题，不同于工程设计(以研究与处理“物与物”之间的关系为主)。由于工业设计在历史发展中融入了更多的美的探求等文化因素，工作领域还包括视觉传达设计等方面，而人机工程学则在劳动与管理科学中有广泛应用，这是二者的区别。

2.3.1 人机工程学的定义

人机工程学，还被称为人类工程学(Human Engineering)、人因工程学(Human Factors Engineering)、人类工效学(Ergonomics)等。此外，在我国，人机工程学还被翻译成工效学、人-机-环境系统工程、宜人学、人体工程学、人类工程学、工程心理学、运行工程学、人机控制学等。人机工程学的不同命名充分体现了该学科是“人体科学”与“工程技术”的结合，是人体科学、环境科学不断向工程科学渗透和交叉的产物，它以人体科学中的人类学、生物学、心理学、卫生学、解剖学、生物力学、人体测量学等为“一肢”，以环境科学中的环境保护学、环境医学、环境卫生学、环境心理学、环境监测技术等学科为“另一肢”，而以技术科学中的工业设计、工业经济、系统工程、交通工程、企业管理等学科为“躯干”，形象地构成了本学科的体系。

2000 年 8 月，国际人机工程学会(International Ergonomics Association)对本学科所下的定义为：人机工程学是研究人与系统中其他因素之间的相互作用，以及应用相关理论、原理、数据和方法来设计以达到优化人类和系统效能的学科。人机工程学专家旨在设计和优化任务、工作、产品、环境和系统，使之满足人们的需要、能力和限度。从科学性和技术性方面看，人机工程学是研究“人-机-环境”系统中人、机、环境三大要素之间的关系，为解决系统中人的效能、健康问题等提供理论与方法的科学。

人机工程学着重研究以下问题。

(1) 人机之间的分工与配合。任何一个系统都离不开人的参与，人机系统中人机相互作用、相互配合、相互制约、协同工作，完成确定的工作。因为机是从属于人的，由人来控制和使用，要执行人的意志，按人的意图和目的去办事，所以，在人机分工与协同工作中，首先应该充分考虑人的生理和心理特点，使人与机充分发挥各自的特点与优势；其次，应该让机具更多地代替人的工作；最后，考虑经济上的投资与效益。

(2) 机具如何能更适合于人的操作和使用，以提高人的工作效率，减轻人的疲劳和劳动强度。机具结构及操作要符合人的生理、心理规律及人的需要，使人能方便、省力、安全地操作和使用，减轻人的脑力记忆及体能操作负担，减轻人的疲劳效应。

(3) 人机系统的工作环境对操作者的影响，目标是使工作环境安全、舒适。不合适的操作环境会使工效降低，差错频繁发生，并极易产生疲劳。环境因素包括大气环境、照明、噪声、色彩等。

(4) 人机之间的界面，信息传递以及控制器和显示器的设计。人机界面负责人机之间的信息传递，人通过控制器向机器输入控制信息，而机器通过显示器向人输出运行结果。良好的显示器和控制器设计将使操作者能够方便正确地操纵机器。

人机工程学总的任务是在人、机器、环境之间实现最优配合，充分发挥人机的作用，使人尽其力，机尽其用，环境尽可能舒适，使整个人机系统安全、高效、可靠，胜任其工作效率。在解决系统中人的问题上，人机工程学主要有两条途径，即：使机器、环境适合于人；通过最佳训练方法，使人适应于机器和环境。

经典人机工程学即硬件人机工程学，主要集中在对人体能力、人体限制及其他与设计相关的人体特性信息的应用，以满足设计、分析、测试与评价、标准化，以及系统控制的要求。它的主要研究课题有控制与显示的设计，人体的能力及其限制在与环境的光照、温度、噪声及震动等因素作用中的关系，作业空间布局，减少人体工作负荷，增强舒适程度，提高生产率等。生物力学与人体测量学在其中起着核心作用，其主要目的是在交通、工业、消费类电子产品的设计与生产中，提高安全性与可用性。

软件人机工程学主要研究软件和软件界面，侧重于运用和扩充软件工程的理论和原理，对软件人机界面进行分析、描述、设计和评估等。主要解决有关人类思维与信息处理的有关问题，包括设计理论、标准化、增强软件可用性的方法等，使软件(计算机)与人的对话能够满足人的思维模式与数据处理的要求，实现软件的高可用性。

2.3.2 人机工程与人机界面

人机工程学对人机界面设计的作用可以概括为以下几个方面。

1. 为考虑"人的因素"提供人体尺度参数

应用人体测量学、人体力学、生理学、心理学等学科的研究方法，对人体结构和机能特征进行研究，提供人体各部分的尺寸、体重、体表面积、比重、重心，以及人体各部分在活动时的相互关系和可及范围等人体结构特征参数，提供人体各部分的发力范围、活动范围、动作速度、频率、重心变化以及动作时的惯性等动态参数，分析人的视觉、听觉、触觉、嗅觉以及肢体感觉器官的机能特征，分析人在劳动时的生理变化、能量消耗、疲劳程度以及对各种劳动负荷的适应能力，探讨人在工作中影响心理状态的因素，以及心理因素对工作效率的影响等。人体工程学的研究，为工业设计全面考虑"人的因素"提供了人体结构尺度、人体生理尺度和人的心理尺度等数据，这些数据可有效地运用到工业设计中去，如图 2-12 所示。

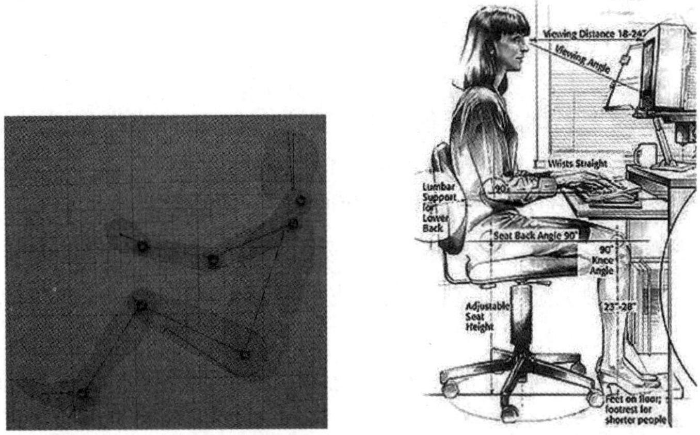

(a) 汽车人机工程学设计模板　　(b) 办公室人机工程学

图 2-12　人机工程学数据

2. 为“机”的功能合理性提供科学依据

如何解决“机”与人相关的各种功能的最优化，创造出与人的生理和心理机能相协调的“界面”，如信息显示装置、操纵控制装置、工作台和控制室等部件的形状、大小、色彩及其布局等都是以人体工程学提供的参数和要求为设计依据的。

3. 为考虑“环境因素”提供设计准则

通过研究人体对环境中各种物理因素的反应和适应能力，分析声、光、热、振动、尘埃和有毒气体等环境因素对人体的生理、心理以及工作效率的影响程序，确定人在生产和生活活动中所处的各种环境的舒适范围和安全限度，从而保证人体的健康、安全、合适和高效。

4. 为进行人-机-环境系统设计提供理论依据

人机工程的显著特点是，在认真研究人、机、环境三个要素本身特性的基础上，不单纯着眼于个别要素的优良与否，而是将使用“机”的人和所设计的“机”，以及“机”所共处的环境作为一个系统来研究。

人机工程学原理在计算机人机界面中无处不在。对于一个系统来说，有许多人机工程因素需要考虑，例如：

(1) 系统用户应该始终知道下一步该做什么。

(2) 所有类型的信息、说明、消息等都在同一个区域内显示。

(3) 简化复杂的功能，减少输入命令。

(4) 默认值和需要用户输入的值要说明清楚。例如，对有些值进行默认设置，可以方便用户的使用。

(5) 告诉用户可能的错误操作，设置中间或者最终提醒过程。

2.3.3 显示界面设计

机器中专门用来向人表达机器性能参数、运转状态、工作指令以及其他信息的界面称为显示界面。在人机界面设计中，根据人接受信息的感觉通道不同，可以将显示界面分为视觉、听觉和触觉显示界面等。其中以视觉和听觉显示界面最为广泛。由于人对突然发生的声音具有特殊的反应能力，所以听觉显示器作为紧急情况下的报警装置，比视觉显示器具有更大的优越性。触觉显示是利用人的皮肤受到触压或运动刺激后产生感觉向人传递信息的一种方式。

视觉显示界面有的很简单，有的却很复杂。一般来讲，视觉显示界面可以分为数量型、性状型、再现型、警报与信号等几种。

(1) 数量型显示界面。提供变量或过程的量化信息，具有明确的显示单位，如温度值、压力值等。数量型显示界面可采用指针移动式、刻度标尺移动式、直读式等。

(2) 性状型显示界面。用来显示变量的状态或性质，如正常状态、危险状态等。一般采用指针移动式显示装置。

性状型显示界面与数量型显示界面可以组合设计，称为检查型显示界面。

(3) 再现型显示界面。可采用完全重现或是符号和图形方法，例如游戏中的飞行姿势。再现型显示界面既要形象真实又要认读简化准确，其优点是观察情形时不需要或者只需要很少解释。

(4) 警报与信号显示界面。按照功能划分，警报与信号显示界面主要用于指示运行状态和引起注意等。一般有两类：一类是提供监控者注意或指示监控者应执行什么操作；另一类是向监控者报告执行系统的运行状态或异常情况等。警报与信号显示界面的设计必须包括分析，例如何时发出警报？多少个警报(一般只采用一个)？闪动或静止？(闪光报警一般只用于危险情况)，警报位置(操作者的30°视线范围内)？颜色(一般采用红色)？

在界面布局设计中，确定显示和控制空间关系的基本原则如下。

(1) 重要性原则。显示与控制的功能可按其对实现系统目标的重要性而划分等级。重要性原则是指把最重要的控制与显示布局在操作者视野和控制区的最佳位置上。

(2) 操作频率原则。是指操作越频繁的显示和控制，应布局在操作者的最佳视野和最佳控制区。

(3) 功能分组原则。是指将功能相关的显示与控制构成若干"功能组"，然后分区布局。例如，温度指示器与温度调节器可分成一个组，布置在一个区域内。

(4) 操作次序原则。如果显示和控制在操作程序上有次序，则可以顺其次序进行布局设计。

2.3.4 控制界面设计

控制界面主要指各种操纵装置，包括手动和脚动操纵装置等。在手动操纵装置中，按照其运动方式又可以分为旋转式操纵器，如旋钮、摇柄等；移动式操纵器，如按钮、操纵杆、手柄等；按压式操纵器，如各式各样的按钮、按键等。在这些界面设计中，都需要人给予一定的力的作用，并且这些力都需要一定的信息反馈。

（1）编码设计。对于需要多个操纵器的场合，为减少操作错误，可以对操纵器进行编码设计，常用的有形状、大小、颜色和标志编码等。例如，形状编码是利用操纵器外观造型设计的不同进行区分的一种比较容易的方法。形状编码必须保证在不观看的情况下，通过触觉也能够正确辨别；位置编码是利用空间位置的不同，通过人的运动感觉来正确辨别。在这方面，人的垂直方位感觉优于水平方向的感觉（上肢运动）。

（2）控制的基本特性。包括控制的 C/R 比值、控制的操作阻力和误操作运动等。控制的 C/R 比值是指控制的操纵量（C）与显示的反应量（R）的比值，也可以称为操纵量与显示量 C/D 比值；控制的操作阻力形成操作的反馈信息，其位移和阻力使人获得控制的"感觉"；控制界面设计必须防止无意识动作引起的控制误操作，因为人在紧张情况下容易出现不必要的和无意识动作。

2.3.5 显控协调性设计

显控协调性是指显示和控制的关系与人们所期望的一致性。对于显示与控制的协调性设计，应依据人机工程学原理和人的习惯定式等生理、心理特点，并遵循以下原则。

（1）空间协调性。是指显示与控制在空间位置上的关系与人的期望的一致性。主要包括：一是显示与控制在设计上存在相似的形式特性；二是显示与控制在布置位置上存在对应或者逻辑关系。

（2）运动协调性。根据人的生理和心理特征，人对显示与操纵界面的运动方向有一定的习惯定式。如顺时针旋转或自下而上，人自然认为是增加的方向；顺时针旋转旋钮，表明量的增加，反之则减少。显示指示部分的运动、所控制变量的增减方向是决定运动关系协调性的主要因素。

（3）概念协调性。是指显示与控制在概念上与人的期望的一致性。例如，绿色通常表示安全，黄色表示警戒，红色表示危险。

（4）习惯模式。是下意识和"自动"的行为，是一种条件反射。显然，显示与控制除了功能连接外，其相应的动作应符合人的习惯模式，这是人机界面的重要课题。每一种习惯模式的强度是有所不同的，个体之间也存在着差异性，右撇子与左撇子就有习惯上不一致的现象。因此，在界面设计时应考虑到这些方面的问题。

与控制件右旋被控量增加的习惯模式相反，控制水和气体等流体的开关，右旋通常为关闭。如果作业者同时控制水和电流，两种习惯模式就会发生矛盾。因此，设计师必须以系统安全为目的，来解决这些问题。

2.3.6 人机系统及其界面设计

完整的人机系统包括人、机、人机之间的界面以及人机系统所处的环境。人机界面负责人机子系统之间的信息传递，而环境是人机系统运行的外界条件。在进行人机界面设计时，不应单纯设计显示与控制，还必须站在系统的高度上，整体考虑人-机-环境系统，进行系统设计。

1. 人机分工

人机工程学的研究目的是根据人类的各种特性，对与人类直接相关的各种机具进行设计与改进，使人机系统以最优方式协调运行，达到最佳的效率和总体功能。因此，应该了解人机系统各自的特点，再按照系统的效率、可靠性、成本等原则，在人、机之间进行合理的分工。在经济合理的前提下，总是尽可能地让机去更多地取代人的工作强度。

一般来说，以下工作可由机来完成。

(1) 枯燥、单调、笨重的作业。

(2) 危险性大的作业或会影响人体健康的作业。

(3) 高级运算，快速操作。

(4) 可靠性、高精度的和程序固定的作业。

以下工作则由人来完成。

(1) 程序设计。

(2) 意外事件处理。

(3) 变化频繁的作业。

(4) 探索性工作或需要做出决策的工作。

2. 人机系统设计要求和应考虑的问题

人机系统设计应该能满足以下要求。

(1) 人和机都能发挥各自的作用并协调一致地工作，达到预定目的，完成预定任务。

(2) 系统提供接受输入和完成输出的功能，并具备调节功能。

(3) 系统设计应考虑环境因素影响，例如，工作场地布局的照明、温度、湿度、噪声等。

(4) 人机系统应充分适应人的特性，让人能容易学习、操作、使用系统，充分发挥系统效能。

在构造人机系统时，除了特别简单的以外，在设计时应着重考虑以下 7 个问题。

(1) 为了满足系统设计目标必须提供什么输入和输出？

(2) 为产生系统输出需要什么操作？

(3) 人机之间的功能如何分工？

(4) 人要完成操作需要什么样的训练和技能？构成的人机系统提供哪些材料帮助人接受训练和获得技能？

(5) 需要系统完成的任务能否与人的能力相容？要避免人在过负荷或欠负荷状态下的操作。

(6) 人要完成作业需要什么样的设备接口？这是考虑人的因素的最重要问题。需要有最佳的显示设备和操作设备，以及操作规程和信息诊断能力。

(7) 人机子系统工作能否协调？是相互帮助还是相互妨碍？例如，人-计算机系统中，计算机的操作比人要快得多，因此，机要等待人做出决定和完成操作。

3. 人机系统设计步骤

现在一般采用系统工程学的方法来进行人机系统的设计。设计步骤可概述如下。

(1) 需求分析阶段。设计人机系统的第一步是明确目标，即用户是"谁"，人机系统应具备的功能、条件，包括可用条件、制约条件及环境条件等。

(2) 调查研究。包括预测和确定目标，对同类系统的调查研究。

(3) 系统分析规划阶段。在明确系统目的和条件的基础上，分析和划分系统的功能，并按人和机两者进行分配。要充分发挥人、机各自的特长和能力，同时也要避免人、机的限制因素。对人的限制因素有正确度界限、体力界限、行动速度界限、知觉能力界限等。对机具的限制因素有机械性能维护能力界限、机械正确动作界限、机械智能及判断能力界限及费用界限等。

(4) 系统设计阶段。这个阶段完成具体的设计，设计中要考虑人文因素，要保证人与机具的一致性，并制定人机系统操作步骤、方法及制定人员培训计划。

(5) 测试阶段。对构成系统进行试运行，并评价系统的安全性、可靠性、舒适性等指标。如果为用户认可则可提交生产。

(6) 人机系统生产制造及提交使用。

4. 界面设计

人机界面是人机之间传送信息的媒介，它主要包括以三部分。

(1) 机上显示器与人的信息通道的界面。显示器能提供易于为人识别、理解的信息，该信息能反映机内工作状态，而且又对人安全、可靠、无害。

(2) 机上操作器与人的运动器官的界面。使操作器能易于控制、操作，人所进行的操作或提供的信息要易于为操作器所识别，且灵敏、可靠。

(3) 人机系统与环境之间的界面。正确设计显示器和操作器的布局，有利于人的操作和使用。

人机交互匹配得好，可使人机之间传递交换信息畅通，使人能迅速、正确识别并获取机内信息，人做出的操作能容易准确地发送给机具。可见，机内的显示器和操作器是作为人机交互的媒介设备。当然，人机界面除硬件设备外，还应该包括操作规程、维护手册等。

2.3.7 人机工程学的应用

人机工程学各个分支学科的研究，在第二次世界大战期间获得了突破性的进展，因为战争中复杂武器的发展，使得人机协调问题突然激化。例如，空战和歼击机提出对飞行员的体能和智能要求，使得人员的选拔和培训难度不断增大，促使在飞机的仪表显示、操纵工具和飞行员座椅等部件的设计中，加大对人的因素的考虑，进而带动了有关的技术和方法的迅速发展。

人机工程的应用领域十分广泛，几乎涉及人类工作和生活的各个方面。例如：

(1) 人体工作行为解剖学和人体测量；工作事故，健康与安全。

(2) 认知工效学和复杂任务；环境人机工程。

(3) 计算机人机工程；显示与控制布局设计；人机界面设计与评价。

(4) 专家论证；多工作环境；人的可靠性。

(5) 工业设计应用。

(6) 管理与人机工程。

(7) 办公室人机工程与设计；医学人机工程。

(8) 系统分析；产品设计与顾客；军队人机工程。

(9) 人机工程战略；社会技术系统；暴力评估与动机。

(10) 可用性评估与测试；可用性审核；可用性评估；可用性培训；试验与验证；仿真与试验；仿真研究；仿真与原型。

随着信息化社会的到来，在计算机人机接口方面已经进入沟通和智能交互的时代，基于语音的应用和笔等自然的人机交互手段开始进入实用阶段。如计算机触摸屏、光电笔输入设备等。此外，汉字形变连笔的汉字识别和语音识别技术等，使未受过专业训练的普通人也能利用计算机进行交流。

2.3.8 人机工程学的展望

21世纪，人机工程学必然向着信息化、智能化、网络化的方向发展。作为应用性学科，人机工程学与人的工作生活息息相关，设计生产出更加人性化、高效能的设备、工具和日常生活用品是努力的目标。

以发展的眼光看，人机工程学又分为技术人性化和人的技术化两个方面。技术人性化的最大体现在计算机虚拟现实技术的实用化。人与计算机交互方式的演变，从利用穿孔纸带输入计算程序，到面对终端机上的字符操作界面，再到个人计算机上的图形界面和多媒体，继而是网络和虚拟现实，就是计算机技术的日益"人性化"的过程，也就是人机工程特性的不断提高。从人机工程学的角度来说，虚拟现实技术把人类的空间感、行走等感觉和行为功能纳入到人机交互之中，使得人与信息的交流变得更加自然和没有阻碍。

随着计算机技术和网络技术的发展，基于人机工程学的虚拟设计和测试评价已经成为可能，这不仅可以节省大量的时间和资源，而且可以增强企业的竞争能力，使产品更具有使用性和人性化。

在人的技术化方面，一方面人自觉和主动地进行学习、接受训练和选拔，从而获得更大的能力；另一方面也会被动地和不自觉地受到技术的约束，形成对技术的依赖，例如，使用计算器后心算能力的减退，使用计算机记事后记忆力的减退等。

英特尔微处理器研究试验室主任傅雷德·鲍莱克称："现在人们一提上网就想到计算机，其实人们需要的并不是计算机，而是一个可以帮助人们工作的助手。人们希望能和计算机对话,用身体语言和它交流,甚至希望它能理解你的每一个暗示。计算机将从以机器为中心的界面转向更为人性化的界面。"随着人机工程学的应用和实践,我们相信这就是不久的将来人们生活中的场景。

2.4 阅读与思考:德雷夫斯与人机工程学

提起人机工程学,首先要介绍一个人物——亨利·德雷夫斯(Henry Dreyfess, 1903—1972),他是人机工程学的奠基者和创始人。

(1) 为贝尔设计电话。亨利·德雷夫斯的职业背景是舞台设计,1929 年改变专业,建立了自己的工业设计事务所。德雷夫斯与贝尔电话公司有密切的关系,是影响现代电话形式的最重要的设计师。

德雷夫斯坚持设计工业产品应该考虑的是高度舒适的功能性。他于 1930 年开始与贝尔公司合作,与公司的工程技术人员一起,提出了"从内到外(From the inside out)"的设计原则。公司开始认为这种方式会使电话看来过于机械化,但在他的反复论证以后,公司终于同意他按照自己的方式设计。当初,电话机的最大特点是不受市场的竞争压力,因为电话服务具有相当高的垄断特点,贝尔公司长期以来是美国最大的电话公司,基本不受竞争的威胁。因而,德雷夫斯可以比较少地考虑外形设计在市场上的竞争效果,而更多地集中在电话机的完美功能性设计方面。

贝尔公司 1927 年第一次引进横放电话筒,改变了以往纵放电话筒的设计。1937 年,德雷夫斯提出了从功能出发,听筒与话筒合一的设计,被贝尔公司采用。德雷夫斯设计的 300 型电话机,今天看起来虽然老式,但这一设计首次把过去分为两部分、体积很大的电话机缩小为一个整体,听筒和话筒也合而为一(如图 2-13 所示),这个设计的成功,使贝尔公司与德雷夫斯签订了长期的设计咨询合约。

图 2-13 拨盘电话

电话机开始是金属的,20 世纪 50 年代初期开始转为塑料,从而奠定了现代电话机的造型基础。20 世纪 50 年代左右,他已经设计出一百多种电话机。德雷夫斯的电话机因此走入了美国和世界的千家万户,成为现代家庭的基本设施。

(2) 首创人机工程学。德雷夫斯的一个强烈信念是:设计必须符合人体的基本要求,他认为适应于人的机器才是最有效率的机器,因而他开始发展人机工程学的数据。他多年潜心研究有关人体的数据以及人体的比例及功能,1955 年出版了《为人的设计》一书,书中收集了大量的人体工程学资料(如图 2-14 所示)。1961 年,他出版了著作《人体度量》一书,从而为设计界奠定了人机工程学这门学科。德雷夫斯成为最早把人机工程学系统运用在设计过程中的一个设计家,对于这门学科的进一步发展起到积极的推动作用。

德雷夫斯的人机工程学研究成果体现在 1955 年以来他为约翰·迪尔公司开发的一系列农用机械中,这些设计围绕建立舒适的、以人机学计算为基础的驾驶工作条件这一中

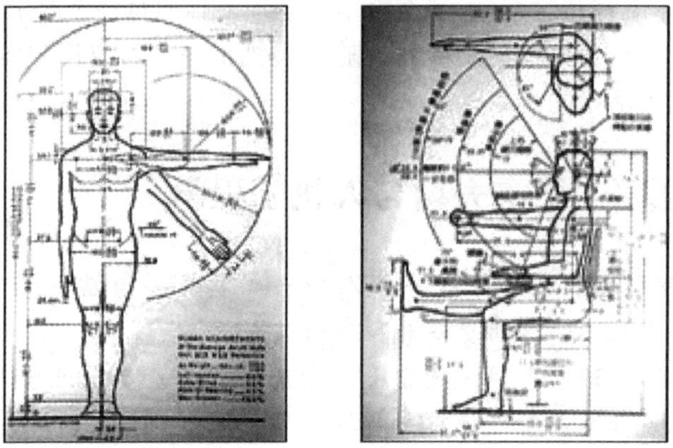

图 2-14　人机工程学资料

心，外形简练、与人相关的部件设计合乎人体的基本适应要求，这是工业设计的一个非常重要的进步与发展。

资料来源：世纪在线中国艺术网(http://cn.cl2000.com)，有删改。

2.5　实验：熟悉认知心理学和人机工程学

2.5.1　实验目的

(1) 了解人机交互技术的研究内容；
(2) 熟悉认知心理学的基本概念和主要内容；
(3) 熟悉人机工程学的基本概念和主要内容。

2.5.2　工具/准备工作

在开始本实验之前，请回顾课文的相关内容。

需要准备一台能够访问因特网的计算机。

2.5.3　实验内容与步骤

1. 认知心理学的概念

(1) 查阅有关资料，根据你的理解和看法，请分析“人机界面学”的主要研究内容。

答：______________________________

____

____

____

(2) 查阅有关资料，根据你的理解和看法，请给出“认知心理学”的定义。

答：

(3) 查阅有关资料，根据你的理解和看法，请给出"软件心理学"的定义。

答：

(4) 为什么说"了解并遵循认知心理学的原理是进行人机界面设计的基础"？请简单阐述之。

答：

(5) 请简单叙述格式塔(Gestalt)心理学的主要原则。

① 接近性原则：

② 相似性原则：

③ 连续性原则：

④ 完整和闭合性原则：

⑤ 对称性原则：

(6) 通过广泛阅读和查阅资料，用自己的语言解释以下基本概念。

视错觉：

记忆结构：

感觉记忆：

短时记忆：

长时记忆：

(7) 请简单叙述“疲劳”主要反映在哪5个方面？

①

②

③

④

⑤

2. 人机工程学的概念

(1) 查阅有关资料，根据你的理解和看法，请给出“人机工程学”的定义。

答：

(2) 请分析人机工程学主要研究哪些问题？

①

②

③

④

(3) 请分析人机工程学对人机界面设计的作用概括为哪几个方面？

①

②

③

④

2.5.4 实验总结

____

____

____

____

2.5.5 实验评价(教师)

____

____

第 3 章　人机交互设备

计算机系统的人机交互功能主要依靠可输入输出的外部设备和相应的软件来完成。可供人机交互使用的设备主要有键盘、显示、鼠标、各种模式识别设备等。随着计算机技术的发展，操作命令越来越多，功能也越来越强。模式识别，如语音识别、汉字识别等输入设备的发展，操作者和计算机在类似于自然语言或受限制的自然语言这一级上进行交互成为可能。此外，通过图形进行人机交互也吸引着人们去进行研究。这些人机交互可称为智能化的人机交互。

从 1960 年起，计算机处理器的速度和存储能力的巨大优势已经逐渐得到很多优秀的输入/输出设备的出现与发展的匹配。高速百万像素图形显示器取代了 10 字符/秒的电传打字机；虽然通用的 QWERTY 键盘布局目前仍是主要的文本输入设备，但新的键盘策略已经出现，从而满足移动设备用户的需要；指点设备，特别是鼠标和触摸屏，使用户脱离键盘来完成很多任务；未来的计算可能包含更多的手势输入、双手输入、三维指点、语音输入/输出、可穿戴设备，并且全身都介入到某些输入、输出任务之中。

一些研究者已经为植入设备提出了更加奇异的想法。创新的输入设备、传感器和效应器，还有把计算机集成到物理环境当中，都向各种应用打开了大门。持续改进的语音识别器已经加入了较平凡但使用广泛的语音存储转发技术，更加强调基于电话的应用系统和非语音的听觉界面。

3.1　键盘与小键盘

文本数据输入的主要方式目前仍然是键盘(如图 3-1 所示)。初学者的速度通常是每秒不到 1 次键击，办公室人员的平均速度是每秒 5 次键击(每分钟大约 50 个英文单词)，而一些用户高达每秒 15 次键击(每分钟大约 150 个英文单词)。键盘通常允许一次仅按一个键，其他还有按双键用于大写字母输入(Shift 加字母)和特殊功能(Ctrl 或 Alt 键加

图 3-1　笔记本电脑的 QWERTY 键盘

键盘显示了右下方的倒 T 形移动键和顶部的功能键。用户能够选择使用两个指点设备之一——装在 G 键和 H 键之间的指点杆或键盘下方的触摸板，另有相应的按键对

字母)。与当前使用计算机键盘可能达到的速度相比,键盘输入模式的改变方案可能允许有较高的数据输入速度,其灵感来自钢琴键盘,例如,允许几个手指同时按下(即合弦),对不同的压力和持续时间是敏感的。法庭记录员使用代表几个字符或整个单词的合弦,就能迅速录入口头辩论的全部文本,达到每分钟最多300个英文单词的速度。合弦还可能允许手机用户达到更高的数据输入速度。然而,这种技艺需要数月的培训和频繁使用来记住复杂的合弦按压模式。

键盘的大小实际上影响着用户满意度和可用性。有很多键(101键)的大键盘给人以专业和复杂的印象,但可能使新用户望而生畏。当用户任务要求数据输入和对物理对象的操纵同时进行时,单手键盘可能是有用的。最后,对有限的文字输入来说,移动设备上的迷你键盘和触摸屏也是可接受的。

3.1.1 键盘布局

位于华盛顿的美国历史博物馆有一个关于打字机发展的展览。19世纪中叶,人们通过数百次的尝试来制造打字机,考虑过很多的打字机放纸位置、字符构造和键布局的设计方案。到20世纪70年代,Sholes的设计获得成功——具有良好的构造设计和巧妙的字母布局(QWERTY),这种布局把频繁使用的字母对远远分开,从而增加了手指的移距,用户的输入速度降低,使按键之间的干扰大大减少。Sholes的成功所导致的标准化范围如此之广,以至于一个多世纪之后,几乎所有的键盘都在使用QWERTY布局(如图3-2所示)。

图3-2 黑莓手机

电子键盘的开发消除了打字机的构造问题,导致20世纪的发明家提出了键盘的替代布局以减少手指移距。新的布局能够把专职打字员的打字速度从每分钟大约一百五十个单词提高到每分钟二百多个单词,甚至减少了错误。但这种新的布局并未能获得认可,因为改变的可感知好处未超过学习一个新的、非标准界面所需要的努力。

第三种键盘布局是ABCDE风格的,让英语字母表的26个字母按字母表顺序布局。其基本原理是,非打字人员将发现他们更易于找到键的位置。用于数字和字母代码的几种数据输入终端仍使用这种风格,尽管研究已经表明,ABCDE风格没有任何优势。几乎没有 QWERTY 经验的用户渴望获得此项专长，他们经常抱怨曾经使用了 ABCDE 布局。

数字键盘是另一项争论之源。电话机把 1-2-3 键放在顶行，但计算器却把 7-8-9 键放在顶行。研究表明，电话机的布局有微弱的优势，但大多数计算机的数字小键盘使用计算器的布局。

有些研究人员已经认识到，标准键盘要求的手腕和手的位置别扭，他们提出了更符合人机工程的键盘。他们对分离和倾斜的键盘尝试了各种几何图形，但这种键盘在打字速度、准确性或减少重复性压迫损伤方面的好处还有待检验，如图 3-3 所示。

图 3-3　自然键盘

为满足残疾用户的需要，设计人员已经彻底重新考虑了打字过程。例如，Keybowl 公司的无键键盘用两个倒置的碗来替代键，用户的手舒服地搁在其上面。在这两个碗上，小的手部移动和小的手指按压组合可选择字母或控制光标。不需要手指或手腕的移动，这对有腕管综合症或关节炎的用户是有帮助的。另一种方法是依赖指点设备，诸如鼠标、触摸板或眼球跟踪器，来输入数据。

3.1.2　键

键盘的键在实验室和市场经过精心改进及彻底测试。这种键有轻微凹进的表面，为的是与指尖的接触良好，表面无光以减少反射性炫光和手指打滑的概率。按键需要 40～125g 的力和 1～4mm 的位移，这使得打字快出错率低成为可能，同时给用户提供适当的反馈。键设计的重要元素是力位移的量变曲线。当键已经压得深到足以发送信号时，键就弹回并发出非常轻的咔嗒声，这种触觉和听觉的反馈对触摸打字非常重要。而不移动表面的薄膜键盘持久耐用，对快餐店、工厂车间或娱乐场所之类的挑战性环境是可接受的。

某些键，诸如空格键、回车键、Shift 键和 Ctrl 键，应该比其他键要大，以允许容易、可靠地访问。其他键，诸如 Caps Lock 键和 Num Lock 键，应有其状态的明确显示，诸如通过较低位置上的物理锁定或嵌入指示灯。大字键盘可供有视力障碍的用户使用。光标移动键（上、下、左和右）的布局在快速和无差错使用方面是重要的。流行的紧凑倒 T 排列（小键盘）允许用户按照减少手和手指移动的方式来放置中间的三个手指。十字排列对于新用户是个好的选择。一些大键盘有 8 个键，以简化对角线方向的移动。在一些应用软件中，诸如用户花几小时来使用移动键的游戏，设计人员再分配字母键作为光标移动键以使在移动键和其他动作键之间的手指移动降到最少。自动重复特性，即持续按压重复就自动发生，可能会提高性能，但必须提供重复频率的控制以适应不同用户的喜好。

3.1.3 移动设备的键盘和其他文本输入方法

计算机的键盘通常都是全尺寸的，但很多移动设备使用尺寸大大减小了的键盘，这是因为虽然布键盘或虚拟键盘（如在桌面上投射键盘的图像）很有前途，但缺乏适当的触觉反馈。移动设备的功能在大大增加，那些需要输入电子邮件或输入文本的用户经常选择具有小的、传统 QWERTY 键盘的设备。用户经过训练，能在用两个拇指使用那些机械键盘时，达到每分钟 60 个英文单词的速度。当设备自动更正“差一”错误（用户意外按下与打算按下的键相邻的键）时，速度会更快。

很多设备只提供数字小键盘，这时动态生成的软键会很有用，其功能取决于应用状态和上下文。软键通常会立即显示于屏幕的下方（例如 Select 和 Exit 键）。用户界面的创新主要关注输入文本的技术。多按系统则要求用户多次按一个数字键来指定一个字母，并在要使用的同一个键的两个字母之间停顿。

很多移动设备，例如苹果的 iPhone，已经完全放弃了机械键盘（如图 3-4 所示），而依赖在触摸屏上的指点、绘图和手势进行所有交互。如果屏幕大到足以显示一个键盘，用户就能轻敲虚拟键盘。在对 7cm 和 25cm 宽的触摸屏键盘的研究中，用户经过培训后，每分钟能够分别输入 20～30 个英文单词，在输入的文本长度有限时，这个速度是可接受的。

图 3-4 苹果 iPhone 的虚拟键盘

另一种方法是在触敏表面上手写输入，通常使用输入笔，但字符识别仍容易出错。上下文线索、击打速度加上方向，能够提高识别率，但成功的手势数据输入方法包括使用简化的、更易于识别的字符集，识别效果相当好，且大多数用户很快就能学会编码，但需要的培训对于新用户和间歇用户可能是个障碍。另一个有前途的方法是允许使用与轻击模式相匹配的形状，用键盘上的速记手势来替代触摸屏键盘上的轻击。长期的研究确认了使用这种技术来实现良好的文本输入性能的可能性。对于汉语，手写体识别技术戏剧性地增加了用户的潜能。

3.2 指点设备

指点设备已经历了数百次改进，以适应不同用户并做出进一步的性能改进。更不寻常的设备，包括眼球跟踪器、数据手套和触觉或力反馈装置，已经应用于特定的，诸如远程医疗等应用。

对于复杂的信息显示，诸如计算机辅助设计工具、绘图工具或空中交通管制系统中的信息显示，指点和选择项通常是方便的。这种直接操纵方法之所以有吸引力，是因为用户能够避免学习命令，减少在键盘上的打字出错率和把注意力集中在显示上。其结果是执行得更快、错误更少、学习更容易和满意度更高。指点设备对小设备和大的墙面显示设备也是重要的，因为这些设备使得键盘交互不太实用。

多种多样的任务、各种各样的设备和使用它们的策略创造了丰富的设计空间。物理设备的属性(旋转或线性移动)、移动的维数(1,2,3,…)和定位(相对的或绝对的)是给设备分类的有用方式。

3.2.1 指点任务

指点设备可用于以下 7 种类型的交互任务。

(1) 选择。用户从一个项集合中选择。该技术用于传统的菜单选择、感兴趣对象的识别和一部分的标记(例如，在自动设计中)。

(2) 位置。用户在一维、二维、三维或更高维的空间中选择点。定位可用于创建制图、放置新窗口或拖动图形中的文本块。

(3) 方向。用户在二维、三维或更高维的空间中选择方向。方向可能是旋转屏幕上的符号、指示移动的方向或控制机械臂之类设备的操作。

(4) 路径。用户快速地执行一系列定位和定向操作。其路径可能实现为绘图程序中的曲线、被识别的字符、用于切布机或其他类型机器的指令。

(5) 量化。用户指定数值。量化任务通常是用于设置参数的整数值或实数值的一维选择，诸如文档中的页号、运输工具的速度或音乐的音量。

(6) 手势。用户通过发出简单的手势来指出要执行的动作，诸如向左(或右)滑动表示要往前(或后)翻页，或快速地来回移动表示要擦除。

(7) 文本。用户在二维空间中输入、移动和编辑文本。指点设备指示插入、删除或改变的位置。除了这些简单的文本操纵外，还有较复杂的任务，诸如居中、设置页边和字体大小、突出显示(加粗或下划线)和页面布局。

用键盘来执行这些任务是可能的：包括输入数字或字母来选择、输入整数坐标来定位、输入用于表示指向的角度或量化的数值的数、做出菜单选择以选择动作和输入光标控制命令来在文本中移动。而现在，大多数用户使用指点设备来完成这些任务，且速度更快，错误更少；专家用户能够通过使用快捷键来完成被频繁调用的任务，从而进一步提高性能(例如，Ctrl+C 后面跟着 Ctrl+V 来复制和粘贴)。

指点设备可以被分成提供屏幕表面上的直接控制的(诸如光笔、触摸屏或输入笔)和提供脱离屏幕表面的间接控制的(诸如鼠标、轨迹球、操纵杆、指点杆、图形输入板、触摸板或数字纸)。用于专门用途的非标准设备和策略包括：多点触控板和显示器、双手输入、眼球跟踪器、传感器、3D跟踪器、数据手套、触觉反馈、脚踏控制和有形用户界面等。

指点设备的成功标准是：速度和精确性、任务的功效、学习时间、成本和可靠性、大小和质量。

3.2.2 直接控制的指点设备

光笔是早期设备，使用户能够把系绳笔指向屏幕，然后按笔上的按键来指向屏幕上的对象或在屏幕上画图。光笔易损坏，所以正迅速地被触摸屏所取代。触摸屏允许用户通过用手指触摸来直接与屏幕上的材料交互。

触摸屏的健壮性使其适用于公用信息亭和移动应用。触摸屏通常集成到面向新用户的应用之中。在这些应用中，触摸是主要的界面机制。公共访问系统的设计人员之所以重视触摸屏是因为它没有可动部件，并且在高使用环境中的耐用性好(触摸屏是在迪士尼世界的主题公园中幸存下来的唯一输入设备)。

早期的触摸屏实现有指点不精确的问题，因为软件立即接受触摸，拒绝给予用户验证被选择的点是否正确的机会。这些早期的设计是基于红外射线束格栅的物理压力、冲击或中断。高精度设计戏剧性地改进了触摸屏。电阻式、电容式或声表面波的硬件通常提供多达1600×1600像素的分辨率，使用户能够指向单个像素：用户触摸表面，然后看到能拖动来调整其位置的光标；当他们感到满意时，会抬起手指离开屏幕以使其激活。高精度触摸屏的可用性，使很多触摸屏应用成为可能，诸如在银行、医疗或军用系统中。触摸屏已经改变了移动应用，而多点触控屏已经变得可用。使用平板电脑和移动设备时，指向LCD表面上的点是自然的，这些设备能够用手臂托住或拿在手里、放在办公桌上或搁在膝盖上。

输入笔是一种有吸引力的设备，因为用户熟悉它并且用起来很舒服，用户能够把输入笔的笔尖引导到期望的位置，同时注视着整个上下文。然而，这些优点必须针对拾起和放下输入笔的需要而予以平衡。大多数输入笔界面(也称为"基于笔的界面")都是基于触摸屏技术；用户能够使用输入笔进行更自然的手写和增加移动控制，但也能使用手指进行快速选择。像普通触摸屏一样，当用户同时触摸两个或更多位置时，输入笔界面将行为失常。为避免这个问题，具有大型可触摸表面的设备，诸如平板电脑，可能要求使用能够被触敏表面识别的主动笔。然而，采用这种方法时，用户必定会担心错放或丢失输入笔。

早期的iPhone等流行的移动设备为设计良好、只有触控的服务，诸如通讯录、日程表、地图或影集，创造了庞大的市场。随着设计人员努力为这个不断壮大的市场创造新的、有吸引力的界面，基于手势和手写体识别的新选择方法正在与下拉菜单和直接操纵策略竞争。

3.2.3 间接控制的指点设备

间接指点设备消除了手疲劳和手遮挡屏幕的问题，但要求用手来确定设备位置，并且需要更多的认知处理和手/眼协调，从而把屏幕上的光标带到期望的目标。

鼠标之所以有吸引力，是因为其成本低且使用广泛。手搁在舒服的位置上，鼠标键容易按，长距离移动可通过移动前臂迅速完成，通过手指的微小移动可精确地完成定位。然而，用户必须抓住鼠标来开始工作，桌面空间被占用，鼠标线也很讨厌。其他问题是，拾起和更换动作对于长距离移动是必需的，发展技能需要经过一定的练习（通常需要5～50min，但有时老年人和残疾用户需要的时间会多得多）。在鼠标技术（物理的、光学的或声学的）、按键数、传感器的位置、质量和尺寸方面的多样性表明，设计人员和用户还需要选定一种喜好的设计。个人喜好和要完成的任务的多样性为激烈的竞争留出了空间。鼠标可能是简单的或可能加上滚轮和附加按键，以便滚动或使 Web 浏览更便捷（如图 3-5 所示）。这些附加的鼠标特性有时能被编程以执行专用应用软件的普通任务，诸如调节显微镜的焦距和转换其放大倍率。

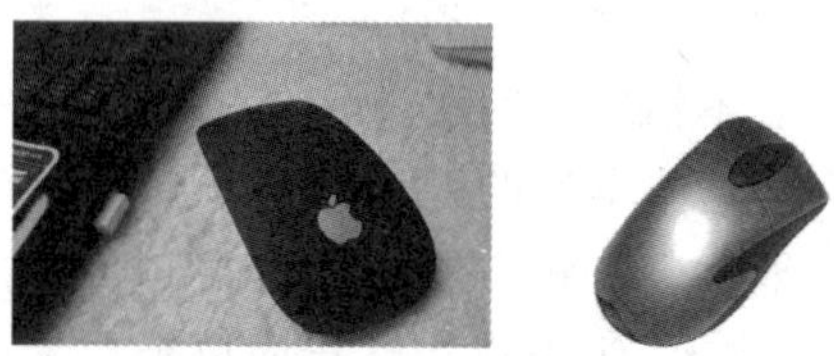

图 3-5　苹果无线鼠标和微软的无线银光鳖

轨迹球有时描述为倒置的鼠标。通常实现为一个旋转球体，直径为1～15cm，在移动它时，就移动屏幕上的光标（如图 3-6 所示）。轨迹球是耐磨的，能牢固地安装在办公桌上，以允许用户有力地击球并使其旋转。轨迹球已嵌入到空中交通管制或博物馆信息系统的控制面板中，通常用于视频游戏控制器中。

操纵杆，其悠久的历史始自飞机的控制设备和早期的计算机游戏，它有数十个版本，其杆长和粗细、位移力和距离、基座的锚固策略和相对于键盘及屏幕的位置均不同。操纵杆用于跟踪目的是有吸引力的（跟随或引导屏幕对象），部分原因是移动光标所需的位移相对小、易于改变方向和有机会将操纵杆与附加按键、滚轮和扳机结合起来（如图 3-7 所示）。

图 3-6　罗技轨迹球

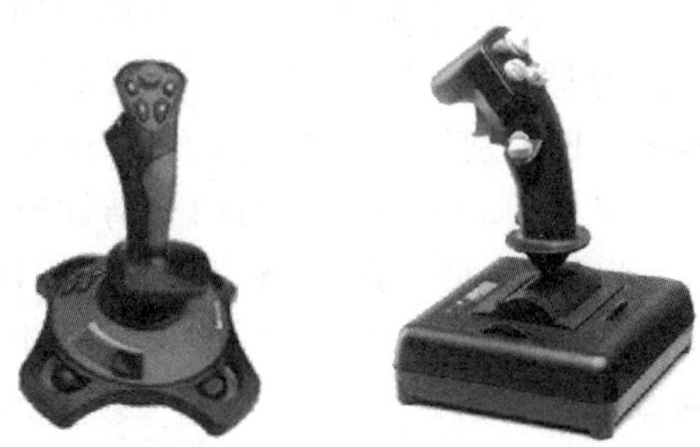

图 3-7　游戏机操纵杆

方向键起源于游戏操作台，包括排成十字形的 4 个方向的箭头和中心的触发按钮。Wii 遥控器就是一个例子(如图 3-8 所示)。该系统也在移动设备中使用，用于菜单中的导航。

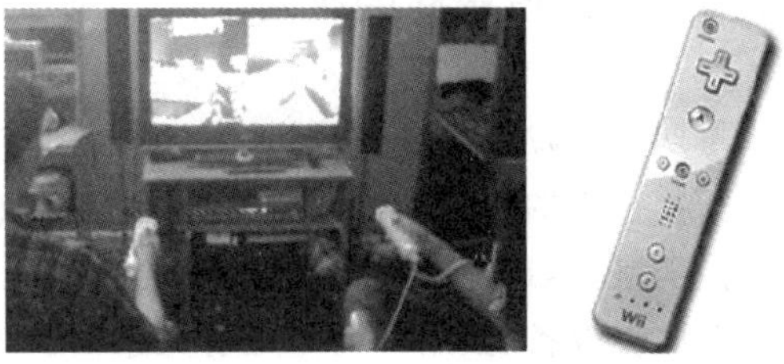

图 3-8 Wii 遥控器

指点杆是一个小的等长摇杆，嵌入在键盘中的字母 G 和 H 之间。它对压力敏感且不移动。它有橡胶顶盖，以利于手指接触，用户经过适当的练习，就能快速准确地使用它来控制光标。同时，他们的手指仍放在键盘的引导位置上。对于文字处理软件这样需要在键盘和指点设备之间不断切换的应用软件来说，指点杆也是特别有效的。因为指点杆尺寸小，能够容易地与其他设备结合，诸如键盘甚至鼠标，以使二维滚动更便捷。

触摸板(5×8cm 的可触摸表面)提供触摸屏的方便性和精确度，同时让用户的手远离显示表面。用户能够进行快速移动以完成长距离的遍历，能够在手指抬起前轻轻摇动手指来精确定位。触摸板通常内置在键盘下面，能够在拇指使用的同时使手仍放在打字位置。触摸板没有活动部件且外形轻薄，使得它对便携式计算机很有吸引力。

图形输入板是一个与屏幕分离的触敏表面，通常平放在办公桌/桌子上或在用户的膝盖上。这种分离考虑到舒服的手部定位和使用户的手远离屏幕。当用户的手能够长时间属于此设备而不切换到键盘时，图形输入板是有吸引力的。此外，图形输入板允许的表面甚至比屏幕大，以便覆盖用于指示可用选项的印刷字体，从而为新用户提供指南和保留珍贵的屏幕空间。使用图形输入板能够完成的数据输入有限。图形输入板能够通过放置手指、铅笔、游标或输入笔，使用声学、电子或接触位置的传感而被操作。无线笔允许较大的自由度，这一点受到使用绘图程序的艺术家的欣赏(如图 3-9 所示)。

图 3-9 绘图板

在这些间接指点设备中，鼠标获得了最大的成功。考虑到其快速、高精度指点能力和舒服的手部位置，不太长的培训期仅是使用的一个小障碍。

3.2.4 指点设备间的比较

早期研究发现，光笔或触摸屏之类的直接指点设备通常是速度最快但准确性最差的设备。数十年的研究一再表明，鼠标在速度和准确性方面均优于替换设备。已发现指点杆要慢于鼠标，这是因为在细微的手指移动期间有颤动。轨迹球和触摸板则介于它们之间。在比较设备时，用户任务是有关系的。例如，在浏览因特网时，用户不断涉及滚动和指点。一项研究表明，有指轮的鼠标并没有改进用户使用标准鼠标的性能。然而，把等长摇杆安装在鼠标上却能提高性能。用于精确指点任务的新准确性测量，能够在目标重置或移动可变性之类的指点任务中捕捉移动行为的细微方面，这种测量可能会提供对每种设备的优点和局限性的更好理解。

一般看法是，对于选择对象来说，指点设备要快于光标移动键。在屏幕上仅有几个(2～10个)目标且能够让光标从一个目标跳到下一个目标时，使用光标跳跃键能够比使用指点设备要快。对于距离短且把键入和指点混合在一起的任务来说，光标键也表明要快于和优于鼠标。很多用户从未学习过快捷键(如用 Ctrl+Z 来撤销)，尽管与使用指点设备相比，使用那些快捷方式来执行菜单选择将会快得多。

有运动障碍的用户通常喜欢操纵杆和轨迹球多过鼠标，因为它们的位置保持固定，它们占用的空间较小(允许装在轮椅上)，并且能被小的残余移动所操作。当难以用力时，触敏设备是有用的。例如，对于有运动障碍的用户，设计人员应该尝试检测无意或不受控翻的移动和消除轨迹。使用大于被选择的按钮或图标的活动目标区域，对于用户缩短选择时间和减少挫折感是有效的。在某些情况下，可能是致使应用系统被范围广泛得多的受众使用所需做的全部。

指点设备对有视力障碍的用户极具挑战性。设计良好、尺寸和形状可调的光标可帮助视力障碍有限的用户，对有严重的视力障碍、不得不依赖键盘的用户来说，鼠标之类的间接控制输入设备是完全不实际的。应尽可能提供替代键盘或小键盘的导航选项。在语音合成或发音可用于描述显示、朗读菜单选项和确认选择时，触摸屏界面能够更易于被探索和记忆。例如，在触摸屏投票站中，用户能够使用箭头键来浏览其名字经过耳机被大声读出的候选人列表。触摸屏及其应用如图 3-10 所示。

总之，在选择指点设备时，个体差异和用户任务是至关重要的。触摸屏和轨迹球在公共访问、车间和实验室应用系统中是持久耐用的。鼠标、轨迹球、指点杆、图形输入板和触摸板对于像素级的指点都是有效的。笔被绘图和手写所赏识，而简单的手势能用于指定动作和量化其参数。当用户之间的协同重要时，桌面设备具有吸引力。当目标数量少时，光标跳跃键仍是有吸引力的。对于游戏或专用的导航软件来说，操纵杆是有吸引力的。

3.2.5 非标准的交互与设备

指点设备的流行和不同用户完成不同任务的新方式的追求导致创新不断产生，常见的主题是提高设备与任务之间的匹配程度和改进输入加上反馈。

图 3-10 触摸屏及其应用

多触点触摸屏允许单个用户同时使用双手或多个手指或允许多个用户在共享表面上一起工作。这种屏幕出现得较晚，但现在已投入应用，例如微软的 Surface。更精确的项选择能够通过使用两个手指来实现：光标出现在两个手指之间，其位置能够通过舒展开手指调整。使用水平的桌面显示器时，用户能定位在桌子周围的任何地方，所以需要可在任何方位使用的应用程序（如图 3-11 所示）。使用立体影像显示器、立体显示器或头盔显示器，就有可能设计出有效的 3D 桌面交互。iPhone 较小规模地引入移动设备上的多触点显示器有助于简单手势的成功使用（例如，用户能够舒展开两个手指放大图像）。

图 3-11 桌面显示器

双手输入能够有利于多任务或复合任务。双手输入理论建议，非主导手设置参考框架，主导手在其中以更精确的方式操作。双手操作在桌面应用软件中的自然应用是，非主导手选择动作（如绘图程序的 Fill 命令），而主导手精确选择操作对象。

因为用户的手可能在键盘上忙碌，设计人员已经探索了选择和指点的替代方法。脚踏控制受到摇滚乐表演者、风琴手、牙科医生和汽车司机的喜爱，也许计算机用户也能从中受益。经测试后发现，使用脚用鼠标所花费的时间是手操作鼠标的两倍，但对特殊应用系统的好处可能存在——例如，被脚启动的开关和踏板可能对指定方式是有效的。

眼球跟踪器是一种凝视检测控制器，使用瞳孔位置摄像机图像识别来给予 1°～2°的准确度(如图 3-12 所示)。200～600ms 的定影时间用于做出选择。遗憾的是,因为每次凝视都有激活非有意命令的可能性。把眼动跟踪与手动输入相结合是处理此问题的一种方式。但目前,眼动跟踪仍主要是研究和评估工具,是一种运动残疾用户的可能辅助工具。

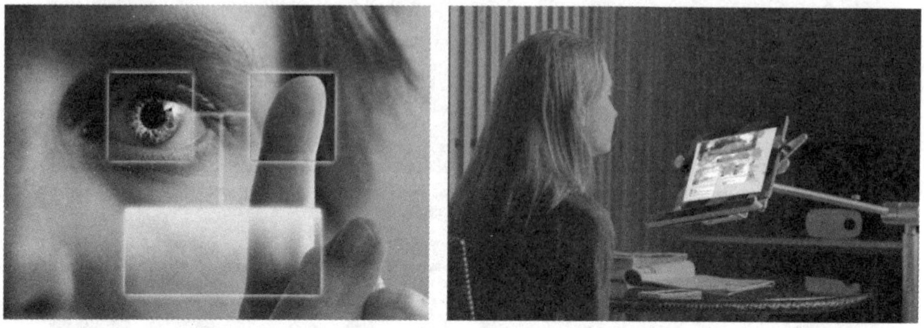

图 3-12　眼动跟踪器

多自由度设备能够检测空间位置和方向的多个维。对三维对象的控制似乎是自然的应用,但与其他策略的比较暴露出其精度低和反应慢。对虚拟现实的支持是一个动机,但很多设计、医疗和其他任务可能需要三维输入甚至 6 自由度来指示位置和方向。

普适计算和有形用户界面依赖于把传感技术嵌入到环境中。例如,具有无线射频识别(RFID)标签的活动徽章能够在用户进入房间时激活个人文件预下载到房间计算机的操作。物理对象的定位能够指定方式或激活动作,周围的光线、声音或气流能加以修改以向用户呈现少量的信息。娱乐和艺术应用系统使用摄像机或人体传感器来跟踪人体位置,创造迷人的用户体验。

甚至纸也能用作输入设备。早期的应用证明了用摄像机捕获蓝图或实验记录册等大文档上的注解的好处。智能笔(如图 3-13 所示)或数字笔使交互便捷,特别是在移动的情况下。这种笔有一个小照相机装在笔尖上,记录写在特殊纸上的笔画,这种纸上印有能识别每个笔画位置的独特图案。然后笔迹能够传递到计算机或移动电话。

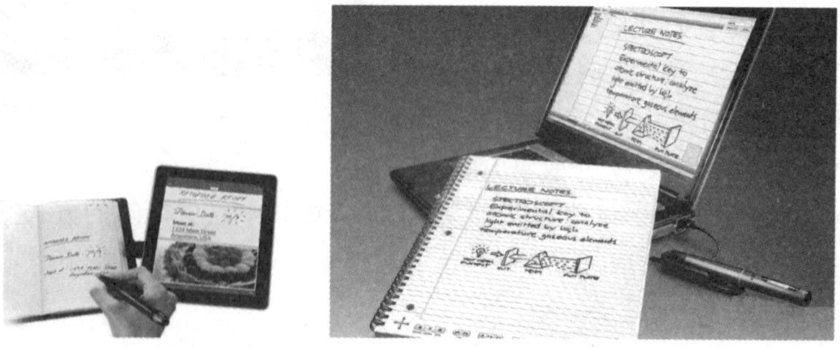

图 3-13　智能笔

移动设备也能用作输入设备。例如,卡内基·梅隆大学的 Pebbles 项目探索了移动设备如何能用作输入设备,与个人计算机、其他移动设备、家用电器、汽车或工厂设备通信。移动设备能够充当智能通用遥控器,可使所有用户都能朗读产品信息或菜单项、翻译用外文编写的说明书或在需要时提供语音识别。最后，手机相机捕获的图像能用作增强现实应用系统的输入。

加到手持设备上的传感器能够丰富与设备自身的交互——例如，加速器允许苹果的iPhone 检测设备方向改变，导致显示在纵向和横向之间动态地切换。因为用户对手势交互变得很熟悉，设计人员可能会找到移动信息的更多自然使用。用户也许能通过调整面前的移动设备的接近度或侧面位置来缩放和摇摄地图。倾斜设备能够滚过名字列表，让设备靠近耳朵从而接听打进的电话。

为特殊应用设计的设备有时会在其他领域获得意外的成功。英特尔公司的玩具光学显微镜，本来是为儿童探险而设计的，然而获得了巨大的成功。因为它能够帮助集邮者证明他们的收藏，帮助平面设计师收集抽象的图案（如图 3-14 所示）。

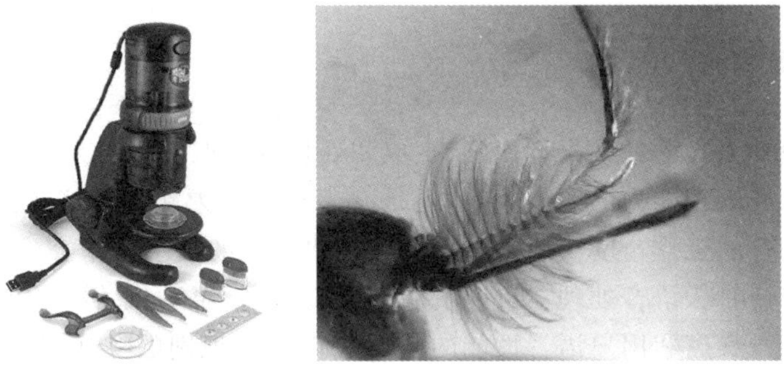

图 3-14 Digital Blue 计算机显微镜

数据手套的出现（1987 年）吸引了广大研究人员、游戏开发人员、网际空间冒险者、虚拟现实爱好者（如图 3-15 所示）。原始数据手套的后续产品仍常由光滑的黑氨纶制成，上面附有光纤传感器来测量指接的角度。显示的反馈能展现每个手指的相对位置；因此，紧握的拳头、张开的手、食指的指点和竖起大拇指的手势等命令都能被识别。如果与手部跟踪器相结合，就能记录完整的三维位置和方向爱好者声称，手势的自然性将使它能够被很多讨厌键盘和恐惧鼠标的用户所使用。

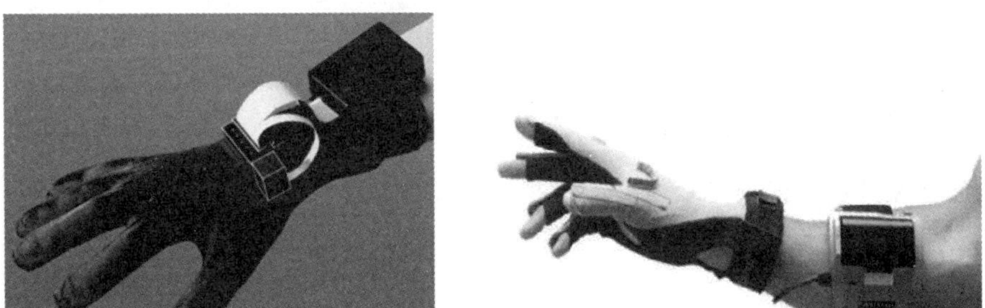

图 3-15 数据手套

眼镜-手套方法的替代方案，是允许用户走近带手柄的查看器，该手柄能用于在机械吊杆的范围内转换有利位置。显示更新以创造用户正在三维空间移动的幻觉，用户有沉浸式体验，但没有沉重且受限的头戴式眼镜。变色龙长杆话筒项目把长杆话筒与触摸屏结合起来，允许语音和手势交互来提供引人注目的3D注释环境。安装了手套的设备和系绳的球正在被改进，其他可抓握的用户界面仍有待探索。

具有触觉反馈的指点设备是一个吸引人的研究方向。若干技术得以使用，允许用户推鼠标或其他设备并感觉阻力（例如，当它们跨越窗口边界时）或硬壁（例如，当导航迷宫时）。三维形式仍是较有吸引力的，但商业应用出现得较慢。因为声音和震动经常是触觉反馈的良好替代，高级触觉设备的使用依然只限于专门的应用系统（诸如培训外科医生做心脏手术），而使用简单震动的设备已经成为游戏控制器的主流。最后，能使用各式各样的传感器从头开始创造定制设备。运动残疾用户能够使用最佳匹配且尚存运动能力的定做传感器，来控制轮椅、家用电器或计算机应用系统。开关能够被头或肩的小移动、管子中轻吹的一口气、眨眼甚至肌肉被拉紧时所产生的微弱肌电流所触发。

3.3 语音与听觉界面

虽然硬件设计人员已经在语音识别、生成和处理方面取得了引人注目的进步，但是与人们对计算机语音处理能力的愿景相比，还是有着很大的差距。语音交互的实际应用只有在它们适合用户的工作速度快、认知负载低、出错率低的要求时才会成功。

与手/眼协调相比，语音处理对有限资源的要求更高，而手/眼协调的操作可以并行进行，另一方面，背景噪声和用户语音性能的变化使得语音识别的挑战仍旧很大。相反，由于电话的普遍存在和语音芯片的紧凑性，语音存储转发和语音生成已经有了令人满意的可预测、低成本和广泛可用的成果，例如语音消息、博物馆导游和教学情境等方面。设计者必须处理语音输出的三个障碍：与视觉显示相比时缓慢的语音输出速度、语音的短暂性和浏览/搜索的困难，例如：

1. 语音系统的应用时机

(1) 当用户有视觉障碍时；
(2) 当说话者的手忙时；
(3) 当需要移动性时；
(4) 当说话者的眼睛被占用时；
(5) 当恶劣的或狭窄的条件妨碍使用键盘时。

2. 语音系统的技术

(1) 语音存储转发；
(2) 离散词语识别；
(3) 连续语音识别；
(4) 语音信息系统；
(5) 语音生成。

3. 语音识别的障碍

(1) 与指点相比,增加了认知负荷;
(2) 来自噪声环境的干扰;
(3) 对变化的用户、环境和时间的不稳定识别。

4. 语音输出的障碍

(1) 与视觉显示相比时缓慢的语音输出速度;
(2) 语音的短暂性;
(3) 浏览/搜索的困难。

对人机交互系统的设计人员来说,语音和音频技术至少有5种方面:离散词语识别、连续语音识别、语音信息系统、语音生成和非语音听觉交互。这些部分能够以创造性的方式结合起来,其范围从仅能回放或生成消息的简单系统,一直到接受语音命令、产生语音反馈、提供科学数据的发音和允许存储的语音被注释并编辑的复杂交互。

3.3.1 离散词语识别

离散词语识别是指识别特定人所说的单个词,对于100～10 000个词或更大的词汇量,其工作的可靠性能够达到90%～98%。说话者进行相关的训练,在这种训练中重复全部词汇一两遍,由此产生的准确性比与说话者无关的系统要高,但如果取消训练则会扩大其商业应用的范围。安静的环境、头戴式话筒和精心选择词汇能提高其识别率。

针对残疾用户的应用系统可以使瘫痪的、卧床不起的人能够扩大他们生活的能力,使他们能够控制轮椅、操作设备或使用个人计算机来完成各种各样的任务。同样,针对老年人或者认知控制上有问题的人的应用系统可能允许他们获得更大程度的独立性,恢复失去的技能并重新获得对其能力的信心。

近年来,基于电话的信息服务得到很大应用,可提供天气、体育、股票市场和电影等信息。电话公司提供语音拨号服务,甚至是在手机上,允许用户仅说"打给妈妈"就被接通。然而,培训家庭中多个用户的困难、用户不愿使用语音命令和不可靠的识别,也明显减慢了人们接受它的速度,甚至在不用手的操作有较大优势的汽车里也是这样。

这种现象可以解释,与图形用户界面相比,为什么语音界面接受速度较慢;与用鼠标从菜单中选择动作相比,听说命令的困难更大。这种现象被IBM听写软件包的产品评估人员所记录,他们写到"对很多人来说,思考与语言的联系非常紧密。在使用键盘时,用户能够继续想着单词而手指却输出较早的版本。在听写时,用户可能在输出他们最初的想法和详细说明它之间受到更多的干扰。"

语音识别的成功故事发生在玩具领域,玩具娃娃和小机器人可能对用户讲话并响应人的语音命令。廉价的语音芯片、小巧的话筒和扬声器,使设计人员能够在大量产品中包含好玩的系统。错误经常增加这类玩具的乐趣和魅力并提供游戏的挑战性。

当前的研究项目是专注于提高在困难条件下的识别率、消除对与讲话者有关训练的需要，并把处理的词汇量增加到1万个或者以上的单词。用于移动设备的、基于语音的文本输入也正在改进，但与使用小键盘相比，使用语音的文本输入率仍然较低，方言和噪声环境仍然是面临的严重问题。

离散词语的语音识别在专门的应用系统中工作良好，但没有起到通用交互媒介的作用。键盘、功能键和具有直接操纵的指点设备通常速度较快，能使动作或命令可见以使其容易编辑。而且，语音输入的错误处理和适当反馈既难又慢。然而，语音与直接操纵的结合可能是有用的。

3.3.2 连续语音识别

很多研究项目追求连续语音识别，普遍希望商业上成功的产品能在因特网的鼎盛时期得到广泛应用。但是，语音听写产品的出错率和错误的修复还是严重的问题。此外，与打字写作相比，听写干扰对计划和句子构造造成的认知负担通常会降低文档的质量。

软件设计人员的主要困难是识别口语单词之间的界限，因为正常的口语模式使界限模糊不清。其他问题是，不同的口音、易变的说话速度、破坏性的背景噪声和变化的情绪语调等。当然，最困难的问题是，与人们易于用来预测单词和消除单词歧义的语义解释及上下文理解的匹配。

为处理上述问题中的一些问题，IBM的ViaVoice语音听写系统要求用户朗读标准的文字片段，通过15～30min的“培训”。为医疗工作者、律师和某些专门领域而开发的系统已经获得了一些商业上的成功。

连续语音识别系统使用户能够口述写信和口头撰写报告，进行自动辨识。评论、改正和修改通常用键盘和显示器完成。用户需要进行口述练习，在准备标准报告时用语音输入似乎做得最好。创造性地写作和有思想性的文章需要充分利用稀少的人类工作记忆认知资源。这些任务通常用键盘输入做得最好。然而，作家能够通过练习来提高他们的口述技能，开发人员可能改进系统的准确性、错误改正策略和语音编辑方法。连续语音识别系统也使得从广播或电视节目、诉讼程序、演讲或电话呼叫中自动浏览和检索特定的单词或主题成为可能。甚至能生成音频对话的摘要。这些应用系统即使在有错时也是极其成功和有益的。电视节目中CC字幕文本的生成也有经济上的优势，虽然错误会令人不愉快，但对大多数电视观众来说它们是可接受的。

尽管已经取得进步，但下列评估似乎仍是有效的：“在普通环境中进行舒服、自然的交流(对于能说什么和如何说没有任何限制)，我们至今还做不到，提出的问题难以解决。”

3.3.3 语音信息系统

人的声音作为信息源和作为通信基础的吸引力是强烈的。存储的语音通常用于提供关于旅游胜地和政府服务的，以及存储作为基于电话的信息。这些语音信息系统，通常称为交互式语音响应，如果使用适当的开发方法和度量标准，就能以低成本提供良好的客户服务。语音提示指导用户，以便使他们能按键来检查航空公司航班起飞/到达时间、订购电影票等。当用户知道他们所寻找东西的名字，诸如城市、人或股票的名字时，使用语音识别来快捷通过菜单树可能是成功的。然而，当菜单结构变得复杂或当冗长的语音信息段包含不相关的信息时，用户就变得沮丧。缓慢的语音输出速度、语音的短暂性和扫描/搜索的困难，仍是巨大的挑战。但语音信息系统之所以广泛使用，在于它们使得那些采用别的方式都过于昂贵时的服务成为可能。

语音信息技术也用于流行的个人语音邮件系统中。这些基于电话的语音系统能够使用通过小键盘输入的用户命令来存储和转发口信。用户能够接收消息、重放消息、回复呼叫者、向其他用户转发消息、删除消息或把消息存档。自动消除无声段和提高重放速度，连同移动频率以维持最初的频率范围，能够将收听时间减半。语音邮件技术工作可靠、相当低廉，通常受到用户的喜爱。出现问题的主要原因是：使用12键的电话键盘输入命令的笨拙感，拨键检查信息是否被留下的需要，易于把一条消息广播给很多用户而产生过多"垃圾"电话留言等。一些电子邮件开发人员相信，用户命令的语音识别可能使用户能够获得对其电子邮件消息的、基于电话的访问。然而，设计人员仍在努力寻找引导指令与用户控制之间的适当平衡。

3.3.4 语音生成

语音生成是一项广泛应用于消费产品和电话应用系统的成功技术。使用数字化语音段（也称为"预录语音"）的廉价、简洁、可靠的系统，已经用于汽车导航系统（"右转到路线M1"）、互联网服务（"你有一个邮件"）、公共设施控制室（"危险，温度升高"）和儿童游戏等。

当利用算法来生成声音（合成）时，语调可能听起来像机器人似的，且分散注意力。当来自数字化人类言语的音素、单词和短语能平滑地集成到有意义的句子中时，就能提高声音的质量。然而，一些应用系统可能偏爱计算机似的声音。例如，与人类指示方向的磁带录音相比，飞机场或地铁中使用的机器人似的声音更容易引起注意。

基于Web的语音应用系统也被很多开发人员认为很有前途。网页的语音标记标准（VoiceXML和语音应用标记语言或SALT）和改进的软件能够使数个创新应用成为可能。例如，手机用户能够通过视觉显示和语音生成输出的组合来访问Web信息。

当消息简短、处理事件及时和要求立即响应时，语音生成和数字化语音段通常更好。语音在以下情形对用户有优势：用户的视觉通道超载；用户必须能自由走动；环境被照得太亮、太暗、受到剧烈的振动或不适合视觉显示的其他情况。

基于电话的语音信息系统可能把数字化语音段和语音生成混合在一起，以允许提供适当的情调和当前信息呈现。基于小键盘选择和有限语音识别的应用系统包括银行应用系统、电话簿和航班时刻表。电话的普遍性使得这些服务有吸引力，但是越来越多的用户偏爱基于Web的视觉查询的速度。

总之，语音合成在技术上是可行的。现在，聪明的设计人员必须找到该技术优于预录和数字化的人类语音消息的情形。经由电话的新应用系统，无论是作为显示的补充或是通过嵌入到小型消费产品中，似乎都有吸引力。

3.3.5 非语音听觉界面

除了语音之外，听觉输出包括个人的音调和通过声音及音乐的组合来表示的更复杂的信息。关于较复杂信息表示的研究通常指发音、可听化或听觉界面。早期的电传打字机包含铃声以提醒用户有信息来或纸已用完。后来的计算机系统增加了铃声的范围以指示警告或承认动作的完成。键盘和移动设备如数码相机，装有电子生成的声音反馈。它提供令人满意的动作确认；对于有视觉障碍的用户来说，声音是极为重要的。另一方面，几小时之后，这种声音能够成为分散而不是增加注意力的事物，特别是在有几台机器和几个用户的房间中。音响设计师可能成为新产品开发过程中更定期的参与者，特别是移动和嵌入式设备的开发。

语音听觉中还有称为声标和耳标的区别。声标是指那些熟悉的声音，诸如门打开、液体倾泻或球弹起等，有助于增强图形用户界面中的视觉隐喻或玩具的产品概念。而耳标的含义必须加以学习，是创造出来的抽象声音，诸如引起注意的上升的一组音调或高而尖的声音，对于移动设备或在控制室中是有效的。语音听觉中还包括“卡通化”的声音，这种声音会夸大熟悉的声音或以新方式使用的熟悉声音的方面。游戏设计人员知道，声音能够增加真实性、增加紧张感和以强有力的方式吸引用户。

聪明的设计人员已经发展了多种听觉界面的概念，诸如提供关于用户动作反馈的滚动条、提供听觉信息的地图或图表和呈现统计信息的表格数据或地图的可听化。除表示静态数据之外，声音在强调数据改变和支持呈现的动画改变方面也能够是有效的。关于听觉方法的研究还在继续，这些方法强调信息可视化中数据的分布或引起人们对模式、异常值和聚类的注意。

针对盲人用户或电话用途的听觉 Web 浏览器已经开发出来，用户能够听文本和链接标签，然后通过按键输入做出选择。听觉文件浏览器得以持续改进：每个文件都可能有频率与其大小相关的声音，然后，当目录打开时，每个文件可能同时或顺序地播放。另外，文件可能有与其文件类型相关联的声音，这样用户就能听出它们是电子表格、图表还是其他文件。

更进一步的听觉界面已经提出，在这种界面中，数据以一系列立体的或三维的声音而不是以图像的形式呈现。生成适当的三维“立体声”的技术难题包括收听者的头部信息，每个人特有的头和耳朵的形状和密度必须加以测量，以使算法能够生成被感知为在空间有起源的声音：左一右，上一下，前一后和远一近。

3.4 显示器

显示器是从计算机到用户的主要反馈源，它具有很多重要特征，包括：

(1) 物理尺寸(通常是对角线尺寸和深度)；

(2) 分辨率(可用像素数)；

(3) 可用颜色数和颜色的正确性；

(4) 亮度、对比度和眩光;

(5) 能耗;

(6) 刷新率(足以允许动画和视频);

(7) 价格;

(8) 可靠性。

是采用大的还是小的显示器是设计中所需要的特殊策略。在数码相机的小液晶显示屏(LCD)上即时查看功能以及带触摸屏的移动电话,这些都已经是成功的应用案例,而墙面大小的高分辨率显示器也在创造着新的机会。如今,除了改进单个输入/输出设备之外,对多模态界面还做了一些工作,这种界面把若干输入/输出方式结合起来。研究人员最初相信,同时使用多种方式可以改进性能,但这些方法的应用系统数量还很有限。也存在着同步多模态界面的成功例子,诸如把语音命令与对于对象应用动作的指点结合起来。然而,更大的回报似乎是给予用户按需在方式之间切换的能力。例如,允许司机通过触摸动作或语音输入来操作其导航系统。多模态界面的开发将使残疾用户受益,他们可能需要视频字幕、音频转录或图像描述。多模态界面的进步将有助于实现普遍可用性的目标。

另一个活跃的研究方向是情境感知计算。移动设备能够使用来自全球定位系统(GPS)的卫星、手机、无线连接或其他传感器的位置信息。这类信息允许用户接收有关附近的饭店或加油站的信息,使博物馆参观者或游客能够访问关于他们周围环境的详细信息。

按使用特征也能区分显示设备。可移动性、私密性、显著性(需要吸引注意力)、普适性(能够放置和使用显示器的可能性)和同时性(同时使用的用户数)能够用于描述显示器。

3.4.1 显示技术

光栅扫描阴极射线管(CRT)几乎已经消失,取而代之的是液晶显示器(LCD),这种显示器外形轻薄、质量轻且耗电量低。像 LCD 一样,等离子显示器有平板的外形,但消耗的电量更多。甚至从侧面看,也是非常亮且可见的,更适合安装在控制室,或作为公共显示或会议室的显示墙。发光二极管(LED)现在可提供很多颜色并用于大的公共显示中。一些大型广场中的曲面显示器甚至使用 19 000 000 个 LED 来给出股票价格、天气信息或具有明亮图形的滚动新闻。微型 LED 矩阵也用于一些头盔显示器。制造商正积极地研制使用有机发光二极管(OLED)的新显示器。这些经久耐用的有机显示器是节能的,能安装在软塑料或金属箔上,致使可穿戴或可弯曲的显示器有了新的选择。

新产品还使用电子墨水技术来获得像纸一样的分辨率。包含微型胶囊,该胶囊中带负电荷的黑粒子和带正电荷的白粒子能够有选择地使其可见。因为电子墨水显示器仅当显示内容改变时才使用电源,所以比其他类型的显示器更能延长电池的寿命,非常适用于电子书。缓慢的显示速率允许一些动画但不允许视频显示。

微型投影机正在变得可用,这些投影机或许很快就能从移动设备把彩色图像投射到墙上并使得使用这些设备的协同更为实际。可以在鼠标上安装字元显示,小显示器能够安装在键盘的上方。具有多达数千个引脚的、可更新的图像显示器也在开发中。研究者正在处理与不同类型的视觉显示器相关的健康关注,诸如视觉疲劳、压力和辐照,但不利影响似乎大部分可归因于整个工作而不是视觉显示设备本身。

此外,沉浸式显示器提供参与者完全沉浸的体验。沉浸式虚拟现实(Immersive VR)使用户有一种置身于虚拟世界之中的感觉。其明显的特点是:利用头盔显示器把用户的视觉、听觉封闭起来,产生虚拟视觉,同时,它利用数据手套把用户的手感通道封闭起来,产生虚拟触动感。系统采用语音识别器让参与者对系统主机下达操作命令,与此同时,头、手、眼均有相应的头部跟踪器、手部跟踪器、眼睛视向跟踪器的追踪,使系统达到尽可能的实时性。临境系统是真实环境替代的理想模型,它具有最新交互手段的虚拟环境。常见的沉浸式系统有:基于头盔式显示器的系统、投影式虚拟现实系统。

3.4.2 大显示器

计算机显示器的遍存性,从台式计算机到移动设备、投影仪和大电视,让我们设想如何整合所有这些显示器才能提供更富有成效的工作和娱乐环境。大显示器之间的差别将来可能会消失,但现在有三种类型的大显示器。信息墙显示器给远离显示器站立的用户提供共享的视野,而交互墙显示器允许用户走近显示器,交替进行参与者之间的交互和讨论。最后,坐在办公桌旁的用户能够把多桌面显示器连接到他们的计算机上,让大量的窗口和文档同时在鼠标所及范围可见。当然,混合组合是可能的。

大信息墙显示器在控制室中提供被监视系统的概况方面是有效的(如图 3-16 所示),细节能够在单个控制台上检索。军事指挥和管制行动、公用事业管理和应急响应是常见的应用,因为大显示器有助于通过对所呈现信息的共识来构建态势感知和方便协调。墙显示器也允许合作科学家或决策者团队来查看在本地或远程的不同计算机上运行但被呈现在一台显示器上的应用程序。

图 3-16 大信息墙显示器

墙显示器最初是用 CRT 矩阵构建的,并流行于商业或娱乐环境中,目前,墙显示器常使用背投技术改进的校正技术正在促使无缝平铺式显示器的产生。当从远处看时,信息墙显示器需要明亮的投影仪，但其分辨率不需要非常高（每英寸 35 点）。当用户需要数字白板应用程序的近距离交互时，就需要更高的分辨率（类似于桌面显示器）。

对于交互墙显示器，传统的桌面交互技术，诸如间接控制的指点设备和下拉菜单，变得不再实用。新的技术发明出来，以保持与徒手画草图或新菜单技术的流畅交互。甚至在大的交互组显示器上，因为空间也是有限的，所以设计人员正在探索新的方式，来动态地按比例缩放、概述和管理由用户在显示器上呈现或生成的信息。

较简单的数字白板系统（白板显示器）允许协作者共享信息、头脑风暴和做出决策（如图 3-17 所示）。和台式计算机一样，白板使用用户的手指作为指点设备，还有彩色笔和数字橡皮擦，并增加了注释记录和软键盘。

图 3-17 电子白板

3.4.3 抬头显示器与头盔显示器

个人显示技术包括小的便携式监视器，通常用黑白或彩色 LCD 制作。例如，抬头显示器把信息投射到部分镀银的飞机或汽车的挡风玻璃上，以便飞行员或驾驶员在接受计算机产生的信息的同时能够把注意力集中于周围。

另一选择是虚拟现实或增强现实应用系统中使用的头盔或头戴式显示器（Helmet-or Head-Mounted Display，HMD，如图 3-18 所示），这种显示器让用户甚至在转头时也能看到信息：实际上，如果该显示器配备了跟踪传感器，就能为用户提供不同级别的视野、音频性能和分辨率。可穿戴计算机的早期例子关注于小的便携式设备，人们能够在移动或完成其他任务时使用这种设备，诸如喷气发动机修理或库存控制，但当前的技术仍要求硬件在背包里携带或用户待在基础计算机附近。

产生 3D 显示器的尝试包括振动表面、全息图、偏振眼镜、红/蓝眼镜和同步的快门眼镜，给予用户强烈的 3D 立体视觉感。

3.4.4 移动设备显示器

移动设备的使用在个人与商业应用系统中正在变得广泛，且有潜力来改进医疗、方便在学校的学习和有助于更满意的观光体验。医疗监护仪能够在病人的生命信号达到临界

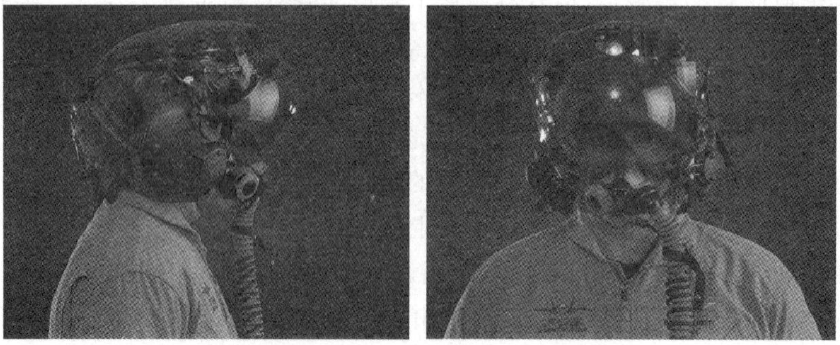

图 3-18　美国 F-35 战机的 HMDS 头盔式显示系统

水平时提醒医生，学生可能使用手持设备来合作收集数据或解决问题，紧急援救人员能够通过使用固定在衣服上的小装置来评估他们在危险环境中的处境。小显示器也正在设法进入家庭，以可再编程的相架和其他装置的形式，甚至是在身体上，以功能越来越强大的手表形式，这种手表具有 GPS 能力或定制特性以适合当下的需要(如图 3-19 所示)。

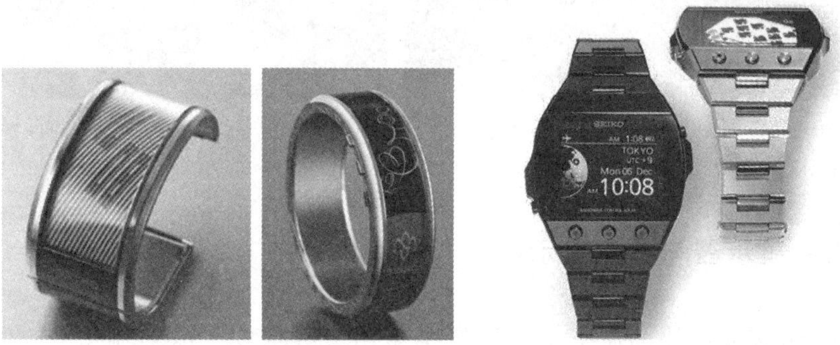

图 3-19　Seiko(精工)的手链表

移动设备的大多数应用程序都是定制设计的，以利用特定平台上的每一个可用像素。设计也利用缩放来生成动画显示。当照度低或用户视力差时，可读性差将是个问题，用户需要调节字体大小的能力。在小屏幕上的阅读也可能用快速序列视觉呈现来改进，以恒速或以适应于内容的速度动态呈现文本。一些应用，如因特网搜索和浏览，在小显示器上仍是很低效的。把信息从全尺寸显示器移植到小显示器有数种方法。直接把数据移植到长且可滚动的显示器中可用于线性阅读，但会使文档内的比较变得困难。使用可视化技术的紧凑概览能提供对全部原始信息的访问。

移动用户经常仅有一只手可用，需要依靠拇指与设备进行交互。支持单手交互的移动界面指南包括目标互相挨着放置以使抓取调整最小化、允许用户把任务配置为左手或右手操作和目标朝向设备的中心放置。移动设备应用程序设计人员面临的另一个挑战是设备的日益多样化，设备可能需要寻找适应多种屏幕尺寸的交互风格和能被多种输入机制激活(QWERTY 键盘连同触摸屏、小键盘或方向键)。

随着移动设备成为信息装置，它们可能有助于消除数字鸿沟这个目标的实现。这些价格低廉的装置比桌面计算机更易于掌握，可能使更广泛的人群受益于信息和通信技术。

3.5 阅读与思考：10 款最帅气的数码产品

不论在任何领域，产品的设计都是十分重要的。首先，设计是一款产品带给人的第一印象，这是最基本、最直观的感官感受；其次，出色的工业设计不仅是美观，也能在使用时为用户带来全方位的使用感受。那么在 2013 年，哪些数码产品同时拥有出色的设计和良好的使用感受呢，一起来看看榜单。

在 2013 年，可穿戴设备逐渐流行，但大部分产品的设计看上去都像是专为极客设计的高科技装备，虽然这并没有什么错，但是大部分人还是希望这些天天佩戴在身上的产品能够显得更低调些。比如 Misfit Shine 这款产品，看上去就像是一个精致的金属饰品，可以使用搭配腕带把它戴在手腕上，或是作为一个吊饰佩戴，看起来都很合适。同时，它也是一个运动追踪器，能够监测每天的运动量，低调的可发光金属点也可以作为独特的手表，可以说是目前最漂亮的可穿戴设备之一，如图 3-20 所示。

一直以来，Android 手机都是以强大的硬件配置而著称，但是说到工业设计，很少拥有一款可以与 iPhone 匹敌的。而在 2013 年，HTC One 则是改变这一情况的产品，它不仅拥有漂亮的 4.7 英寸 1080P 屏幕和不俗的配置，全金属一体式机身才是真正亮点，机身前面的双扬声器也是一种极为出色的设计。当然，或许从销量方面来说，HTC One 仍不及 Galaxy S4，但它无疑是一个声明：Android 手机也可以很优雅，如图 3-21 所示。

图 3-20 Misfit Shine

图 3-21 HTC One

苹果在 2013 年推出了众多新产品，而其中 Mac Pro 可以说是从内到外的全新设计，并且蕴含极大的技术含量。首先，它圆筒式的阳极氧化铝机身可以说是最大的创新，完全改变了传统台式计算机巨大、丑陋的外形，让用户可以把它轻松放在桌面上使用。同时，它使用了新颖的散热设计，使用了底部单风扇将热量从顶部排出，十分精妙，如图 3-22 所示。

图 3-22 全新 Mac Pro

当然，一款出色的台式计算机不仅需要精美的工业设计，也需要强大的性能。全新 Mac Pro 的设计完全没有影响它强大的性能表现，强大的处理器搭配专业级显卡，能够流畅处理4K分辨率视频。可以说，从设计到配置，全新Mac Pro都是充满未来概念的创新产品。

卡尔·蔡司是著名的老牌镜头厂商，旗下不乏设计精美、成像效果出色的镜头产品。而在2013年，蔡司Otus 55mm F1.4，则是旗下最棒的新款镜头之一。首先，它拥有充满“德味”的严谨设计和精致的做工，手感十分出色；同时，实用的55mm焦段和F1.4超大光圈，也能生成美轮美奂的照片效果。唯一的不足是，它是一款全手动镜头，上市难度较高，如图3-23所示。

在2013年，苹果公司不负众望，对iPad mini进行了全方位升级。不仅搭载了效果惊人的Retina视网膜屏幕，甚至还直接使用了旗舰产品iPad air的64位A7处理器，使得整体性能大幅提升。或许我们忽略了它变化不大的外观设计，但不能否认的是，在采用了超清屏幕、高端处理器之后，iPad mini视网膜版的体积和重量都没有明显增加，电池寿命也依然长达10个小时，这是令人十分惊喜的，如图3-24所示。

图3-23 蔡司Otus 55mm F1.4镜头

图3-24 苹果iPad mini视网膜版

微软在2013年推出了全新造型的人体工程学键盘，拥有充满流线型的设计，同时手感也十分出色，对于经常使用键盘来进行文字输入的朋友来说，能够有效改善输入疲劳的状况，兼顾了美观与实用性价值，如图3-25所示。

图3-25 微软人体工程学键盘

Nest公司的恒温器令人印象深刻，不仅拥有符合现代家居风格的精致设计，还具备强大的智能学习功能。该公司在2013年推出的烟雾探测器依然保持了同样的风格，造型设计看上去精致、现代，基本上能够符合所有用户的审美；同时，它也是一款功能强大的烟雾探测器，内置了先进的传感器，能够监测到烟雾、一氧化碳等多种有害气体，并通过无线网络发送到用户的智能手机上，实现智能家居的前卫体验，如图3-26所示。

JBL Pulse是一款美妙的无线音箱，它不仅拥有JBL惯有的出色音质，音箱表面集成的彩色LED灯光十分迷人，能够根据音乐节奏产生美妙的律动，可以说是派对必备的出色产品，如图3-27所示。

图 3-26 Nest 烟雾探测器

图 3-27 JBL Pulse 蓝牙音箱

这款售价不菲的 Woo Audio WA7 耳机放大器，可以说是现代与传统技术的完美结合。它采用了真空管技术，可以使用传统的技术有效提升数码耳机的音质，同时它的外壳看上去也充满了魅力，甚至能够在它工作时看到温暖的橙色光芒，如图 3-28 所示。

对于摄影爱好者来说，一款设计、做工出色，并拥有不俗画质的高性价比镜头，可能是永恒的追求，而适马 18—35mm F1.8 DC HSM 全画幅单反镜头就是这样一款产品。它的价格十分合适，同时 18—35mm 的实用焦段、F1.8 超大光圈，都是非常合适的指标，能够实现出色的浅景深模糊效果及良好的低光表现。如果你是一个佳能或是尼康全画幅单反用户，不妨考虑一下这款镜头，如图 3-29 所示。

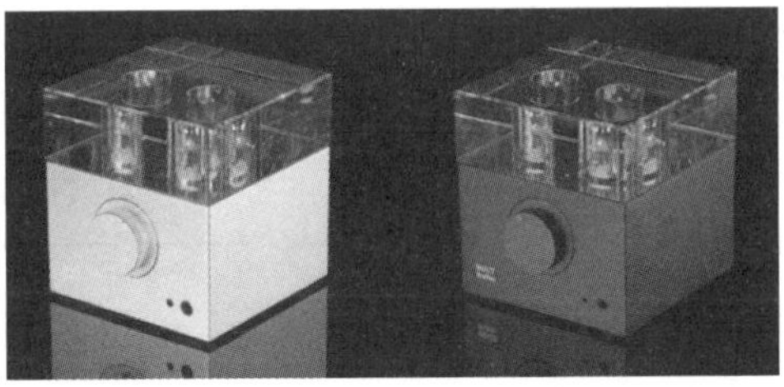

图 3-28 Woo Audio WA7 耳机放大器

图 3-29 适马 18—35mm F1.8 DC HSM 全画幅单反镜头

资料来源：编译 Leon，腾讯数码，2014 年 01 月 04 日

3.6 实验：熟悉硬件人机界面设计

3.6.1 实验目的

(1) 熟悉硬件人机界面设计的基本内容，了解硬件界面设计在人机界面设计中的作用；

(2) 欣赏著名设计公司的设计成果，熟悉人机界面设计的成果表达，提高自己的鉴赏水平和知识水平,提高对设计的鉴赏能力。

3.6.2 工具/准备工作

在开始本实验之前,请回顾课文的相关内容。

需要准备一台能够访问因特网的计算机。

3.6.3 实验内容与步骤

1. 概念理解

(1) 请选择一个最近人气很旺的数字产品或者服务,看看这些产品和服务中有哪些因素让交互变得容易,有哪些因素让交互变得困难。

答:______________________________

____

____

____

(2) 想一想最近备受欢迎的某个数字产品或者服务中整体交互性高的例子,简述一下为什么它的交互性高。

答:______________________________

____

____

____

(3) 在最近上市的某个数字产品或者服务中,选择最有效提供社会性交互的例子。然后说明在这些例子中,社会性交互是通过什么方法被成功实现的。

答:______________________________

____

____

____

(4) 在最近上市的某个数字产品或者服务中,选择有效使用创造性交互的例子。然后说明在这些例子中,创造性交互是通过什么方法被成功实现的。

答:______________________________

____

____

____

2. 人机界面设计作品欣赏[①]

(1) Apple 产品创意包装设计欣赏。Apple 公司的设计总是独树一帜,其部分产品的

① 资料来源:优艾网(http://www.chinaUI.com/)。

包装设计如图 3-30 所示。

图 3-30　Apple 产品创意包装

（2）手机界面设计。图 3-31 是发表在优艾网"移动设备界面"上的 Kidult 设计的手机界面。Kidult 留言说："觉得手机界面太单调，就自己做了一个，包括音乐播放界面、图片浏览界面等，菜单字体使用'微软雅黑'"。另外，请欣赏如图 3-32 所示的手机界面设计。这是优艾网会员作品精选之一。

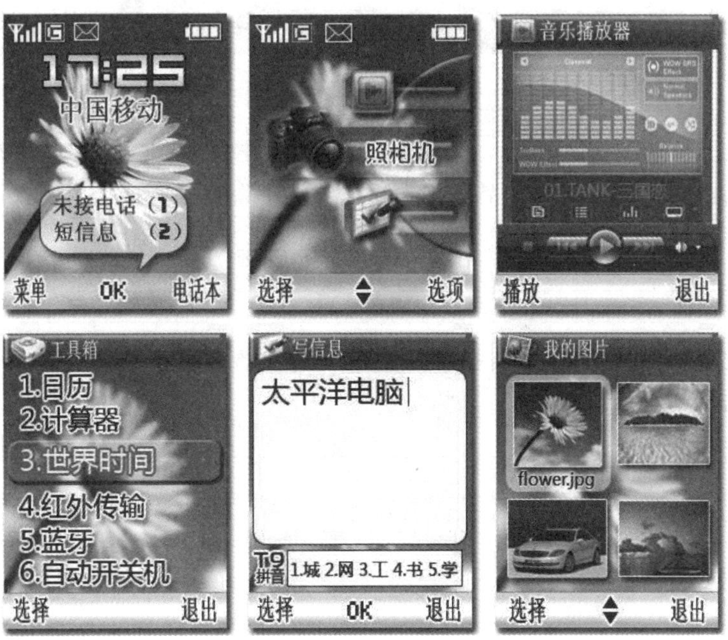

图 3-31　Kidult 设计的手机界面

图 3-32 手机界面设计

(3) 其他。登录优艾网(http://www.chinaUI.com)或者搜索其他类似网站,相信能看到更多优秀的人机界面设计作品。你觉得能够从中得到一些什么启发?请简述之。

答: ______________________________

____

____

除了上述优秀网站外,在本实验过程中,列出你发现并愿意推荐的其他与人机界面设计相关的优秀网站。

(1) 名称: ______________________________

网址: ______________________________

推荐理由: ______________________________

____

(2) 名称: ______________________________

网址: ______________________________

推荐理由: ______________________________

____

（3）名称：________________

网址：________________

推荐理由：________________

____

3.6.4 实验总结

____

____

____

____

3.6.5 实验评价（教师）

____

____

第4章 设计指南与原则

在设计早期，就有必要为人机交互设计师组织一份设计准则。苹果公司的Macintosh计算机当初之所以获得成功，原因之一是它早期为应用开发人员建立了一组明确的准则，以保证在整个产品开发周期中的协调一致。

例如，设计准则应考虑以下几方面的问题。

(1) 系统前后的一致性；

(2) 菜单选择方式及可选项内容、填表、对话框格式；

(3) 提示、反馈、出错信息的内容；

(4) 各种术语、缩写、图符的内容、式样、对齐方式等的定义；

(5) 色彩、亮度、闪烁、负像图等技术的使用；

(6) 各种输入输出设备的类型和使用；

(7) 响应时间和显示速率；

(8) 命令语言的语义、语法、序列；

(9) 系统控制的灵活性：

(10) 系统满足适当的功能；

(11) 可编程的功能键的使用；

(12) 出错显示和恢复；

(13) 联机帮助和指导；

(14) 培训和参考资料。

建立设计准则的主要目的是提出设计原理，为开发人员提供设计的功能需求。准则文件前后应一致并保持文件的完整。它提供了严格的标准，同时具有一定的灵活性，可以根据人机交互设备的发展以及用户需求的变更增加新的内容。这样，人机交互界面开发的执行过程就会很快，并减少设计的改变。

人机交互设计人员已经积累了丰富的经验，研究人员也产生了越来越多的实验证据和理论，所有这些都能够组织成：

(1) 具体且实用的设计指南，它规定好的做法并警告危险。

(2) 中级的原则，用于分析和比较设计备选方案。

(3) 高级的理论和模型，用统一的术语来描述对象和动作，以便能够做出可理解的解释来支持交流和教学。

4.1 人机交互的设计风格

设计是人类为了实现某个特定的目的所进行的一项创造性活动，是人类得以生存和发展的最基本的活动，它包含在一切人造物的形成过程之中。回顾人类发展的文明史，早在古代，人类就已经在器物上进行艺术造型活动，进行美的创造。在许多石器、陶瓷器、青铜器、铁器器物上都可看到独特的造型形式和多种精美的饰纹。但是，真正意义上的硬件界面设计，是从工业革命开始的。并且无论历史上出现什么样的设计风格，都与当时的生产力水平、社会文化背景等相联系。

4.1.1 工业革命

工业革命（如图 4-1 所示）是 18 世纪末在英国兴起，到 19 世纪中叶在欧洲各国竞相完成的。当时，欧洲的工业革命给全世界生产方式带来了历史性的影响，机器生产逐渐取代了手工生产，使生产力得到了发展。当时，人们热衷于对机器生产的高效率和利润的追求，而对于在产品设计工作中所遇到的种种问题没有予以充分地考虑，如机器批量生产代替手工生产使产品形式单一、机器生产使产品由简单的几何形态代替复杂的自然形态、具有几何形态的产品如何给人以美感等。1851 年，在伦敦举行了第一届世界工业博览会，当时，人们对于具有新功能、新结构、新工艺、新材料的工业产品还不知道如何在外观形式上表现美，也没有建立起工业时代新的美学观和新的设计理论与方法，而只满足于匆促地借用历史传统的式样，进行工业产品的外表形式设计，因此表现为形式与内容不和谐、造型与功能不统一。

4.1.2 工艺美术运动

对 1851 年伦敦博览会的批评运动，诞生了拉斯金和莫里斯为代表的“工艺美术运动”（1880—1910 年，如图 4-2 所示）。在设计上，工艺美术运动从手工艺品的“忠实于材料”、“合适于目的性”等价值中获取灵感，并把源于自然的简洁和忠实的装饰作为其活动基础。从本质上说，它是通过艺术与设计来改造社会，并建立起以手工业为主导的生产模式。

图 4-1 工业革命

图 4-2 工艺美术运动——红屋

工艺美术运动对于设计改革的贡献是重要的，它首先提出了“美与技术结合”的原则。但工艺美术运动将手工艺推向了工业化的对立面，违背了历史的发展潮流，由此使英国设计走了弯路。

4.1.3 新艺术运动

在“工艺美术运动”的影响下，1900年左右，在欧洲和美洲，以法国和比利时为中心，掀起了一场声势浩大的设计高潮，人们称之为“新艺术运动”。这是设计史上第一个有计划、有意识地寻求一种新风格，以装饰艺术风格为特征的设计运动，如图4-3所示。

图4-3 新艺术运动

新艺术运动十分强调整体艺术环境，即人类视觉环境中的任何人为因素都应精心设计，以获得和谐一致的总体艺术效果。新艺术反对任何艺术和设计领域内的划分和等级差别，认为不存在大艺术与小艺术，也无实用艺术与纯艺术之分，主张艺术与技术相结合，注重制品结构上的合理和工艺手段与材质的表现。他们主张从自然界汲取素材，主张以曲线构形，强调装饰美，而反对采用直线进行设计。

尽管他们承认机械生产的必要性，但是由于他们刻意追求曲线美和装饰美，使这一运动的发展结果趋向形式化，而没有把艺术因素的外在形式与事物的内在属性相统一，导致产品的功能与形式相矛盾。

4.1.4 德意志制造联盟与包豪斯

设计真正意义上的突破，来自1907年成立的德意志制造联盟。该联盟的设计师为工业进行了广泛的设计，其中最富创意的设计是为适应技术变化应运而生的产品，特别是新兴的家用电器的设计。

在联盟的设计师中，最著名的是贝伦斯(Pater Behrens，1869—1940)。1907年，贝伦斯受聘担任德国通用电器公司AEG的艺术顾问，开始了他作为工业设计师的职业生涯。AEG是一家实行集中管理的大公司，使得贝伦斯有机会对整个公司的设计发挥巨大作用。他全面负责公司的建筑设计、视觉传达设计以及产品设计，从而使这家庞杂的大公司树立起了一个统一完整的企业形象。作为工业设计师，贝伦斯设计了大量的工业产品，如图4-4所示，他也被称为现代工业设计的先驱。贝伦斯还是一位杰出的设计教育家，他的学生包括格罗披乌斯(Walter Gropius，1883—1969)、米斯(Mies van der Rohe，Ludwg，1886—1969)和柯布西埃(Le Corbusier，1887—1965)三人，他们后来都成了20世纪最伟大的现代建筑师和设计

图4-4 贝伦斯设计的电水壶和电风扇(1908)

师之一。

作为现代设计的发源地，其理论和方法直到今日仍对设计有重大影响的要数“包豪斯”(Bauhaus，1919—1933年)学校了。它是在现代设计先驱、建筑师格罗披乌斯领导下，于1919年4月1日在德国魏玛成立的。在设计理论上，包豪斯提出了三个基本观点，使设计走上了一条正确的道路：

(1) 艺术与技术的新统一；

(2) 设计的目的是人而不是产品；

(3) 设计必须遵循自然规律和客观的法则来进行。

包豪斯的设计理论原则是：提倡自由创造，抛弃传统形式和附加装饰；尊重技术自身的规律和结构自身的逻辑；尽量发挥材料性能在机器成形条件下对形式美的表达；强调“形式追随功能”的几何造型的单纯明快；使产品具有简单的轮廓和流畅的外表，以便促进标准化的批量生产并兼顾到商业因素和经济性，强调产品必须是实用、经济、美观的结合。

包豪斯的理论原则实质上是功能主义设计原则。强调产品外观形式的审美创造要从经济和效能原则出发，简洁就是美。但包豪斯也有其局限性。由于它以功能主义理论作为设计的指导方针，使产品设计缺乏人情味，没有和谐感；把几何形作为设计的中心，追随几何形的单纯甚至到了忽略功能的地步；强调批量生产的标准化，忽视社会需求的多样化和个性化，使得产品形式单一，形态严肃冰冷，缺乏人情味和温柔感；过分强调工业时代的形式几何特征，忽视了对传统艺术形式的继承、改造和借用，以至于使德国的产品很难见到德意志民族的传统特征。直到今天，一些德国工业产品仍然具有这样的特点。

4.1.5 流线型设计

流线型设计是产生于美国并以美国为中心的一种设计风格，对现代生活及设计产生了深刻的影响。流线型原是空气动力学名词，用来描述表面圆滑、线条流畅的物体形状，这种形状能减少物体在高速运动时的风阻。但在工业设计中，它却成了一种象征速度和时代精神的造型语言而广为流传，不但发展成了一种时尚的汽车美学，而且还渗入到家用产品的领域中，影响了从电熨斗、烤面包机到电冰箱等的外观设计，并成为20世纪30～40年代最流行的产品风格。

在富于想象力的美国设计师手中，不少流线型设计完全是由于它的象征意义，而并无功能上的含义。1936年，由赫勒尔设计的订书机(如图4-5所示)就是一个典型的例子，号称“世界上最美的订书机”。这是一件纯形式和纯手法主义的产品设计，完全没有反映其机械功能。其外形颇似一只蚌壳，圆滑的壳体罩住了整个机械部分，只能通过按键来进行操作。这里，表示速度的形式被用到了静止的物体上，体现了它作为现代化符号的强大象征作用。在很多情况下，即使流线型不表现产品的功能，它也不一定会损害产品的功能，因而流线型变得极为时髦。

图4-5 赫勒尔设计的流线型订书机

美国的流线型汽车设计(如图 4-6 所示)具有强烈的现代特征,一方面,它与现代艺术中的未来主义和象征主义一脉相承,用象征性的设计将工业时代的精神和对速度的赞美表现出来;另一方面,它与现代工业技术的发展密切相关。

图 4-6 克莱斯勒公司的"气流"型小汽车

4.1.6 国际主义风格与现代设计

真正把设计在实践中推向高潮,并在广义的范围内使设计普及和商业化是从美国开始的。20 世纪 40～50 年代被称为是一个节制与重建的年代,美国和欧洲的设计主流是在包豪斯理论基础上发展起来的现代主义,又称"国际主义"(如图 4-7 所示)。

图 4-7 国际主义风格

与现代主义设计并行的还有其他设计风格,美国的商业性设计就是其中一例。商业性设计的本质是形式主义,它在设计中强调形式第一,功能第二。设计师为了促销商品,增加经济效益,不断翻新花样,以流行的时尚来博得消费者的青睐,但这种商业性设计有时是以牺牲部分使用功能为代价的。

这一设计风格,至今在某些行业还十分流行。在商品经济规律的支配下,现代主义的信条"形式追随功能"被"设计追随销售"所取代。美国商业性设计的核心是"有计划的商品废止制",即通过人为的方式使产品在较短的时间内失效,从而迫使消费者不断地购买新产品。商品的废止有三种形式:一是功能型废止,即使新产品具有更多、更完善的功能,从而让以前的产品"老化";二是合意型废止,由于经常性地推出新的款式,使原来的产品过时,即由不合消费者的意趣而废弃;三是质量型废止,即预先限定产品的使用寿命,使其在一段时间后便不能使用。

4.1.7 多元化的设计浪潮与后现代主义设计

设计本来是因生活需要而产生,为生活需要而设计的。生活随着社会科学技术的发展、人们生活水平和审美情趣的改变而改变。20 世纪 60 年代,当现代主义设计登峰造极之时,不同的设计取向,不同的设计需求已开始勃发和涌动了。

现代主义设计的理论基础是建筑师沙利文的“形式追随功能”和米斯·凡德·罗的“少就是多”，它适合于20世纪20～30年代经济发展及大战后重建的需要，同时，它又是机器工业文明中理性主义的产物。随着世界经济发展和结构的调整，原先的设计理念已经不适应社会的发展，而呈现出多元化的趋势。

(1) 理性主义与“无名性”设计。在设计的多元化潮流中，以设计科学为基础的理性主义占着主导地位。它强调设计是一项系统工程，是集体性的协同工作，强调对设计过程的理性分析，而不追求任何表面的个人风格，因而体现出一种“无名性”的设计特征。这种设计观念试图为设计确定一种科学的、系统的理论，即所谓用设计科学来指导设计，从而减少设计中的主观意识。作为科学的知识体系，它涉及心理学、生理学、人机工程学、医学、工业工程等各个方面，对科学技术和对人的关注进入了一个更加自觉的局面。

随着技术越来越复杂，要求设计越来越专业化，产品的设计师往往不是一个人，而是由多学科组成的设计队伍。国际上一些大公司都建立了自己的设计部门，设计一般都是按照一定程序以集体合作的形式完成的，因此很难见到某一个人的风格。20世纪60年代以来，以“无名性”为特征的理性主义设计为国际上一些引导潮流的大设计集团所采用，如荷兰的飞利浦公司、日本的索尼公司、德国的布劳恩公司等。

(2) 高技术风格。这是20世纪70年代以来兴起的一种着意表现高科技成就与美学精神的设计。其设计特征是喜爱用最新的材料，以暴露、夸张的手法塑造产品形象，有时将本应该隐蔽包容的内部结构、部件加以有意识的裸露；有时将金属材料的质地表现得淋漓尽致，寒光闪烁；有时则将复杂的组织结构涂以鲜亮的颜色用以表现和区别，赋予整体形象以轻盈、快速、装配灵活等特点，以表现高科技时代的“机械美”、“时代美”、“精确美”等新的美学精神。

高技术风格的设计起源于20世纪20～30年代的机器美学，这种设计美学直接表现了当时机械的技术特征，而且在不同的时代中随着表现对象的变化而有新的面貌。高技术风格的设计首先在建筑领域开始，经典之作是由英国建筑师皮阿诺和罗杰斯设计的巴黎蓬皮杜国家艺术与文化中心(如图4-8所示)。整座建筑占地7500m^2，建筑面积10万m^2，地上6层。整座建筑分为工业创造中心、大众知识图书馆、现代艺术馆以及音乐音响谐调与研究中心等4大部分。设计者将原先的内部结构和各种管道、设备裸露在外，并涂以工业性的标志色彩，使工业构造成为一种独特的美学符号。

图4-8 巴黎蓬皮杜国家艺术与文化中心

除建筑外，在产品设计上，也有许多高技术风格的杰作，如20世纪90年代初日本西铁成手表透明的表壳，使人可以看见内部机芯运转情况等，展示了高技术的美以及人们当时的审美情趣。

(3) 后现代主义设计与孟菲斯。后现代主义(Post-Modern)是志在反抗现代主义纯而又纯的方法论的一场运动，它广泛地体现在文学、哲学、批评理论、建筑及设计领域中。所谓“后现代”并不是指时间上处于“现代”之后，而是针对艺术风格的发展演变而言的。

4.2 信息时代的硬件界面设计

20世纪80年代以来，由于计算机技术的快速发展和普及以及因特网的迅猛发展，人类进入了信息时代。信息技术和因特网的发展在很大程度上改变了整个工业的格局，新兴的信息产业迅速崛起，摩托罗拉、英特尔、微软、苹果、IBM、康柏、惠普、美国在线、亚马逊、思科等IT业的巨头如日中天。以此为契机，工业设计的主要方向也开始了战略性的转移，由传统的工业产品转向以计算机为代表的高新技术产品和服务，在将高新技术商品化、人性化的过程中起到了极其重要的作用，并产生了许多经典性的作品，开创了界面设计发展的新纪元。

美国苹果(Apple)计算机公司首创了个人计算机，在现代计算机发展中树立起了众多的里程碑，无论是在硬件界面设计，还是在软件界面设计方面，都起了关键性的作用。苹果不但在世界上最先推出了塑料机壳的一体化个人计算机，倡导图形用户界面和应用鼠标，而且采用连贯的工业设计语言不断推出令人耳目一新的计算机，如著名的苹果II型计算机、Mac系列计算机、牛顿掌上电脑、Powerbook笔记本电脑等。这些努力彻底改变了人们对计算机的看法和使用方式，计算机成了一种非常人机的工具，使日常工作变得更加友善和人性化。由于“苹果”一开始就密切关注每个产品的细节，并在后来的一系列产品中始终如一地关注设计，从而成了有史以来最有创意的设计组织。

1998年，“苹果”推出了全新的iMac，再次在计算机设计方面掀起了革命性的浪潮，成了全球瞩目的焦点，如图4-9所示。

IBM是美国最早引进工业设计的大公司之一，在著名设计师诺伊斯的指导下，IBM创造了蓝色巨人的形象。但是，从20世纪80年代起，IBM的工业设计开始走下坡路，优秀的设计越来越少，品牌形象趋于模糊，这也反映了企业在经营上的不景气，创新精神逐渐消失。到了20世纪80年代末，IBM已与竞争者无多大的差异，淹没在“乳白色”的海洋之中。

为了改变这种局面，IBM的高层决定回归到设计计划的根本——以消费者导向的质量、亲近感和创新精神来反映IBM的个性。通过公司内部自上而下的努力，IBM终于以ThinkPad笔记本(如图4-10所示)的设计为突破，实现了IBM品牌的再生，重塑了一种当代、革新和亲近的影像。

设计是为人设计，人是设计的出发点和根本归宿点。但在设计发展过程中，或者是在设计存在的现实中，无论是在政府部门、企业家，还是在设计师眼里，以人为本的根本目的仍然具有理论和理想的色彩，或者说仅仅是一种广告宣传效应。

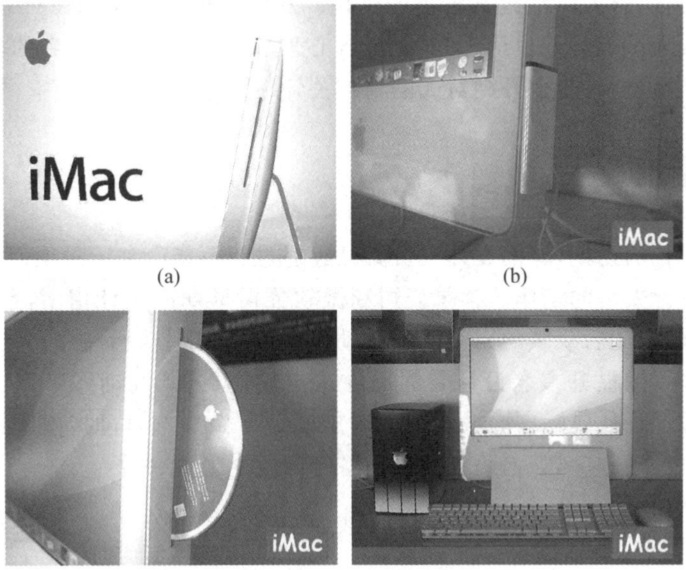

(a) (b) (c) (d)

图 4-9 Apple 公司的 iMac

(a) iMac 能轻松地处理数码照片、电影、音乐和网页。美观的全屏媒体显示器令人赞不绝口。
(b) 简约的 6 键 Apple Remote 遥控器让用户可以在房间的任何位置自由遥控音乐、电影和照片，并且不用的时候还可以巧妙地(磁性)吸附在 iMac 的一侧。
(c) iMac 配有 SuperDrive 光驱。只要将光盘滑进侧面插槽，iMac 就会启动相应程序，非常智能。在赏心悦目的宽屏外观下，17 或 20 英寸 iMac 显示器掩藏了整个计算机主体。iMac 允许以扩展桌面模式，通过高清晰数字信号的 DVI 连接另一台显示器，放宽视野范围。并由 256MB DDR SDRAM 的 ATI Radeon X1600 显卡提供动力。
(d) 苹果技术工程师将一块芯片上嵌入两个处理器，为 iMac 赋予以前两倍的动力。相信这一技术革命会很快赢得更多赞叹声。iSight 摄像头就内置在 iMac 的显示器中，如果想要拍照或与世界各地的朋友视频聊天时，它就会马上发挥功用。

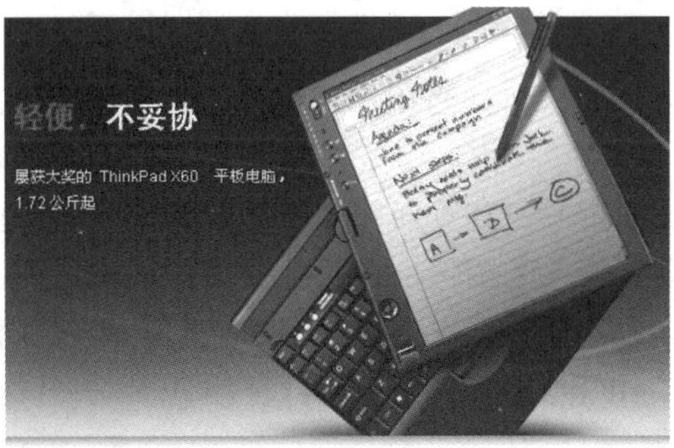

图 4-10 IBM 公司的 ThinkPad

著名的青蛙设计公司(Frog Design)提出了“形式服从情感”(Form Follows Emotion，又称“形式追随激情”)的设计理念。他们认为消费者购买的不仅是产品，也购买了包含于赏心悦目的形式中的价值、经验和自我意识。日本的 GK 设计公司把表达“真善美”作为设计的目标，认为设计是一种把人们的思想赋予形态的工作，是将所有的人造物赋予美好的目的并加以实现，优秀的设计是真善美的体现。纽约市的 Cooper-Hewitt 国家设计博物馆馆长助理 Susan Yelavich 也认为“功能包含心理和情感”。对使用者的关注，使设计从过去对功能的满足，进一步上升到对人的精神关怀。

4.3 设计指南

早在计算时代的初期，界面设计人员就已经通过编写指南来记录他们的设计要求，并试图指导未来设计人员的工作。苹果公司和微软公司早期的设计指南，不仅影响其界面设计人员，也已经被此后众多的因特网和移动设备的指南文档所沿用。指南文档通过共同的开发语言来帮助提升多名设计者之间在术语使用、外观和动作序列方面的一致性。用适当的例子来记录从实际经验或实证中得出的最佳做法。通过指南文档，让设计团体在输入/输出格式、动作序列、术语和硬件设备等问题上形成一致。

4.3.1 界面导航

因为对很多用户来说，界面导航可能是困难的，所以提供清晰的规则会有所帮助。例如，美国国家癌症研究所(NCI)使用信息丰富的网页设计来帮助机构开展工作，其相应的设计指南已经得到广泛的应用。该指南条款大多数采用正面陈述，提供的研究支持包含设计过程、通用原则和具体规则等。其中包括：

(1) 将任务序列标准化。允许用户在相似的条件下以相同的顺序和方式执行任务。

(2) 确保嵌入式链接是描述性的。在使用嵌入式链接时，链接文字应该准确描述链接的目的地。

(3) 使用独特的描述性标题。使用彼此截然不同的标题，并在概念上与其所描述的内容相关。

(4) 对互斥选择使用单选按钮。当用户需要从互斥选项列表中选择一个响应时，提供单选按钮控件。

(5) 开发适合于打印的页面。其页面宽度应适合打印一页或更多页面。

(6) 使用缩略图来预览较大的图像。在查看全尺寸图像之前，先提供缩略图。

Access Board 是一个致力于残疾人可访问性的独立研究机构，它发布的促进残疾用户可访问性的指南(美国康复法案)经改编，被组织成三个优先级。可访问性指南包括：

(1) 替代文本。为所有非文本内容提供替代文本，以便能够将之转换成人们需要的其他形式，诸如大字印刷、盲文、语音、符号或较简单的语言。

(2) 基于时间的媒体。为诸如电影或动画等提供替代物。将其标题或者与视觉同步的听觉描述与演示同步播放。

(3) 可辨识。使用户更容易看到和听到内容，包括将前景与背景分离。不能把色彩作为传达信息、指示动作、提示响应或辨识可视元素的唯一可视手段。

(4) 可预测。使网页以可预测的方式出现和运行。

这些指南的目的是让网页设计人员通过一些允许残疾用户使用的屏幕阅读器或其他特殊技术的特性,从而可以访问网页的内容。

4.3.2 组织显示

显示设计是很多特殊案例的主题。Smith 提出了 5 个高级目标作为数据显示指南的一部分。

(1) 数据显示的一致性。在设计过程中,术语、缩写、格式、颜色、大写等均应通过使用这些项的数据字典来实现标准化并加以控制。

(2) 用户信息的有效吸收。格式应该是操作者熟悉的,并应该与需要使用这些数据来执行的任务相关。这个目标通过以下规则实现:数据列保持整齐,字母数据左对齐,整数右对齐,小数点排成列,间隔适当,使用易于理解的标签、适当的度量单位和十进制数。

(3) 用户记忆负担最小化。不应要求用户为了在一个屏幕上使用而记住另一个屏幕上的信息。任务应按只需很少动作就能完成的方式来安排,使忘记执行某个步骤的机会降至最低。应给新用户或间歇用户提供标签和通用格式。

(4) 数据显示与数据输入的兼容性。显示信息的格式应与数据输入格式清晰地联系起来。在可能且适当之处,输出域也应充当可编辑的输入域。

(5) 用户控制数据显示的灵活性。用户应能从最方便的任务显示中获取信息。例如,行和列的顺序应很容易被用户改变。

以上述内容为起点,每个项目都需要把它扩展成特定应用的,以及和硬件相关的标准和做法。例如,一份设计报告形成了以下这些通用指南。

(1) 标签和图形的约定要一致。

(2) 缩写标准化。

(3) 在所有的显示(页眉、页脚、页码、菜单等)中使用一致的格式。

(4) 仅当数据能帮助操作者时才提供。

(5) 在适当的地方,通过使用行宽、刻度尺上的标记位置,以减轻阅读强度和提供图形化信息。

(6) 仅当必要而且有用时,才提供具体的数值。

(7) 使用高分辨率的监视器并维护它们以提供最好的显示质量。

(8) 设计用间距和排列来组织单色显示,然后在帮助操作者的地方审慎地添加颜色。

(9) 让用户参与新的显示和过程的开发。

4.3.3 引起用户注意

可能需要为用户的正常工作提供大量信息,所以,异常状态或与时间有关的信息,必须用醒目的方式来显示。以下这些指南详细描述了这样的技术。

(1) 亮度。仅使用两级,有限地使用高亮度来吸引注意。

(2) 标记。在项下面加下划线、封闭在框中、用箭头指向它或使用指示符,诸如星号、项目符号、破折号、加号或叉。

(3) 尺寸。使用4种尺寸,用较大的尺寸吸引更多的注意。

(4) 字体选择。使用三种字体。

(5) 反相显示。使用反相着色。

(6) 闪烁。在有限的域中谨慎使用闪烁显示(2~4Hz)或闪烁的颜色变化。

(7) 颜色。使用4种标准颜色,其他颜色为偶然使用而保留。

(8) 声音。使用柔和的音调表示正常反馈,使用刺耳的音调来表示罕见的紧急情况。

过度使用这些技术会造成显示混乱的问题。用户几乎普遍不赞同使用闪烁广告或动画图标来吸引注意,但当动画用来提供有意义的信息(诸如用作进度指示器)时会受到赏识。新用户需要简单的、按逻辑组织的、标注清楚的显示来指导他们的动作。而专家用户偏爱有限的域标签,以便更容易地提取数据;可以以微妙的突出来显示变化了的数值或定位。为实现可理解性,显示格式必须与用户一同测试。

同样,所有突出显示的项将被理解为是相关的。颜色编码在联系相关项方面的功能特别强大,但这种用法却使得人们难以聚集那些跨颜色编码的项。用户可以控制突出显示以符合个人的喜好,例如,允许手机用户为与亲密的家庭成员和朋友联系或为高度重要的会议而选择颜色表达等。

音调,如键盘按键声或电话铃声,能够提供有关进度的反馈信息。紧急情况下的警报声会迅速向用户报警,但必须提供禁止警报的机制。如果使用几种类型的警报,必须对它们进行测试,以确保用户能从中分辨出警报的等级。预先录音的或合成的语音消息是有用的替代物,但由于它们可能干扰操作者之间的交流,所以应谨慎使用。

4.3.4 便于数据输入

数据输入任务会占用用户的大量时间,也是应用中产生挫折和潜在危险的原因。下面5个目标可以作为数据输入指南的一部分。

(1) 数据输入业务的一致性。在所有条件下应使用类似的动作序列,应使用类似的分隔符和缩写等。

(2) 最少的用户输入动作。较少的输入动作意味着较高的用户生产率,以及通常较少的出错率。应使用一次按键、鼠标选择或手指触压,而不是通过输入冗长的字符串做出选择。在选项列表中进行选择,排除了记忆和构造决策任务的需要,也排除了输入错误的可能性。专家用户通常更喜欢输入6~8个字母,而取代把手移动到鼠标、操纵杆或其他选择设备上。

应避免冗余数据的输入。对用户来说,在两个位置输入相同的信息会令人烦恼,因为重复输入被认为会浪费精力并增加出错的机会。当两个地方需要相同的信息时,系统应为用户复制信息，而用户应该仍有通过重新输入来覆盖它的选择权。

(3) 用户记忆负担最小化。当进行数据输入时，不应要求用户记住冗长的代码清单和复杂的句法命令字符串。

(4) 数据输入与数据显示的兼容性。数据输入信息的格式应与显示信息的格式紧密相连。

(5) 用户控制数据输入的灵活性。对于有经验的数据输入操作者而言，可能更喜欢按他们能控制的顺序输入信息。例如，在空中交通管制环境的某些情形中，到达时间在管制员心中处于首位；而在其他情况下，高度处于首位。但是，应谨慎使用灵活性，因为它违反一致性原则。

4.4 设计原则

比指南更为基本、广泛应用和持久的是设计原则。但设计原则的应用也需要更多的说明。例如，认识到用户的多样性对每位设计者都是有意义的，但必须对其仔细地加以解释。例如，玩计算机游戏的儿童与焦急而又匆忙工作的行政管理人员就有很大不同，它突出了用户在背景知识、系统使用培训、使用频率和目标方面的差异，还有用户错误的影响。因为没有哪一个设计对所有这些用户和情形都是理想的，所以，成功的设计人员必须尽可能准确且完整地表示他们的用户及其产品使用环境的特点。

4.4.1 确定用户的技能水平

了解用户是一个简单的想法，但却是一个困难的，且经常被低估的目标。虽然很少人反对这条原则，但很多设计人员只是假设他们了解用户和用户任务。成功的设计人员意识到人们按不同的方式学习、思考和解决问题：有些用户更喜欢处理表格而不是图形，使用文字而不是数字，使用严格的结构而不是开放式的结构。

所有的设计都应从了解预期使用者开始，包括反映他们的年龄、性别、身体和认知能力的人口概况，教育、文化或民族背景、培训、动机、目标以及个性。一个界面经常会有几个用户群体，特别是 Web 应用和移动设备，所以设计工作就会成倍增加。应该能够预期典型的用户群体所具有的知识和使用模式的各种组合。表示用户特色的其他变量包括地点（例如城市与农村）、经济概况、残疾和对使用技术的态度。需要特别注意阅读技能差、教育程度低和动机较低的用户。

除了这些情况之外，了解用户对界面和应用域的技能也是重要的。可能会测试用户对界面特征的熟悉程度，诸如遍历层次结构的菜单或绘图工具。其他测试可能包含特定领域的能力，诸如城市代码、证券交易术语、保险索赔概念或地图图标的知识。

对用户的了解甚至是永不休止的，因为有这么多东西需要了解，而用户又在不断改变。然而，向着了解用户并将其视为具有与设计者不同观点个体的方向而迈出的每一步，都可能更靠近设计成功。

例如，一种把用户分为新用户或首次用户、知识丰富的间歇用户和常用专家用户的类群分类，可能导致下面这些不同的设计目标。

(1) 新用户或首次用户。假定新用户实际上几乎不了解任务或界面的概念。相反，首次用户则经常是相当了解任务但缺少界面概念知识的专业人员。这两组用户可能具有使用计算机的抵制学习的焦虑。对于界面设计人员来说，应该通过使用说明书、对话框和在线帮助来克服这些局限性。对开始培养用户来说，重要的是将词汇表限定为使用少量熟悉的、一致使用的概念术语。动作的数量也应减少，这样才能使新用户和首次用户能够成功地完成简单任务，从而使他们减少焦虑，树立信心并提供正面强化。有关每个任务完成情况的反馈信息是有帮助的，当用户出错时应提供建设性的具体纠错信息。

(2) 知识丰富的间歇用户。很多人对各种系统都有一定了解，但只是间歇地使用它们(例如，使用文字处理软件处理出差报销数据的公司经理)。他们具有牢固的任务概念和丰富的界面概念知识，但可能难以记住菜单的结构或功能的位置。使用有条理的菜单结构、一致的术语和高水平的外观，将减轻他们的记忆负担，这种方法强调识别而不是回忆。一致的动作序列、有意义的消息、对常规用法的指导，将帮助这些用户重新发现如何适当地完成任务。这些特性也将帮助新用户和某些专家用户，但主要受益人是知识丰富的间歇用户。

为支持随意探索各种功能和使用部分遗忘的动作序列，预防危险也是必要的。这些用户将从依赖上下文的帮助中受益，来补足缺失的部分任务或界面的知识。组织良好且具有搜索能力的参考手册也是有帮助的。

(3) 常用(专家)用户。常用用户对任务和界面概念十分熟悉，力求让工作快速完成。他们要求快速的响应时间、简短且不令人困惑的反馈和只需几次按键或选择就可完成工作的快捷方式。当经常执行3个或4个动作的序列时，常用用户会希望建立“宏”或其他缩短的形式以减少所需步数。命令字符串、菜单快捷方式、缩写和其他加速手段是他们所需要的。

这三类用法的特点必须针对每种环境来改进。为一类用户设计很容易，而为几类用户设计就要困难得多。

当一个系统必须适应多个用户类别时，其基本策略是允许多层(“利用层次的架构”或“螺旋”)的学习方法。开始时只教给新用户对象和动作的最小子集。当他们只有很少的选择且受到保护以免犯错(使用辅助界面)时，就最可能做出正确的选择。从动手实践中树立信心后，这些用户就能够继续学习更高级的任务和相应的界面。学习计划应由用户掌握任务概念的进步所控制，当需要新的界面来支持更复杂的任务时，才选择它们。对那些具有扎实的任务和界面概念的用户来说，快速进步是可能的。

例如，手机新用户首先很快学会接打电话，然后学会使用菜单，以后学会存储频繁呼叫者的电话号码。他们的进步受任务域控制，而不是受控于难以与任务相关联的命令的字母列表。多层的方法不仅必须应用于软件设计，而且必须应用用户手册、帮助屏幕、出错消息和教程的设计。多层设计似乎是最有希望的促进普遍可用性的方法。

另一种适应不同使用类别的选择，是允许用户将菜单内容个性化。在文字处理软件的研究中，这种选择已被证明是有优势的。

第三个选择是允许用户控制系统所提供的反馈信息的密度。新用户想要更多的反馈信息以确认其动作，而常用用户想要较少的不令人困惑的反馈信息。同样，常用用户似乎比新用户更喜欢排列紧凑的显示。最后，交互的节奏可能被改变，对新用户要慢一些，对常用用户要快一些。

4.4.2 识别任务

在仔细描写用户情况后，开发人员必须识别要执行的任务。虽然设计人员都认同在设计开始之前必须确定任务集合，但是其任务分析往往完成得并不完整。任务分析的成功策略通常包括仔细观察和采访用户，它帮助设计人员理解任务频率和序列，并做出支持什么任务的抉择。一些实现者偏爱包含所有可能的动作，并寄希望于有些用户将发现它们有帮助，但这种做法会引起混乱。设计人员之所以取得成功，很可能是因为他们严格限制了功能性（日历、电话簿、待办列表和记事本），以保证简单性。

复杂的任务动作能够进行分解，并进而细化成用户使用一个命令、菜单选择或其他动作来执行的原子动作。选择最适当的原子动作集合是一项困难的任务。如果原子动作太小，用户将会因完成较高级任务所需大量动作而心情沮丧。如果原子动作过大且过于详尽，用户就需要很多带有特殊选项的动作。例如，在形成一组命令或菜单树时，相对的任务使用频率很重要。频繁使用的任务应简单快速地执行，即使以延长一些不频繁的任务为代价。相对使用频率是做出体系结构设计决策的基础之一。例如，在文字处理软件中：

(1) 常用的动作可通过按特殊键，诸如4个箭头键、插入键和删除键来执行。

(2) 对于不太常用的动作，可通过按单个字母键加上Ctrl键或通过从下拉菜单中进行选择来执行——实例包括加下划线、加粗或保存。

(3) 对于不常用的动作或复杂的动作，可能需要经过一系列的菜单选择或表格填充——例如，改变打印格式或修改网络协议参数。

4.4.3 选择交互风格

在设计者完成任务分析并识别出任务对象和动作后，可以在以下交互风格中进行选择：直接操纵、菜单选择、表格填充、命令语言和自然语言，如表4-1所示。

向更直接操纵发展的例子如：更少的记忆/更多的识别、更少的按键/更少的点击、更低的出错能力/更可见的上下文。其直接的范围包括：

(1) 命令行；

(2) 表格填充方式，用于减少输入；

(3) 改进的表格填充，用于说明和减少错误；

(4) 下拉菜单提供有意义的名字并消除无效值(例如星期)；

(5) 二维菜单方式提供上下文、显示有效日期和启用快捷单(例如月历)。

表 4-1 5 种主要交互风格的优缺点

优　　点	缺　　点
直接操纵	
可视化表示任务概念	可以编程
允许容易地学习	可能需要图形显示器和指点设备(鼠标)
允许容易地忘记	
允许避免错误	
鼓励探索	
提供高的主观满意度	
菜单选择	
缩短学习时间	提供很多菜单的危险
减少按键	可能使常用用户变慢
使决策结构化	占用屏幕空间
允许使用对话框管理工具	需要快速的显示速率
允许轻松地支持出错处理	
表格填充	
简化数据输入	占用屏幕空间
需要适度培训	出错处理能力弱
给予方便的帮助	
允许使用表格管理工具	
命令语言	
灵活	需要大量的培训和记忆
对高级用户有吸引力	需要说明对话框
支持用户主导	
允许方便地创建用户自定义宏	
自然语言	
减轻学习句法的负担	可能不显示上下文
	可能需要更多按键
	不可预测

1. 直接操纵

在设计者创建动作的可视化表示时，可以大大简化直接操纵的用户任务。这类系统的例子包括桌面隐喻、绘图工具、空中交通管制系统和游戏。通过点击对象和动作的可视化表示，用户能够快速执行任务，并能够立即观察到结果（例如，把某个图标拖放到垃圾桶中）。命令的键盘输入和菜单选择已被取代，转而使用如鼠标从对象和动作的可见集合中进行选择。直接操纵对新用户有吸引力，对间歇用户而言也容易记忆。精心设计的直接操纵，对常用用户而言也能很快捷。

2. 菜单选择

在菜单选择系统中，用户首先阅读选项列表，然后选择最适合自己任务的选项，并观察结果。如果选项的术语和含义是可理解的、独特的，用户几乎无须学习和记忆，并且只用几个动作就能完成任务。其最大好处就是有清晰的决策结构，因为一次提供了所有可能的选择。这种交互风格对新用户和间歇用户是合适的，如果显示和选择机制快，也能吸引常用用户。对设计人员来说，菜单选择系统需要细致的任务分析，以确保所有功能都得到方便的支持，精心选择并一致地使用术语。支持菜单选择的用户界面开发工具，通过确保一致的屏幕设计、确认完整性和支持维护来提供巨大的收益。

3. 表格填充

在需要数据输入时，菜单选择通常难以独自处理，而使用表格填充(也称为“填空”)是适当的。用户看到相关域的显示，在这些域之间移动光标，并在需要的地方输入数据。使用表格填充交互风格时，用户必须了解域标签，知道允许值和数据输入方法，并能够响应出错消息。由于需要了解键盘、标签和允许值，所以可能需要某些培训。这种交互风格最适合于知识丰富的间歇用户或常用用户。

4. 命令语言

对常用用户而言，命令语言提供强烈的掌控感。用户学习句法并经常能够快速表示复杂的可能性，而无须阅读分散注意力的提示信息。然而，这样做通常出错率高，必须经过培训，并且很难记忆。由于有各种可能性，而且从任务到界面概念和语法的映射很复杂，所以难以提供出错消息及在线帮助。命令语言和冗长的查询或编程语言属于常用专家用户的领域，他们经常因掌握一组复杂的语义和句法而得到很大满足。

5. 自然语言

希望计算机能对有歧义的自然语言句子或短语做出适当反应，尽管迄今为止只获得了有限的成功，但这个愿望吸引着许多研究人员和系统开发人员。自然语言交互几乎不提供执行下一条命令的上下文，而是频繁使用说明对话框，所以可能会比从组织良好的菜单中进行选择要更慢、更麻烦。但当用户十分了解任务域且任务域的范围有限，只是间歇使用限制了命令语言的培训时，自然语言仍然存在机会。

在所要求的任务和用户不同时，混合几种交互风格可能是适当的。

4.4.4 界面设计的8条黄金规则

界面设计的8条“黄金规则”可应用于大多数的交互系统，这些规则来自于经验并经过了多年的改进，需要针对特定的设计领域进行确认和调整。此类列表虽然没有一个是完整的，但对学生和设计人员确实是有用的设计指南。

(1) 保持一致性。在类似的环境中应要求一致的动作序列；在提示、菜单和帮助屏幕中应使用相同的术语；应始终使用一致的颜色、布局、大写和字体等。异常情况，如要求确认、删除命令或口令没有回显，这些应是可理解的且数量有限。

(2) 满足普遍可用性的需要。认识到不同用户和可塑性设计的要求，可使内容的转换更便捷。新手到专家的差别、年龄范围、残疾情况和技术多样性，这些都能丰富指导设计的需求范围。为新用户添加特性(诸如注解)和为专家用户添加特性(诸如快捷方式和更快的节奏)，能够丰富界面设计并提高可感知的系统质量。

(3) 提供信息反馈。对每个用户动作都应有系统反馈。对于常用和较少的动作，其响应应该适中；而对于不常用和主要的动作，其响应应该较多。

(4) 设计对话框以产生结束信息。应把动作序列组织成几组，每组有开始、中间和结束三个阶段。一组动作完成后的信息反馈，给用户以完成任务的满足感和轻松感。例如，电子商务网站引导用户从选择产品一直到结账，最后以一个清楚的、完成交易的确认页面来结束。

(5) 预防错误。要尽可能地设计出用户不会犯严重错误的系统；例如，将不适当的菜单项变灰和不允许在数值输入域中出现字母字符。如果用户出错，界面应检测错误并提供简单、有建设性和具体的说明来恢复。例如，如果用户输入了无效的邮政编码，他们不必重新输入整个姓名一地址表格，而应该得到指导来修改出错的部分。错误的动作应该让系统状态保持不变，或者界面应给出恢复状态的说明。

(6) 允许动作回退。这个特性能减轻焦虑，因为用户知道错误能够撤销，而且鼓励探索不熟悉的选项。可回退的单元可能是一个动作、一个数据输入任务或一个完整的任务组。

(7) 支持内部控制点。有经验的用户强烈渴望那种他们掌管界面且界面响应他们动作的感觉。他们不希望熟悉的行为发生意外或者改变，并且会因乏味的数据输入序列、难以获得必需的信息和不能生成他们希望的结果而感到烦闷。

(8) 减轻短期记忆负担。由于人类利用短期记忆进行信息处理的能力有限(经验法则是，我们能够记忆 5～9 个信息块)，这就要求设计人员避免在其设计的界面中要求用户必须记住一个屏幕上的信息，然后在另一个屏幕上使用这些信息。这意味着手机不应要求重新输入电话号码、网站位置应保持可见、多页显示应加以合并，以及给复杂的动作序列分配足够的培训时间。

这些基本规则必须针对每个环境来解释、改进和扩展。虽然它们有局限性，但为移动、桌面和 Web 领域的设计人员提供了一个好的起点。通过提供简化的数据输入过程、可理解的显示和快速的反馈信息以增强对系统的胜任感、支配感和控制感，可提高用户生产率。

4.4.5 预防错误

预防错误(第 5 条黄金规则)是非常重要的。对于手机、电子邮件、电子表格、空中交通管制系统和其他交互系统的用户而言，他们犯错的频繁程度远比可预期的要高。即使是有经验的分析人员也会在其将近一半的电子表格中犯错，甚至是当这些电子表格用于做出重要的业务决定时。

改进由界面提供的出错消息，是一种减少因错误而造成生产力损失的方式。较好的出错信息能够提高纠正错误率、降低未来出错率和提高主观满意度的成功率。良好的出错信息更具体、语气更积极并更有建设性(告诉用户做什么而不仅是报告问题)。鼓励设计人员使用通知消息，诸如“打印机关闭，请打开”或者“月份范围为 1～12”，而不使用含糊的消息或者不友善的消息(如“非法操作”或“语法错误”)。

然而,更有效的方法是预防错误的发生。

第一步是了解错误的性质。一种观点是设计人员能够按功能组织屏幕和菜单、设计独特的命令和菜单选项,以及让用户难以使用不可逆动作,以此来帮助人们避免出错或"疏漏",此外还有如:提供界面状态反馈(例如,改变光标以显示地图界面是处于放大还是选择模式)和设计一致的动作(例如,确保是/否按钮总是按同一顺序显示)。

用于减少错误的其他设计技术还包括:

(1) 正确的动作。工业设计人员认识到,成功的产品必须是安全的,并且必须防止用户以危险方式使用产品。飞机发动机在起落架没有放下之前,不能挂倒挡;当汽车以高于每小时 8km 的速度向前行驶时,不能挂倒挡。同样的原则也能应用于交互系统——例如,不适当的菜单项可以变灰,这样用户就无法因不慎而选中它们;允许 Web 用户在日历上单击日期,而不是必须输入飞机航班的起飞日期。同样,手机用户能够在经常或最近拨出电话号码列表中滚动,并用一次按压就选中其中的一个,而无须输入 10 位电话号码。一些系统,诸如 Visual Basic 编程环境使用的另一选项,正在提供自动命令完成以降低用户出错的可能性。用户输入命令的前几个字母,只要输入的字符足以将此命令与其他命令区分开,计算机就自动完成它,从而减少用户出错的可能。

(2) 完整的序列。有时,一个动作需要几个步骤来完成。由于操作者有可能忘记完成一个动作的每个步骤,设计人员会试图把一个步骤序列作为一个动作来提供。在汽车里,司机不必设定两个开关来发出左转弯信号;一个开关就导致汽车左侧的两个(前和后)转向信号灯闪烁。与之类似,当飞行员按开关放下起落架时,数百个机械步骤和检查自动调用。同样的概念也能应用于计算机的交互使用。

又如,文字处理软件的用户能够指示,让所有节标题居中、设置为大写字母和加下划线,而不必在每次输入节标题时都执行一系列命令。然后,如果用户想要改变标题风格(例如,除去下划线),一个命令就保证所有节标题都得到一致的修改。

考虑普遍可用性也有助于减少错误——例如,在老年用户或行动受限的其他用户中,有过多小按钮的设计可能会造成高出错率;而增大按钮则使所有用户都会受益。

4.4.6 增加自动化的同时确保人的控制

前面的介绍致力于简化用户任务。然后,用户就能够避免常规的、冗长的和易于出错的动作,并集中精力来做出关键决定、处理意外情况和计划将来的动作,表 4-2 给出了人与机器能力的详细比较。

随着流程变得更加标准化和对生产率压力的增加,自动化的程度也日益增加。对常规任务来说,自动化是可取的,因为它降低了出错的可能性和用户的工作量。然而,即使增加了自动化,设计人员仍能提供用户偏爱的可预测且可控制的界面。因为现实世界是一个开放的系统(即不可预测事件和系统错误数量的不确定性),所以需要保持人的监督角色。相反,计算机组成一个封闭系统(只能适应硬件和软件中数量可确定的正常和故障情况)。在不可预测事件中,必须采取行动来保障安全、避免代价昂贵的故障或提高产品质量,对于这种事件,人的判断是必需的。

表 4-2 人和计算机的相对能力

一般人类擅长	一般计算机擅长
感觉低级刺激	感觉人的范围以外的刺激
在喧闹的背景中发觉刺激	统计或测量物理量
识别变化的情况中的不变模式	准确地存储大量的编码信息
感觉不平常和意外的事件	监视预先制定的事件,特别是不常见的事件
记忆规则和策略	
在没有先验联系的情况下,恢复相关细节	对输入信号做出快速、一致的反应
利用经验并使决定适应情况	准确地回忆大量详细信息
若原方法失败则选择替代方法	按预定方式处理定量数据
归纳推理:从观察中概括一般	演绎推理:从一般规则中推测
在无法预知的紧急情况和新情况中行动	可靠地执行重复的、预先编制的动作
应用规则来解决不同的问题	发挥巨大的、高度受控的物理力量
做出主观评价	同时执行数个活动
负荷过多时专攻重要任务	在信息负载过重时保持运行
使身体反应适应情况的变化	在延长时间里保持性能
开发新的解决方案	

例如,在空中交通管制中,常见动作包括改变飞机的高度、方向或速度。这些动作很好理解,并有可能用调度和路径分配算法来实现自动化。但管制员必须在场,以便应对高度可变的和不可预测的紧急情况。一个自动化系统可能成功地处理巨大的交通量,但如果因天气恶劣而导致跑道关闭,则管制员不得不快速给飞机重定路线。现实世界的情况是如此复杂,以至于不可能对每种意外事故都进行预测和编程。在决策过程中,人的判断和价值观是必要的。

很多应用中的系统设计目标,是给予操作者有关当前状态和活动的足够信息,以确保在必须干预时,甚至在出现部分故障情况下,他们有知识和能力正确执行。美国联邦航空管理局(FAA)强调,设计应让用户处于控制地位而自动化只为"提高系统性能,而不减少人的参与"。这些标准也鼓励管理人员"在用户怀疑自动化时培训他们"。整个系统必须不仅为正常情况,还要为能够预料到的大量异常情况而设计和测试。测试条件的扩展集可能作为需求文档的一部分包含在内。操作者需要有能对其动作负责的足够信息。除了监督决策和处理故障之外,人的操作还起到改进系统设计的作用。

4.5 阅读与思考:德国版的互联网+

当中国人沸沸扬扬地热议互联网+,欧洲或者说德国人正热衷于另一个词汇:工业4.0,并称之为第4次工业革命,按照这个说法,前三次工业革命分别是蒸汽机、生产线、信息技术,第4次则是以智能化为中心,核心涉及三大主题:智能工厂、智能制造、智能物流。

工业4.0的技术断代有意义吗?能带来什么实质性的指导?

1. 定制化是对未来工业生产的误解

工业4.0中智能工厂的一个重要特征是定制化生产,意思是,工业不再维持大规模同质化生产，借助智能化系统，可以实现个人定制化的生产。

个人定制、个性化，听上去不错，用时髦的话说，也很“互联网思维”，但是，如果关注互联网稍微久一点儿，就不会对定制化陌生，早在十几年前，Web 2.0 概念兴起的时候，个人定制的订阅也曾经非常火爆，典型的是利用 RSS（一种网络信息聚合的技术协议）订阅博客，你喜欢谁的博客就订阅过来，最终，你的订阅器上所有的内容都是你主动订阅的内容，妥妥的最爱。

几年以后，定制式的订阅方式并没有流行起来，全球热门的在线定制阅读服务商 Feedburner 后来被谷歌收购，最终 2013 年相关服务被关闭。不只是单纯的订阅，一些内容评价类的订阅，比如 DIGG（有译作掘客）、DILICIOUS（有译作美味标签）也都走向衰落。

为什么订阅或者定制化没有人们想象中有价值呢？因为定制并没有让内容更精炼，相反定制还需要耗费定制人的精力去自行管理内容。

换个维度看，订阅虽然利用用户关系过滤内容，但焦点还是停留在内容上，试想，如果你从内容角度看社交网络上发出的一个笑脸符号，朋友会比陌生人发的笑脸更圆吗？其实，泛滥的海量用户信息本身价值都不大，我们只关心背后的人，内容远不及用户关系有价值，内容输给了社交！

如果只是为了获得的产品有点不同，定制生产也将面临定制阅读相同的命运，这让我不禁想起那些抱怨父母做饭难吃淘气的孩子，他们做糊一次之后就会丧失自己定制做饭的兴趣。

2. 不是个性化产品，是个性化服务

那么，个性化又是什么意思？产品的细节可以做得各种各样，让每一个人拥有一个独特的而不是千人一面的产品，出发点没错，问题是，要从哪个角度体现出不同？

在产品日益富足的今天，个人定制出的产品凭什么比不断推出的新产品有更大的吸引力？或许，相比于我们不断考虑如何把产品做得更好，产品是谁做的、做给谁用才更加重要。人们更关心做早餐的是妈妈还是路人，而不是吃油条还是鸡蛋灌饼。

这么说吧，当产品通常的质量已经高于我们的一般预期，我们更关心的不是产品，而是我们和产品的关系，我们生产 100 个相同的包子，但却有 100 个不同的吃法，相比于千方百计地想改变一杯咖啡的味道，站在马路边喝还是在阳光房里喝显得更加重要，同样的一杯咖啡，因为人的不同、消费场所的不同而大不一样。

个性化无法从生产中得到，我们是为了区别而期望更多的、眼花缭乱的产品吗？在工业化转向信息化的过程中，要说个性化，个性化服务才更加真切。

3. 智能机器人而不是智能工厂

工业想要通过智能化优化工厂生产流程来提高生产效率，使科学技术快速进步，今天，人们日常的需要已经得到了较好的满足，工业整体处在产能过剩状态，提高效率对消费者已经没有实质帮助了，优化工厂的生产流程有什么用呢？

如果不是为了提高产品生产效率，智能化技术用来做什么？答案是服务，用智能化提

升服务水平，此时，不是考虑智能化如何武装工厂，而是智能化如何融入生活，家庭智能机器人将会大有用途。智能机器人将服务延伸到家庭，让每一杯咖啡都有不同的品尝体验。

智造不是制造的升级，而是革了制造的命，越来越多的产品通过智能机器人（或者3D打印机）在用户的家里完成现场生产，工厂不再是产品必需的庇护所。

4. 用户并不知道自己要什么

智能物流能够提高人们的满意度吗？物流紧挨着人们的消费，应该算是工业4.0最后的价值所在，不巧的是，如果物流只是提高产品对用户的匹配，作用也会甚微。产品如果满足人们日常所需，缺衣少食的时候人们的需求主要是生理需求，是很明确的，但基本生活得到满足之后，更高阶的需求是心理需求，并不容易明确，用户并不知道自己要什么。

不知道自己要什么也是定制生产难以持续的原因，网络社交时代，产品服务不再只是解决人们的生理需要，更多是解决心理需求，按照意识自私性的结论，一切服务的目标是为了消除人们的孤独感，这是社会性生物的属性，由群体而非个体决定。

智能化还需要提到一个词：按需生产。按需生产不是让用户提出要求来生产（那不就是定制了嘛），重点也不是"生产"二字，"按需"的核心是满足需要，那些日夜陪伴的机器人比我们自己更知道自己的需要。按需生产不是工厂生产流程的改造升级，借助智能机器人深入到消费第一线，不再是先有生产后有消费，由生产驱动消费的传统工业模式，反过来，消费成为生产的动力。

好了，该给欧洲人留一丝希望了，工业4.0是工业时代最后一缕温煦的夕阳，但工业的夜幕终将降临，这不是工业庆典的晚宴，因为明天，冉冉升起的将是信息社会的太阳。

资料来源：陈世鸿，腾讯. 大家专栏。原标题：为什么不是工业4.0

4.6 实验：理解设计风格与原则

4.6.1 实验目的

(1) 熟悉人机交互的设计风格，掌握人机交互设计的基本原则；
(2) 了解Windows"辅助功能选项"的人文设计。

4.6.2 工具/准备工作

在开始本实验之前，请回顾课文的相关内容。

需要准备一台能够访问因特网的计算机。

4.6.3 实验内容与步骤

1. 知识扩展

硬件人机界面的发展以人类社会的三次技术革命作为分水岭。在发展过程中，出现了许多对后人有着重大影响的设计思潮和流派。请通过因特网搜索,来了解和学习其中的一些内容,并简述记录之。

(1) 工艺美术运动:______

(2) 新艺术运动:______

(3) 德意志制造联盟:______

(4) 风格派:______

(5) 包豪斯:______

(6) 流线型:______

(7) 斯堪的纳维亚设计:______

(8) 现代主义:______

(9) 高技术风格:______

(10) 理性主义:______

(11) 后现代设计:______

2. 概念理解

(1) 请阅读有关资料,根据你的理解和看法,简单阐述"无论历史上出现什么样的设计风格，都与当时的生产力水平、社会文化背景等相联系”。

答：____

(2) 作为现代设计的发源地，包豪斯学校所提出的理论和方法直到今日仍对设计有重大影响。请阅读课文，简述它在设计理论上的三个基本观点是什么？

① ____

② ____

③ ____

(3) 请欣赏并思考：作为高技术风格设计的经典之作，巴黎蓬皮杜国家艺术与文化中心（如图 4-8 所示）的特点是什么？请简述之。

答：____

(4) 进入信息时代，工业设计的主要方向开始战略性转移，由传统的工业产品转向以计算机为代表的高新技术产品和服务，开创了界面设计发展的新纪元。请网络搜索了解苹果、IBM 等的硬件产品设计，并与人们平日里使用的个人计算机的硬件设计做比较，请介绍你所欣赏的精彩的硬件人机界面设计例子，并请陈述你推荐的理由。

答：____

3. Windows“辅助功能选项”的人文设计

为帮助人们根据自身特点更好地使用计算机设备，Windows 操作系统（例如 Windows 7 等版本）提供了快速配置和使用计算机的辅助特性的人文设计。

在本次实验中，你使用的操作系统版本是：____________________

步骤 1：登录进入 Windows 操作系统。

步骤 2：在“开始”菜单中单击“控制面板”命令，继续双击“辅助功能选项”图标。请记录，在打开的“辅助功能选项”对话框中，有哪些选项卡可供设置选择？请仔细了解这些设置选项及其功能。

(1) ____

(2) ____

(3) ____

(4) ____

(5) ____

(6) ____________________

步骤3:请操作:

(1) 为使行动不便的人通过鼠标等设备输入数据,应该如何设置?

____

____

(2) 为便于视力不好的用户读取计算机屏幕上的字符信息和图形,应该如何设置?

____

____

(3) 如果需要为视力障碍用户提供文字到语音的转换工具,使得能够朗读屏幕所显示的内容等,应该如何设置?

____

____

步骤4:请简单评述Windows操作系统“辅助功能选项”的设计。你是如何看待其必要性的?

答:____________________

____

____

____

4.6.4 实验总结

____

____

____

____

4.6.5 实验评价(教师)

____

____

第5章　设计过程的管理

早期的计算机应用软件，例如文本编辑器、编程语言等，其用户主要还是技术型的程序员及其同行，这些用户的丰富经验和应用动机意味着能够接受甚至赏识软件的复杂界面。如今，移动设备、即时通信、电子商务、数字图书馆的用户群与最初的用户群相比差异巨大，以至于编程人员的直觉可能是不恰当的。现在的软件用户并不专注于技术，他们的背景更多地与其工作的需要及所执行的工作任务相联系，同时，人们也越来越多地把计算机用于娱乐。因此，软件设计人员只有仔细观察用户，通过对任务的仔细分析而改进其原型，并通过早期的可用性测试和详尽的验收测试来确认，才有可能制作出高质量的软件界面。

5.1　界面设计的4个支柱

以技术为中心的风格正在改变为适应用户技能、目标和喜好的设计要求。在需求和特性定义、设计阶段、开发过程和整个系统生命周期期间，设计人员寻求与用户直接交流。迭代设计方法允许对低精度原型进行早期测试、基于用户反馈进行修改，以及进行由可用性测试管理人员建议的增量优化，这种方法催生了高质量的系统。

如今，可用性工程已经具有成熟的实践性以及一组不断增长的标准。可用性测试报告正逐步标准化(例如，通用工业规范)，软件的购买者能够通过对各个供应商进行比较来选择产品。设计情形的多样性使得管理人员必须调整相关的策略，以适应他们的组织、项目、计划和预算，强调支持可用性设计。

作为一个目标，我们应该使工具和开发能力更接近于最终用户，尤其是在因特网领域。期望开发进程是灵活的、开放的，并且给最终用户提供一些裁剪能力，这些期望能够增加用户界面开发成功的机会。成功的用户界面开发有4个支柱，即：用户界面需求、指南文档和过程、用户界面软件工具，以及专家评审和可用性测试。这4个支柱能够帮助用户界面架构师将好的思想转化为成功的系统(如图5-1所示)，经验已经表明，每个支柱都能在此过程中产生数量级的加速作用，并能促进建立优秀的系统。

5.1.1　用户界面需求

软件项目的成败经常取决于所有用户和实现者之间理解的精确性和完整性。如果没有适当的需求定义，那就既不能确定正在解决什么问题，也不会知道何时能够完成。

在任何开发活动中，征求和清楚地指明用户需求是取得成功的一个主要和关键的因素。得出并达成用户界面需求协议的方法因公司和行业而不同，但其最终结果是相同的，即一个清楚的用户群体及用户所执行任务的说明书。拟定用户界面需求是整个需求开发

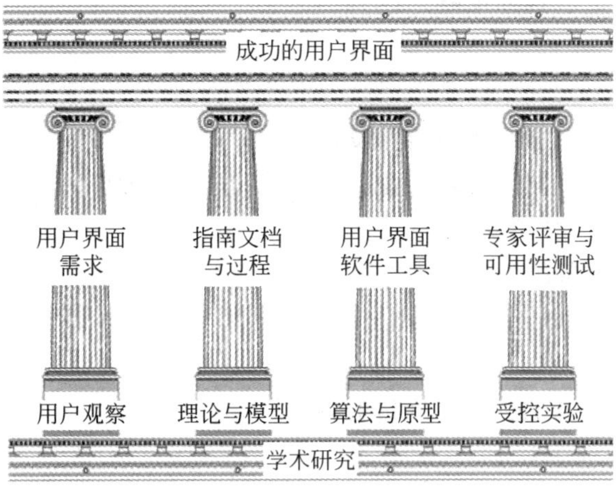

图 5-1　成功用户界面开发的 4 个支柱

和管理过程的一部分,系统需求(硬件、软件、系统性能及可靠性等)必须清楚地加以陈述,任何处理用户界面的需求(输入/输出设备、功能、界面及用户范围等)都必须指明并达成共识。一个确定用户需求的成功方法是通过用户观察,监视正在行动的真实用户的背景和环境。

5.1.2　指南文档与过程

在设计过程的前期,用户界面架构师应该产生一套工作指南。苹果公司 Macintosh(麦金塔)计算机成功的一个要素,就是机器前期的可读指南文档,它提供了让很多应用开发人员遵循的一组清晰的原则,因而确保了跨产品设计的和谐性。微软经过多年改进的 Windows 用户体验指南,也为许多程序员提供了一个良好的起点,以及有教育意义的体验。指南文档应考虑以下几方面。

1. 词、图标和图形

(1) 术语(对象和动作)、缩写和大写。
(2) 字符集、字体、字体大小和风格(粗体、斜体、下划线)。
(3) 图标、按钮、图形和线的粗度。
(4) 颜色、背景、突出显示和闪烁的使用。

2. 屏幕布局问题

(1) 菜单选择、表格填充和对话框格式。
(2) 提示、反馈和出错消息的措辞。
(3) 对齐、空白和页边空白。
(4) 项和列表的数据输入和显示格式。
(5) 页眉和页脚的内容及使用。

(6) 适应小和大显示器的策略。

3. 输入与输出设备

(1) 键盘、显示器、光标控制和指点设备。
(2) 可听见的声音、语音反馈、语音 I/O、触摸输入和其他特殊输入方式或设备。
(3) 各种任务的响应次数。
(4) 为残疾用户准备的替代物。

4. 动作序列

(1) 直接操纵的点击、拖动、释放和手势。
(2) 命令语法、语义和序列。
(3) 快捷键和可编程功能键
(4) 苹果 iPhone 等设备与微软 Surface 等平板系统的触摸屏导航。
(5) 错误处理和恢复过程。

5. 培训

(1) 在线帮助、教程和支持群体。
(2) 培训和参考资料。

指南的建立应有助于帮助它获得可见性并赢得支持。有争议的指南(例如,何时使用语音警报)应由同事评审或进行经验性检测。应制定分发指南的规则以确保实施。指南文档应能适应变化的需求,并通过体验而改进。把指南文档分为严格的标准、可接受的做法和灵活的指南这种三级方法,能增加其可接受的程度。这种方法说明哪些项是较稳定的,以及哪些项是易于改变的。

一个指南文档例如:
(1) 为开发人员提供一个交流过程;
(2) 记录决定以备各方查看;
(3) 提倡一致性和完整性;
(4) 便于设计的自动化;
(5) 允许有多个级别,如严格的标准、可接受的做法、灵活的指南;
(6) 发布以下方面的政策。
① 教育:如何得到它?
② 实施:谁评审?
③ 特许:谁决定?
④ 增强:多久一次?

在项目开始实施时,建立指南文档以关注界面设计,并提供对有争议问题进行讨论的机会。开发团队采用指南时,具体实现就能快速进行,并且只有很少的设计变更。对于大型的组织,可能有两级或者更多级的指南,以在允许项目具有独特风格和本地的术语控制时,提供组织的同一性。

创建文档和过程的基础如下。

(1) 教育。用户需要培训和讨论指南的机会。开发者必须按综合指南进行培训。

(2) 实施。需要一个及时、清晰的过程来验证界面是否遵循指南。

(3) 特许。当使用创造性的想法或新技术时,需要一个快速的进程来获得批准。

(4) 增强。一个可预测的评审过程,以保持指南为最新。

5.1.3 用户界面的软件工具

设计交互系统的困难之一,是客户和用户可能对新系统并没有一个清晰的想法。由于在很多情况下交互系统都是新奇的,用户可能认识不到设计决策的用意。遗憾的是,一旦系统已经实现,再对系统进行重大修改就是困难、昂贵和耗费时间的。尽管对这个问题还没有一个完整的解决方案,但如果在早期阶段就能够给客户和用户以最终系统的真实印象,就能够避免一些严重的困难。

虽然打印出来的文稿对初步体验是有帮助的,但具有活动键盘和鼠标的屏幕展示却更为真实。菜单系统的原型可能用一两条活动路径来代替为最终系统预想的数千条路径。对于表格填充系统,其原型可能只是显示域而没有真正处理它们。原型常常使用简单的绘图或文字处理工具,甚至使用 PowerPoint 幻灯片来演示开发。其他原型演示工具还有如 Flash,甚至是 Adobe PageMaker 或 Illustrator。

微软的 Visual Basic/C++ 之类的开发环境,不仅易于上手而且具有一组杰出的特性。Visual Studio 以及 C# 和.NET 框架,也能用于评估用户界面开发项目。要确保评估工具的能力、易用性、易学性、成本和性能。按照工作的规模来裁剪自己的工具选择。构建一个支持用户界面开发项目的软件体系结构,与任何其他(特别是大型)软件开发活动同样重要。

5.1.4 专家评审与可用性测试

现在,网站的设计人员认识到,在将系统交付给客户使用之前,必须对组件进行很多小的和一些大的初步试验。除了各种专家评审方法外,与目标用户一起进行的测试、调查和自动化分析工具被证明是有价值的。其过程依可用性研究的目标、预期用户数量、错误的危害程度和投资规模而变化很大。

5.2 开发方法学

所谓方法学,又称为方法论,其定义是:

(1) 一门学问所采用的方法、规则与公理论;

(2) 一种特定的做法或一套做法;或

(3) 在某种知识的领域上,对探索知识的原则、做法或思想而做的分析。

方法学通用概念是:在某一门学问或所要探索的知识领域上,对所使用的个别方法加以整合、比较探讨与批判。

很多软件开发项目都没有实现其目标。据估计失败率甚至高达 50 %，这其中的很多问题能够从开发者与其业务客户或开发者与其用户之间缺少交流来寻找根源。

成功的开发者通常会谨慎地工作以了解业务要求，并从非技术的业务管理人员那里得到精确的寻求，以改进他们的技能。此外，由于业务管理人员可能缺乏技术知识来理解开发者的提议，所以需要通过对话来减少对组织设计决策意义的混淆。

成功的开发者也知道，在软件开发的前期阶段就谨慎关注以用户为中心的设计问题，能够大大减少开发的时间和成本。以用户为中心的设计能使系统在开发过程中较少出现错误，在其生命周期中降低维护成本。它们更易于学习、有更好的性能、能减少用户错误，鼓励用户探索应付工作所需特性之外的那些特性。此外，以用户为中心的设计实践帮助组织按照业务要求和优先级来排列系统的功能。

软件开发者已经认识到一致地遵循已经确立的开发方法学能够帮助他们符合预算和进度计划。但当软件工程方法学有效地推动软件开发过程时，开发者并不总是提供清晰的过程来研究用户、了解他们的要求和创建可用的界面。专门研究以用户为中心设计的企业确立了创新的设计方法学来指导开发人员，诸如快速背景设计，它以背景调查的方法为基础。一些大企业也把以用户为中心的设计结合到他们的实践中，例如，IBM 的 Ease of Use 方法适合于他们现有的企业方法(如图 5-2 所示)。敏捷技术和方法学为顺应用户界面开发和可用性要求提供了空间。

角色/阶段矩阵	所有阶段	商业机会	理解用户	初始设计	开发	布置	生命周期
所有角色							
用户经验领导能力		用户工程计划-初始	用户工程计划-最终	用户工程计划的执行	已建立测量的满意度	项目评估	满意度调查
市场计划		业务和市场需求	适当的用户需求	酝酿中的市场开发	详细的市场开发	最终的市场开发	
用户搜索			用户需求	适当的设计			
用户经验设计			设计指导	概念设计低精度原型	详细设计高精度原型	设计发行决议	
可视化&工业化设计			外观指导	外观指南	外观说明		
用户经验评估			竞争性评估	概念设计评估	细节设计评估	用户反馈和基准任务	使用问题报告

图 5-2 IBM 的 Ease of Use 开发方法，按角色和阶段来说明活动

这种面向业务的方法学为设计的各个阶段指定详细的交付物，并且加入了成本/效益和投资回报分析。它们可能也提供管理策略，以使项目走上正轨，并促进包括业务和技术参与者的团队之间进行有效的协作。由于以用户为中心的设计只是整个开发过程的一部分，所以这些方法学必须与所使用的各种软件工程方法学紧密配合。

快速背景设计方法包括以下步骤。

(1) 背景调查。计划、准备，然后进行实地访谈，以观察和理解所执行的工作任务，评

审业务实践。

(2) 研讨会和工作建模。举行团队讨论会以便基于背景调查得出结论，包括了解组织的工作流过程和对所完成工作的文化及政策影响，捕捉关键点。

(3) 模型合并与亲和图构建。将迄今为止从用户那里收集的数据，连同解释和工作模型提供给更大的目标人群，以获得见解和赞同。合并工作模型以阐明共同的工作模式和过程，并创建亲和图[①](满足用户要求的问题的层次化表示)。

(4) 角色开发。开发角色(虚拟人物)来表示可能使用网站或产品的目标人群中的不同用户类型。这有助于团队交流用户的要求，并把这些用户的要求付诸实现。

(5) 愿景塑造。评审和"走查"合并的数据，共享所创建的角色。此项活动有助于确定系统将如何流线化和转换用户的工作。使用活动挂图或任何有利于表达修改后业务流程愿景的媒体来捕捉关键问题和想法。

(6) 故事板制作。愿景通过使用图片和图表来描述初始的用户界面概念、业务规则和自动化设想，从而指导用户任务的详细再设计。故事板定义和说明"将要构建"的设想。

(7) 用户环境设计。根据故事板构建对用户和将要执行的工作的单一、连贯的表示。

(8) 使用纸上原型与模型的访谈和评估。对实际用户进行访谈和测试时，从纸上原型开始，然后转移到较高精度原型上，获得访谈结果以确保该系统满足最终用户的需求。

5.3 用户观察

大多数方法学的早期阶段都包括观察用户。由于界面的用户形成了独特的文化，在工作场所观察用户的方法正变得越来越重要。技术人员结合工作或家庭环境来仔细倾听和观察，进而询问问题和参与活动。作为技术人员，用户界面设计人员除了寻找理解他们的受试者，还要关注界面，以便改变和改进这些界面。另外，用户界面设计人员通常需要将用户观察的过程限制为几天甚至几小时，以获得影响重新设计所需的相关数据。

用于准备评估、进行实地研究、分析数据和报告调查结果的指南可能包括以下内容。

1. 准备

(1) 理解工作环境的政策和在家里的家庭价值观。

(2) 使自己熟悉现有的界面及其历史。

(3) 设定初步目标和准备问题。

(4) 获得调查或访谈的访问和许可权。

2. 实地研究

(1) 与所有用户建立良好关系。

(2) 在用户的环境中观察或采访他们，并收集主观的和客观的、定性的和定量的数据。

---

① 亲和图法(KJ法)：把大量收集到的事实、意见或构思等语言资料，按其相互亲和性(相近性)归纳整理这些资料，使问题明确起来，求得统一认识和协调工作，以利于问题解决的一种方法。

(3) 调查访问中出现的所有人。

(4) 记录自己的访问。

3. 分析

(1) 在数值的、文本的和多媒体的数据库中编辑收集到的数据。

(2) 量化数据和编辑统计。

(3) 减少和解释数据。

(4) 改进目标和所使用的过程。

4. 报告

(1) 考虑多个受众和目标。

(2) 准备报告和提交调查结果。

这些意见在陈述时似乎是显而易见的,但它们在每种情况下都需要加以解释和注意。例如,了解管理人员和用户对当前界面效能的不同感受,将会使你注意每个小组不同的挫折感。管理人员可能会抱怨员工不愿意及时更新信息,但员工可能会因登录过程要花6～8min时间而抵制使用该界面。遵守工作场所的规则对建立和谐关系是重要的:在为一次观察做准备时,我们感谢经理打电话警告我们,研究生不应该穿牛仔裤,因为禁止用户这样着装。学习用户的技术语言对建立和谐关系也是极为重要的。准备一份长长的问题列表,然后,能够通过集中于所建议的目标而对其进行过滤,这样做是有用的。意识到用户群体之间的差异,将有助于使观察和访谈过程更有效。

数据集合能够包含各式各样定性的主观印象或定量的主观反应,诸如等级量表或排列。客观数据能够包括获得用户经验的、定性的轶事或关键事件,或者是定量的报告,例如,观察6个用户在一小时内产生的错误数量。事先决定好收集什么是极为有益的,但保持对意外事件的警惕也是有价值的。书面总结报告已经证明是有价值的,远远超出预料;在大多数情况下,每次对话的原始文字记录过长以至于毫无用处。

使该过程明确并仔细计划,这对很多其培训来自子计算和信息技术的人来说似乎可能很棘手。然而,谨慎地应用人种学过程已被证明有很多好处。它能够增加可依赖性和可信性,因为设计人员通过访问工作场所、学校、家庭或者将部署最终系统的其他地方,会对目标环境的复杂性有所了解。个人临场感允许设计人员与几个最终用户建立工作关系来讨论想法,最重要的是,用户可能愿意做他们新界面设计中的积极参与者。

5.4 参与式设计

参与式设计是指人们直接参与到所开展的协同设计之中,但这个概念是有争议的。赞同意见认为更多的用户参与会带来有关任务的更准确信息,以及用户影响设计决策的机会。然而,在成功的实现中,构建用户自我投资的参与感,可能在增加用户对最终系统的接受度方面有最大的影响。另一方面,用户的广泛参与可能是昂贵的,并可能延长实现周期。同时,也可能使未参与或其建议被拒绝的人产生敌意,潜在地迫使设计人员放弃他们的设计以使得不胜任的参与者满意。

然而，参与式设计的经验多数还是正面的，避免了很多会被遗漏的重要用户意见。抵制的人可能赏识有些形式化的多案例研究协同技术主动通过视频探索可塑界面方法。用户画出界面草图，然后使用纸条、塑料片和胶带来创建低精度的早期原型，然后把场景走查记录在录像带上以便向管理人员、用户或其他设计人员演示。在正确领导下，能够有效地引出新的想法，并且所有参与的人都会觉得有趣。参与式设计的很多变体已经提出，这些变体让参与者创建戏剧表演、摄影展、游戏或仅仅是草图或书面场景。高精度的原型和仿真也可能是引出用户需求的关键。

仔细挑选用户有助于建立成功地参与式设计的经验。竞争性挑选可增加参与者的重要感和强调项目的严肃性。可能要求参与者承诺出席重复性的会议，并应告知期望他们发挥什么样的作用和影响。他们可能必须了解技术和组织的商业计划，并要求充当与他们所代表的更大用户群的沟通管道。

有经验的用户界面设计人员知道，在决定交互系统成功方面，组织的政策和个人的喜好可能比技术问题更为重要。例如，如果仓库管理人员看出他们的职位受到了交互系统的威胁，因为这种系统通过桌面显示为高级管理人员提供最新信息，他们就可能试图通过拖延数据录入或通过不尽力保证数据的准确性，来确保系统失败。界面设计人员应该考虑到该系统对用户的影响，应该请求他们参与以确保所有关心的事都被尽早明确，以避免起反作用和抵制改变。新颖性正在威胁很多人，所以对预期结果的清楚陈述能够有助于减少焦虑。

有关参与式设计的想法正在与不同的用户一起改进，这些用户的范围从儿童直到老年人。对有些用户，诸如有认知障碍的用户或时间宝贵的用户(例如外科医生)来说，安排其参与是困难的。参与的等级正在变得更清楚，一种分类法描述儿童在开发儿童界面中的角色，老年人在开发其典型用户将是其他老年人的界面中的角色，等等，其角色变成消息提供者再变成合作者(如图5-3所示)。测试者只是在他们试验新设计时被观察，而消息提供者通过访谈和焦点小组来评论设计人员。设计合作者是设计团队中活跃的成员，在儿童软件的案例中，合作者自然包括很多年龄段的参与者——跨代团队。

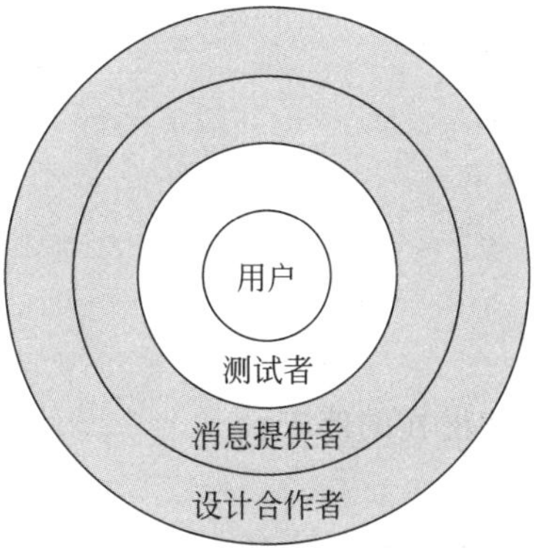

图5-3 用户参与4级模型

深色区域(消息提供者和设计合作者)代表参与式设计阶段

5.5 场景开发

在需求定义不十分明确的项目中，很多设计人员发现所描述的日常生活场景有助于表示用户执行典型任务时所发生事物的特征。在设计的早期阶段，应该收集有关当前性能的数据以提供基线。收集类似的系统信息是有帮助的，也能够与利益相关者，诸如用户和管理人员进行访谈。

一种早期描述新系统的方式是编写使用场景。如果可能，把它们以戏剧的形式演示出来。当多个用户必须合作（如在控制室、驾驶舱或金融交易室中），或使用多个物理设备时（如在客户服务台、医疗实验室或旅馆前台区域），这种技术特别有效。场景能够使用新用户和专家用户来表示普遍的或应急的情况，而角色也能够包含在场景生成中。

在开发美国国家数字图书馆时，设计团队从编写 81 个描写潜在用户的典型用户需求的场景开始。下面是一个例子。

K-16 用户：一个 7 年级社会研究学教师正在教授工业革命这一单元。该教师想利用一些原始材料来阐明推动工业化的因素、工业化发生的方式，以及工业化对社会和建成环境的影响等。教学量是给定的，该教师总共只有大约 4 小时的时间来找出这些补充材料，并打包以供课堂使用。

5.6 前期设计评审的社会影响报告

交互系统经常会对大量用户产生巨大影响。为了减少风险，考虑周到地陈述在利益相关者之间流传的预期影响，对于在开发的前期阶段（当改变最容易时）就引出有益的建议，是一个有用的过程。

政府、公用事业等行业逐渐需要信息系统来提供服务。社会影响报告类似于环境影响报告，有助于在与政府相关的应用领域中开发出高质量的系统。广泛的前期讨论能够揭示一些关注点，并促使利益相关者能够公开说明他们的立场。报告可能包括以下部分。

1. 描述新系统及其好处

（1）表达新系统的高级目标。
（2）识别利益相关者。
（3）识别具体的好处。

2. 讨论关注和潜在的障碍

（1）预测工作职能的改变和潜在的停工。
（2）讨论安全和隐私问题。
（3）讨论可说明和系统误用与故障的责任。
（4）避免潜在的偏见。
（5）权衡个人的权利与社会利益。

(6) 评价集中化与非集中化之间的折中。
(7) 保持民主原则。
(8) 确保不同的访问。
(9) 促进简单性和保持有效的方法。

3. 模拟开发过程

(1) 提交估计的项目进度计划。
(2) 提出决策过程。
(3) 讨论如何把利益相关者包括在内的期望。
(4) 认识到需要更多的人员、培训和硬件。
(5) 提出数据和设备的备份计划。
(6) 概述移植到新系统的计划。
(7) 描述测量新系统成功的计划。

社会影响报告应在开发过程中尽早开发,以影响项目进度计划、系统需求和预算。它能够由包括最终用户、管理人员、内部或外部的软件开发人员及可能的客户的系统设计团队开发。对大型系统来说,社会影响报告的规模和复杂性,应使具有相关背景的用户易于访问。社会影响报告写完后,应由适当的评审小组以及管理人员、其他设计人员、最终用户和其他将被所提议系统影响的人加以评估。潜在的评审小组可能包括政府部门、管理机构、专业协会和工会。评审小组将接受书面报告、主持公开听证会和要求修改。社会团体也应该有机会提出他们的关注和提议备选方案。

社会影响报告一旦采纳就必须强制执行。社会影响报告记载新系统的意图,利益相关者需要看到这些意图得到行动支持。评审小组一般是适当的执行当局。

涉及的工作量、成本和时间对项目来说应该是适当的,同时应便于细心评审。通过预防修正费用昂贵的问题、改进隐私保护、使法律挑战最小化和创造更满意的工作环境,这一过程就能提供大量的改进。

5.7 法律问题

随着用户界面变得越来越重要,严肃的法律问题就显现出来了。每个软件和信息的开发者都应该对可能影响到设计、实现和市场营销的法律问题进行评审。

每当计算机用于存储数据或监视活动时,隐私总是一个值得关注的问题。医疗的、法律的、财经的和其他数据必须得到保护以防止未经批准的访问、非法篡改、不慎丢失或恶意损害。最近实施的隐私保证法律,诸如强加给医疗和金融群体的法律,能够产生复杂的、难以理解的政策和规程。禁止访问的物理安全措施是基本的。此外,隐私保护能够包括控制口令访问、身份检查和数据校验。有效的保护提供高等级的隐私权,只有最少的混乱和入侵渗透。网站开发人员应该提供易于访问且可理解的隐私政策。

第二个关注问题包含安全性和可靠性。飞机、汽车、医疗设备、公共设施控制室等的用户界面能够影响到生死攸关的决定。如果空中交通管制人员被显示的状况搞乱,他们就可能犯致命的错误。如果此类系统的用户界面经证明是难以理解的,就可能给设计者、开发者和操作者带来指控设计不当的诉讼。设计人员应该争取制作遵守最新设计指南、经过反复测试的高质量界面。记载测试和使用情况的准确记录在问题出现时将保护设计者。

第三个问题是软件的版权或专利保护。花费时间和金钱开发软件包的软件开发人员在试图收回成本和获利时,如果潜在用户非法复制该软件包而不是采取购买方式,他们就有可能面临麻烦。已经有相应的技术方案可以用来防止复制,但黑客通常能规避那些障碍。虽然因复制程序而受到起诉的个人案例还不多见,但企业和大学已经有了相关诉讼案例。某些免费软件联盟反对软件版权和专利,强调知识共享,相信广泛传播是最好的政策。一些开放源代码软件产品,诸如 Linux 操作系统和 Apache 网络服务器,已经获得成功并获得相当的市场份额。

第四个受人关注的问题是在线信息、图像或音乐的版权保护。如果客户访问了在线资源,他们有权以电子形式保存信息供以后使用吗?用户能把电子副本发送给他的同事或朋友吗?谁在社交网站拥有的"好友"列表和其他共享数据呢?个人、机构或网络操作者拥有电子邮件消息中所包含的信息吗?具有大规模数字图书馆的因特网的扩大,已使得版权讨论升温并且节奏加快。发布者寻求保护他们的知识资产,而图书管理员夹在为顾客服务的愿望和对出版者的职责之间备受折磨。如果有版权的作品被自由散布,那么对发布者和作者将有什么激励呢?如果未经许可或付费就传播有版权的作品是非法的,那么科学、教育和其他领域将受到损害。为了个人和教育的目的而有限复制的合理使用原则有助于处理由影印技术引起的问题。然而,因特网许可的、完美的快速复制和广泛的散布要求考虑周到的修订。

第五个问题是电子环境中的言论自由。用户有权利通过电子邮件或列表服务器发表有争议的或有潜在攻击性的言论吗?网络是像街角一样,言论自由得到保证;还是像电视广播一样,社会标准必须受到保护呢?网络操作者应该有责任还是被禁止去删除那些有攻击性的或淫秽的笑话、故事或图像呢?因特网服务提供商是否有权利禁止那些用于组织客户反抗他们自己的电子邮件消息,这一争议一直持续不断。网络操作者是否有义务封锁种族主义者的电子邮件评论或发贴到公告栏,这样一个争议也出现了。如果诽谤言论被传播,人们能控告网络操作者连同来源吗?

网站是一个有关隐私法规和相关问题的优秀信息源,其中包括已经意识到的很多其他法律问题,包括反恐怖主义、伪造、垃圾邮件、间谍软件、债务、互联网税收等。这些问题需要引起注意,且最终可能需要立法。

5.8 阅读与思考:游戏界面设计中的人机交互性研究

(**注**:下文从计算机游戏界面的概念入手,阐述了游戏界面设计中交互性的概念、组成、作用及意义;通过人机界面中的软件界面和硬件界面,重点论述了游戏界面交互性设计的规律和原则,归纳提出了游戏界面设计中人机交互性的特殊要求。)

计算机游戏自 1972 年由威尔·克劳舍(Will Crowther)编写的一段简单的

FORTRAN 程序开始，已经历了数十年风风雨雨了。从最开始避开陷阱的简单地图，到今天即时战略、角色扮演、动作冒险、经营策略、休闲养成等各种类型的游戏；从 2D 到 3D，游戏无论在技术上还是画面上都以惊人的速度不断突破。它的成长速度是如此之快，出乎任何人的意料。现在，北美的电子游戏产业（包括 TV GAME 和 PC GAME）的收入已经接近了整个电影产业的收入。这也足以证明游戏行业潜力的巨大。

1. 计算机游戏界面的交互性概述

(1) 计算机游戏的人机界面。著名的游戏开发者比尔·沃尔克(Bill Volk)曾经对游戏设计写下了一个等式："界面＋产品要素＝游戏"，强调在游戏设计中界面的重要性。提到界面，人们很容易将软件与之联系在一起，这是狭义概念的 UI 设计。从广义上讲，界面又称用户界面(UI)，是指人与物之间相互施加影响的区域。设计的界面存在于人、物信息交流的一切领域，例如，我们切菜的时候刀把手就是这个界面，开车的时候方向盘、仪表盘、后视镜就是这个界面，用计算机的时候显示屏、输入设备就是这个界面。

因此，界面包含硬件界面和软件界面两方面的内容。随着电子技术和计算机技术的发展，二者逐渐交融，共同组成人机界面系统的重要部分。

从产品系统论的角度出发，界面主要有三种表现形式，即图形用户界面(GUI)、实体用户界面(SUI)和声音用户界面(AUI)，它们刚好对应了人类感知外界信息的三种主要途径——视觉、触觉和听觉。这三种形式相互关联并具有很强的逻辑性。视觉感知主要起到了信息拾取的作用，比如游戏软件中的图像和文字，以及按键的形状与排布等；触觉主要是对拾取信息的操作，比如旋钮的调节、按键的拨弄、屏幕的感压等；听觉感知更多地表现了对信息操作的一种反馈，比如游戏中的搏击声、背景音乐和提示音等。

(2) 游戏界面设计的交互性。那么，优秀的游戏界面设计应该是什么样的呢？简而言之，就是界面简单并且用户乐于使用，用户在游戏过程中能真正享受人机交流和人性化操作带来的愉悦；其核心是自然、良好的人机交互性。交互包括用户对产品（硬件和软件）的使用以及产品（硬件和软件）对用户的反馈两个部分。在玩游戏的时候，游戏本身带给你的投入、紧张感，游戏手柄控制的酣畅淋漓和等待下一个场景出现时的焦急、失望等感觉，都是一种交互体验。

交互设计作为一门关注交互体验的新学科在 20 世纪 80 年代产生，它由 IDEO 的一位创始人比尔·莫格里奇在 1984 年的一次设计会议上首次提出。对计算机游戏而言，交互过程实际上是一个向计算机输入和向用户输出的过程。由于输入、输出的途径是多样的，因此交互的方式也是多样化的。

从最初需要专业训练的命令语言用户界面，到用户只需确认的图形用户界面，到引入动态媒体和音频媒体的多媒体用户界面，再到目前通过整合来自多个通道的输入来捕捉用户意图的多通道用户界面，以及未来的虚拟现实技术，交互的媒介从软件界面、键盘、鼠标扩展到视线、语言、手势、动作等，交互发展的趋势体现了对人的因素的不断重视，追求所谓"人机和谐"的多维信息空间和"基于自然交互方式"的人机交互风格，理想的人机交互模式就是"用户自由"。现在，无论是硬件界面还是软件界面，游戏都朝着这一目标迈进。

世界上最优秀的计算机游戏开发商——暴雪(Blizzard Entertainment)的副总裁比尔·鲍珀(Bill Poper)曾说过:"'易于上手,难于精通',我们认为它概括了游戏制作的基本原则。"易上手,就是在考虑玩家与游戏的交互性。

游戏者介入的问题大概是与界面交互性有关的最重要的因素。对软件界面而言,应该使它容易让人理解和接受,让游戏及其界面尽可能地符合直觉。当然,你可以提供一个手册,但是不要期望你的所有用户都去读它。从硬件界面的角度讲,是通过键盘、游戏杆、鼠标或者是这几种的结合?或者还运用其他类型的输入方式?让玩家尽快地进入游戏角色是最首要的目标。

良好的游戏交互性需要图形界面、实体产品界面和声音界面的完美配合,三者缺一不可。声音界面的研究虽然时间不长,但其重要性日益突出。我们不能想象游戏中如果没有栩栩如生的音响效果和声音反馈会是什么样。声音界面大致分为功能性的声音和背景性的声音两类,功能性的声音与游戏的使用和操作相关,如各种提示音;背景性的声音对于烘托气氛必不可少,背景性音乐的设计往往和游戏的类型有密不可分的关系,比如动作冒险类游戏背景音乐让人感到刺激和毛骨悚然,模拟养成类的音乐轻松欢快,甚至有些游戏玩家可以根据自己的爱好更改背景音乐。

如果以软、硬件来划分游戏的界面,产品系统界面分类中的图形界面和实体产品界面分别对应软件界面和硬件界面,声音界面根据发声原理的不同则分别包含于这两类不同的界面。如果声音出自软件系统,像游戏里的音乐,那么它就属于软件界面考虑的范围;如果声音来自硬件系统,如游戏键盘或手柄上按下不同功能键时发出的声音,那它就属于硬件界面考虑的范围。

2. 计算机游戏软件界面的交互性

计算机游戏软件界面交互性的设计首先应该遵从软件界面设计的通用性原则,具备以下的功能:反馈(feed back,随时将正在做什么的信息告知用户,尤其是响应时间十分长的情况下)、状态(status,告诉用户正处于系统的什么位置)、脱离(escape,允许用户中止一种操作,且能脱离该选择,避免用户死锁发生)、默认值(default,只要能预知答案,尽可能设置默认值,节省用户的工作)、求助(help,尽可能提供联机在线帮助)、复原(undo,在用户操作出错时,可返回并重新开始)、简化(尽可能减轻用户记忆,如简化对话步骤、采用列表选择、对共同输入内容设置默认值、系统自动填入用户已输入过的内容等)。这部分的内容在软件界面设计的可用性研究中有较详尽的阐述和评价标准。

作为游戏界面的交互性,又有着自己的一些特殊要求。

(1) 降低计算机的影响。在设计一个游戏特别是设计界面时,应该尽量让游戏者忘记他们正在使用计算机,尽量使游戏开始得又快又容易。游戏者进入一个游戏花的时间越长,越会意识到这只是个游戏。

(2) 在游戏中策略地加入帮助。尽量把手册结合到游戏当中,避免把游戏者拉离屏幕让他们去看书面的文字。如果需要,把文本试结合到游戏中。例如,如果有一幅让游戏者使用的地图,就不要让它成为文档的一部分,应该把它做成屏幕上的图形。合并到游戏中的图像通常能够比文本更快且更有效地显示信息。

玩家在初次接触游戏时往往很难一时间记住并接受所有的操作方法，在这个时候帮助只要做到突出重点，留有余地地给以启示。

(3) 避免运用标准的界面。例如，在 Windows 环境下设计的游戏都不要去运用常规的 Windows 界面，因为如果这么做，就又在提醒玩家正在运用计算机。应该运用其他的对象作为按钮并重新定制对话框，尽量避免菜单等可能提醒玩家正在运用计算机的对象。

(4) 综合集成界面。界面上关键的信息要简化，将一些功能性界面放在非玩家人物(如在买卖物品的时候需要单击的那个商人)界面上，主界面尽量简练、精致。对于游戏来说，目标就是要让界面越来越深入到游戏本身的结构中去。从设计流程上讲，首先应将游戏功能分类清楚，然后再做界面，尽量考虑资源的通用性。

(5) 可扩充性。网络游戏需要不断添加新功能等，对界面的需求会不断增加，需要预先考虑好扩充性。

(6) 一致性。最好在游戏各处以相同方式做相同的事，还能够始终在相同位置找到重要信息。一致性的观点并不一定要求在整个游戏中都使用同样的屏幕布局，但建议在布局中使用的逻辑可以让玩家预感到可以在哪里找到信息，以及在游戏的不同部分中如何执行命令。

有些游戏特别注意界面的一致性：游戏的一些基本命令可以从头至尾以相同的方式使用；在游戏的任何阶段，玩家还可以将鼠标放在对象、人物和位置上，以查看极其有用的简要描述。

(7) 界面精致、风格统一。一般玩家都喜欢那些有好的画面和迷人景色的游戏，因为视觉效果起到的作用甚至与最精彩的故事情节相同。此外，详细的插图可以让玩家很好地了解每个人物的图像或者环境的地方特色。如果没有插图，就会丢失这些虚构的细节。

游戏画面、菜单和控制栏都应该服务于游戏所营造的氛围。如果游戏反映的是中世纪欧洲的故事，那么界面中所有相关元素都要是中世纪欧洲的设计风格，甚至应该将界面的元素伪装成游戏世界的一部分。按钮较多时，需要使重点常用按钮更加突出，并注意按功能划分将按钮以不同样式、颜色的方式编组。

这种视觉连续性添加了游戏过程的美学享受并增强了沉浸于游戏世界的幻觉感。

(8) 运用界面的艺术设计原则。与所有的平面创作一样，界面的艺术设计也包含对比、协调、趣味性、韵律感等原则，遵从画面中主体与背景的层次感和浏览的先后顺序。特别地，由于游戏界面包含动态元素，要注意动态部分和静态部分的配合。动态部分包括动态的画面和事物的发展过程，静态部分则常指界面上的按钮、文字解说等。一般说来，动态和静态要配置于相对之处；动态元素要交代其入点和出点，并且入点和出点要彼此呼应、协调。一般而言，入点和出点的距离愈大，画面动态效果愈显著。

另外，要考虑不同的游戏种类对界面的不同要求，如回合制的游戏全屏界面对游戏影响不是很大，而即时制的游戏应尽量不出现全屏界面，能透明的要透明，减少信息对屏幕的影响等。

3. 计算机游戏硬件界面的交互性

计算机游戏的硬件界面，又称为实体用户界面，通常包含按键的形状、大小、排布、性能，标识上的数字、文字、符号，发音孔和散热孔的形状、大小、位置，各种端口的位置、间距，显示液晶的形状、大小、角度、亮度等内容。实体界面的整体设计有助于形象地体现各部分的功能与操作，增加使用者与产品之间的交流与互动。

从用户角度来说，交互设计是一种让产品易用、有效而且让人愉悦的技术，它致力于了解目标用户和他们的期望，了解用户在与产品交互时彼此的行为，了解"人"本身的心理和行为特点。同时，还包括了解各种有效的交互方式，并对它们进行增强和扩充。交互设计涉及多个学科，以及和多领域、多背景人员的沟通。

大体上讲，要使计算机游戏的硬件界面具备良好的交互性，应注意以下几点。

(1) 从交互技术发展的趋势看，要勇于开辟新的输入、输出方式。前面提到，多媒体用户界面的人机交互形式是目前常用的方式。尽管软件界面中加入了声音、动画等新媒体，部分提高了交互的生动性和效率，但用户还是只能使用常规的输入设备(键盘、鼠标和触摸屏)进行输入，即输入仍是单通道的。

多通道用户界面的发展，将综合采用视线、语音、手势等新的交互通道、设备和交互技术，使用户利用多个通道以自然、协作的方式进行人机对话。

例如，在游戏手柄中置入加速传感器或通过地毯式压力传感器，使人们在挥舞手臂或踏步的同时传入运动的每一个细节，通过另一种方式控制游戏，增加体感类的游戏体验，使人与游戏达到真正的互动。这种通过整合多个通道的精确的和不精确的输入，来共同捕捉用户的交互意图设计，能显著地提高人机交互的自然性和高效性。

随着科学技术的发展，视觉追踪和语音控制的游戏设备将进一步解放用户；依靠传感和虚拟技术，让游戏者在现实与虚拟之间如影片《黑客帝国》般穿梭，将不会只是幻想。

(2) 从产品使用功能的角度看，趋向于集多功能于一体和智能化。由于高科技的迅猛发展，新材料、新能源得到广泛应用，特别是微电子技术的发展使得材料在有限的体积、重量内能够集成更多的功能成为可能。多功能集成化、智能化的游戏产品具有操作方便、功能齐全和简单快捷的特点，有利于交互的高效与简洁。

相应地，轻、薄、短、小将依然是造型的主题。由于电子技术的发展，许多产品粗笨的机械零件被微小的电子计算机的集成电路芯片取代，内部结构对外部形式的制约日益减少，追求极限成为可能。

(3) 从产品与使用者关系的角度观察，更加突出以人为本的理念。与传统的工业产品相比，数字产品更贴近人们的生活，注重人机的交流，并日益突出其易用性和人性化的发展趋势。传统意义上的人性化概念主要是注重产品的使用功能等直接可见的因素，而现代意义上的人性化则更加突出消费者的精神层面因素，也就是说消费者不仅能安全、舒适地使用产品，而且能从产品的使用中获得精神愉悦与享受，让消费者在体验产品的过程中获得更舒适、惬意、充满人性化的应用意趣。

(4) 从产品造型的角度观察，更加注重语义学的应用。语义学的应用有助于用户高效率地掌握和操作产品，避免因歧义而产生误操作，尽可能以简洁的形式赋予其使用者一看即知的设计。其最终目标是让产品能自我表述和传达，能引导使用者正确地理解和使用产品。

(5) 从能源环境的角度观察，注重节能、环保的设计。在全球资源日益紧张、匮乏的时代,消费者的节能意识不断增强,绿色和环保已经成为社会各界的共识,游戏产品也不例外。

4. 结语

从工作内容上来看,人机界面包括交互设计、用户测试/研究与界面设计三个部分。本文旨在讨论游戏界面的交互设计,它既具有界面设计的一般规律,更有游戏这一特殊领域的个性设计原则。作为一名游戏的交互设计师,其根本的任务是寻找目标用户和发掘用户的交互需求、辨识和使用交互元素、设计和使用交互逻辑,以达到让游戏者忘记他们正在使用计算机,而是真正地沉浸在游戏中的目的。这就需要游戏界面的交互设计师除了具备一般交互设计师的能力之外,如凭空想象复杂行为的能力和体验用户需求的分析能力,能够在代码被写出来之前想象其功能的逻辑和细节,并准确地表达出来,等等,还要掌握游戏玩家的心理和游戏界面设计的规律及特性。

资料来源:李敏,设计中国(http://www.design.cn/),本处有删改。

5.9 实验:熟悉设计管理和游戏界面设计

5.9.1 实验目的

(1) 了解和熟悉人机界面设计过程管理的相关知识;

(2) 了解和评价游戏软件的人机交互设计,提高自己的评价能力,提高自己对设计水平的鉴赏能力。

5.9.2 工具/准备工作

在开始本实验之前,请回顾课文的相关内容。

需要准备一台能够访问因特网的计算机。

5.9.3 实验内容与步骤

1. 概念理解

(1) 成功的用户界面开发有4个支柱,它们能够帮助用户界面架构师将好的思想转化为成功的系统。经验表明,每个支柱都能在此过程中产生数量级的加速作用,并能促进建立优秀的系统。

请简单描述这4个支柱。

用户界面需求:________________________________

____

____

指南文档和过程：

用户界面软件工具：

专家评审和可用性测试：

(2) 请简单描述用户界面设计所涉及的法律问题。

①

②

③

④

⑤

2. 阅读分析

请认真阅读"5.8 阅读与思考"，并分析和回答以下问题。

(1) 请阐述硬件人机界面设计在游戏设计中的重要性。

答：

(2) 什么是优秀的游戏界面设计？请简述之。

答：

(3) 请阅读并记录：作为游戏界面的交互性，具有哪些特殊要求？

①

②

③

④

⑤

⑥ ______________________________

⑦ ______________________________

⑧ ______________________________

(4) 从以上的阅读中,你能得到什么启发?请简述之。

答:______________________________

____

____

____

5.9.4 实验总结

____

____

____

____

5.9.5 实验评价(教师)

____

____

第6章　直接操纵与虚拟环境

在直接操纵用户界面中，用户可以看到真实世界的可视化表示。用户通过对真实世界中熟悉物体的表示进行操作来完成特定任务。这样的界面对用户而言往往比较容易学习和使用，但对用户界面开发人员而言相对比较困难和复杂。通过与真实世界的可视化表示的交互，用户可以快速地完成许多操作并能立刻见到操作的结果。

扩展直接操纵的较新概念包括虚拟现实、增强现实和其他有形且可触摸的用户界面。虚拟现实把用户放在沉浸式环境中，正常环境被呈现人工世界的头盔显示器遮挡；数据手套中的手势允许用户指点、选择、抓取和导航。增强现实让用户待在正常环境中，但添加了透明覆盖物，其上有建筑物的名称或者隐藏对象的可视化等信息。有形且可触摸的用户界面给予用户物理对象来操纵，目的是操作界面。例如，把几个塑料块相互靠近，来创建办公室的平面布置图。目前，所有这些概念不仅应用于个人交互，而且应用于更广泛的人造世界中，即创建协同工作和其他类型的社会媒体交互。

所谓沉浸，就是让人专注在由设计者营造的当前目标情境下感到愉悦和满足，而忘记真实世界的情境。而增强现实，是一种实时地计算摄影机影像的位置及角度并加上相应图像的技术，这种技术的目标是在屏幕上把虚拟世界套在现实世界并进行互动。

6.1　直接操纵和 WIMP 界面

“直接操纵”最早是由 Shneiderman(1982)提出的，它通常体现为所谓的 WIMP 界面。WIMP 可以有两种相似的含义：一种是指窗口、图标、菜单、定位器(Window、Icon、Menu、Pointer)；另一种是指窗口、图标、鼠标器、下拉式菜单(Window、Icon、Mouse、Pull-down menu)。直接操纵界面的基本思想是指用光笔、鼠标、触摸屏或数据手套等坐标指点设备，直接从屏幕上获取形象化命令与数据的过程。也就是说，直接操纵的对象是命令、数据或者对数据的某种操作，直接操纵的工具是屏幕坐标指点设备。

Shneiderman 认为直接操纵应具有以下特点。

(1) 该系统展现了真实世界的一种扩展。它假定用户对于他或她兴趣范围内的对象和操作非常熟悉。系统简单地将其复制并呈现在另一种媒介——屏幕上。人们有权访问修改这些分布在窗口中的对象。人们可以在一个熟悉的环境中以熟悉的方式进行工作，关注于数据本身，而非应用程序或工具。而往往不太熟悉的系统物理构造从视图中隐藏了起来，不会打扰用户。

(2) 对象和操作一直可见。这就像一个桌面，物体总是一直可见的。用于执行操作的提示也是可见的——从复杂的语法和命令名称变成了带标签的按钮。光标的动作和运动显得直观、自然，而且是物理可见的。Nelson(1980)将这个概念描述为“虚拟现实”，即一个可以被操纵的真实世界的反映。Hatfield(1981)称其为“所见即所得”(What you see

is what you get,WYSIWYG)。Rutkowski(1982)把这种将智能应用在任务上而非提供一个工具的特性称为“透明”。Hutchins、Hollan 和 Norman(1986)认为它应当直接包含在对象世界之中,而不是通过一个中间媒介进行交流。

(3) 迅速且伴有直观的显示结果的增量操作。因为触觉反馈目前还不可能(即当一个人触摸某物体的时候手的感觉),所以操作的结果应当立即以新的当前的形态直观地显示在屏幕上,也可以提供声音反馈。前一个操作的效果会迅速地被看见,任务的进展是持续的、不费力的。

(4) 增量操作可以方便地逆转。最后,如果我们发觉操作是错误的或者并非我们所期望的,那么要能够方便地撤销。

直接操纵的概念其实是在第一个图形化系统之前出现的。最早的一些全屏幕文本编辑器已经包含类似的特性。屏幕上的文本类似桌上的一张纸,可以创建它(真实世界的扩展),可以对其整体进行浏览(持续的可见性)。可以很容易地编辑修改它(通过快速的增量操作),并立即看到结果。需要的时候,操作可以逆转。当然,它促使了图形系统的出现,明确了直接操纵的概念。

但是,直接操纵界面还有一些潜在的困难。首先,用户必须知道一个可视化对象表示的意义是什么。每个图标代表一些东西,尽管这些表示对界面的创建者而言可能非常清楚,但并不是所有的用户都清楚。其次,真实世界的可视化表示可能令人误解。由于许多界面看起来眼熟并且与真实世界中的某些事物类似,因此用户可能会认为理解了这个特定表示的意义,但实际上他得出的结论可能是不正确的。用户可能高估或低估了计算机对真实世界实际类比的深度。第三,对某些操作,键盘可能是最有效的直接操作设备,所以用鼠标或手指指向图标实际上可能比使用键盘慢。当用户是习惯用键盘输入复杂密集指令的有经验的打字员时,这个问题显得尤为突出。最后,为真实世界中的对象和动作选择合适的表示不是一项简单容易的任务。必须为真实世界选择一个简单的比喻或类比。混合比喻可能会导致混乱。比喻可能有负面含义。用户可能不了解比喻所基于的整个真实世界。因为这样的困难,所以直接操纵用户需要和许多用户一起进行大量的测试。

在实践中,直接操纵并非对于屏幕上所有对象和操作都是可行的,因为:

(1) 这个操作在图形化系统中可能很难概念化。

(2) 系统的图形能力可能有局限性。

(3) 窗口中用于放置操纵控件的空间也许存在限制。

(4) 让人们学习并记住所有需要的操作也许很困难。

当出现这些情况时,我们就会使用间接操纵。在间接操纵中,文本——如下拉式或弹出式菜单——取代了符号,并用键盘输入代替了定位指向。

大多数的窗口系统都综合了直接和间接操纵。菜单可以通过指向菜单图标并进行选择(直接操纵)来访问。而菜单本身,是一些操作的名称列表(间接操纵)。当列表上的某个操作通过指向或者键盘选择之后,系统便开始执行相应的命令。

6.2 直接操纵的应用

虽然没有一个界面会具有所有令人赞赏的属性或设计特点，但下面所讨论的每个例子都已经有足够多的特性来赢得大量用户的热情支持。

一个最受喜爱的直接操纵例子是驾驶汽车，景象通过前窗直接可见，刹车和驾驶等的性能已经成为文化常识。例如，如果想左转，驾驶员只需向左转动方向盘。响应是立即的，景象随即改变，这就提供反馈来改进转向。现在设想一下，试图通过输入命令或从菜单中选择“左转 30°”来使汽车准确转向是多么困难。很多应用系统中的优雅交互是由于逐渐优雅地应用了直接操纵。

6.2.1 文字处理软件的历史与现状

在 20 世纪 80 年代，早期的文本编辑是用面向行的命令语言完成的，用户每次只能看到一行，上下移动文件或做任何改变都需要输入命令。后来出现的全屏幕编辑器是具有光标控制的二维界面，在这些界面中，用户能够查看全屏幕文本，通过使用退格键来编辑，或者通过输入来直接插入。全屏幕编辑器得到了办公自动化的一致偏爱，因为用户能够清楚地看到屏幕上斜体、加粗、加下划线或居中等的文本，使得用户能够专注于内容。

到 20 世纪 90 年代早期，全屏幕编辑器被描述为“所见即所得(WYSIWYG)”。微软的 Word(如图 6-1 所示)目前在 Apple 和 Windows 平台上处于主导地位，同时大多数与其竞争的文字处理软件逐渐成为往事。

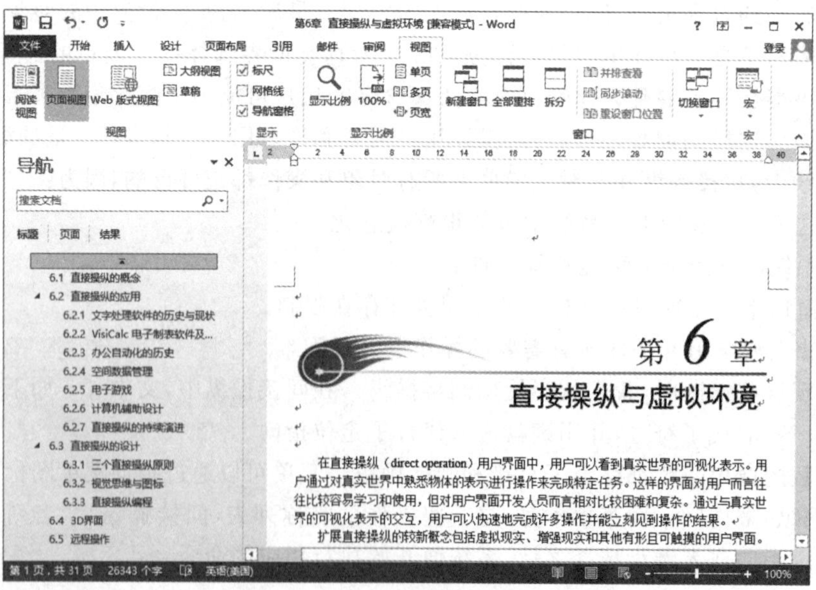

图 6-1 WYSIWYG 编辑器的例子：微软 Word 2013

WYSIWYG 文字处理软件的优点如下。

(1) 用户看到全页面文本。同时显示的数十行文本,使读者对每个句子有更清晰的上下文关联的感觉,同时允许更容易地阅读和浏览文档。相比之下,使用由行编辑器提供的单行文本视图工作就如同管中窥豹,只见一斑。

(2) 文档可打印预览。消除格式化命令的混乱,简化了文档的阅读和浏览。表格、列表、分页符、跳行、节标题、居中的文本和图表能够按其最终格式查看。几乎消除了调试格式化命令的烦恼和延迟,因为错误通常是立即显现的。

(3) 光标动作可见。在屏幕上看到箭头、下划线或闪烁框,给予操作者集中注意力和执行动作的清晰感觉。

(4) 光标移动是自然的。箭头键和鼠标、触摸板或写字板等设备为移动光标提供自然的物理机制。这与光标移动命令系统(如 UP6)形成明显的对照。

(5) 标签图标使常用动作快速。大多数文字处理软件在工具栏中都有常用动作的标签图标。这些按钮充当永久的菜单选择显示,用于提醒用户其特性并使快速选择成为可能。

(6) 立即显示动作结果。当用户按下按钮来移动光标或使文本居中时,其结果会立即在屏幕上显示。删除动作是立即显现的:字符、字或行被擦除,剩余文本重新排序。同样,插入或文本移动动作在每次按键或按功能键后显示。

(7) 迅速响应和显示。大多数文字处理软件都可以高速运行;包含图形的一整页文本显示率高,加上响应时间短,会产生令人满意的力量感和速度感。光标能够快速移动,大量的文本能够被快速浏览,动作结果几乎能够立即显示。快速响应也减少对附加命令的需要,因此简化了设计和学习。

(8) 易于反向的动作。用户能够通过把光标移动到问题区域和插入或删除字符、字或行来进行简单的更改。在输入文本时,只需要退格或重新输入就能改正不正确的按键。一个有用的设计策略是每个动作都有自然反向的动作(例如,增大或减小字体大小)。很多显示编辑器提供的选择是简单的取消动作,该动作使文本返回到上一个动作之前的状态。容易的可逆性减少了用户对犯错或破坏文件的担心,同时也鼓励特性的探索。

(9) 图形、电子表格和动画等集成到文档体中。

(10) 桌面出版软件可以生成复杂的多栏打印格式,并允许输出到高分辨率的打印机中。多种字体、易于集成的图形/图片、灰度和彩色允许准备高质量的文档、简讯、报告、报纸或图书,如 Adobe InDesign。

(11) 呈现软件生成彩色文本和图形布局,可供带有大屏幕显示(投影仪或显示屏)的计算机直接使用,以允许动画,如微软的 PowerPoint。

(12) 超媒体环境与因特网允许用户使用可选取的按钮或嵌入的热链接,从一页或一篇文章跳到另一页或另一篇文章。读者能够添加书签、批注和概览。

(13) 改进的宏工具使用户能够构造、保存和编辑常用动作序列。相关特性如样式表,允许用户为间距、字体、边距等指定和保存一组选项。同样,模板的保存也允许用户将同事的格式化工作作为他们自己文档的起点。大多数文字处理软件为商业信函、简讯或小册子提供有几十种标准模板。

(14) 拼写检查器和词典是大多数全功能的文字处理软件的标准功能。拼写检查也能设置为当用户正在输入时起作用和自动改正一般错误。

(15) 语法检查器给用户提供单词和书写风格方面潜在问题的评论。

(16) 文档编辑器允许用户使用标准段落来编写复杂文档,诸如合同。

6.2.2 VisiCalc 电子制表软件及其后续产品

第一个电子制表软件 VisiCalc 是哈佛商学院学生 Dan Bricklin 于 1979 年开发的。他在商务研究生课程的重复计算时遇到挫折,于是,和朋友一起创建了"即时计算电子工作表"(其用户手册这样描述它),允许在 254 行 63 列上进行计算并立即显示结果。

电子表格可以被编程,例如,第 4 列显示第 1 列至第 3 列中值的总和;然后,每当前 3 列中有数值变化,则第 4 列的值也会随之改变,例如,可用于制造成本、分销成本、销售收入、佣金和利润之间的复杂依赖关系,能够按若干销售区域和不同月份而分类存储。电子表格用户能够试算备选计划或"假设分析"场景,并立即看到改变对利润的影响。这种对会计数据表的模拟使得商业系统分析员易于理解对象和允许的动作。

VisiCalc 的竞争对手迅速涌现出来,不仅对用户界面进行了有吸引力的改进,而且扩展了所支持的任务。Lotus 1-2-3 于 20 世纪 80 年代主导了市场,而当今的电子表格领导者是微软的 Excel(如图 6-2 所示),它提供了很多特性和专门增加的功能。Excel 及其他现代电子表格程序都提供了图形显示、多窗口、统计程序和数据库访问等功能,大量操作特性由菜单或工具栏调用,扩展性则由强大的宏工具提供。

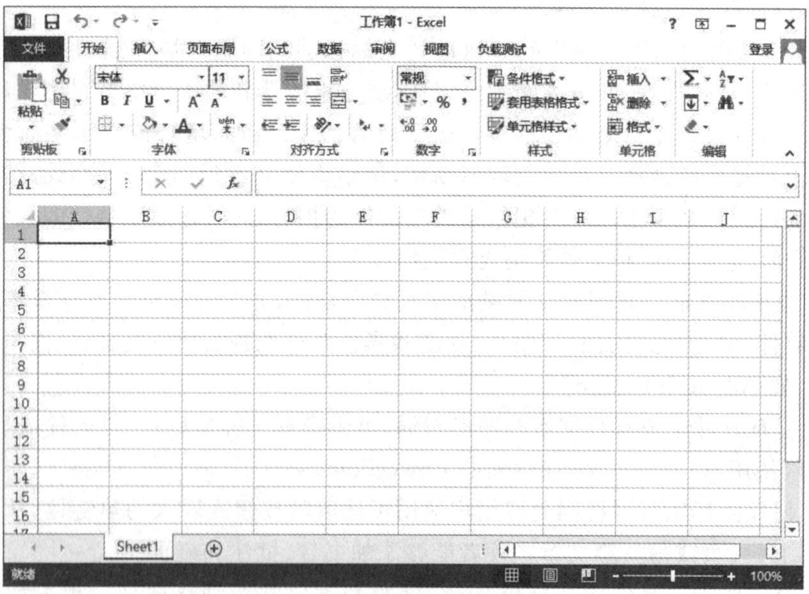

图 6-2 微软的 Excel 2013 电子表格软件

早期办公自动化系统的设计人员使用直接操纵原则。早期的 Xerox Star 软件提供了高级的文本格式化选项、图形、多种字体和分辨率高的、基于光标的用户界面。用户可以把文档图标移到(而不是拖到)打印机图标上,来产生一个硬拷贝打印输出。苹果的

Lisa 系统也应用了很多直接操纵原则，尽管 Lisa 并未获得商业上的成功，但是为 Macintosh 奠定了成功的基础。Macintosh 的设计人员汲取 Star 和 Lisa 的经验，做出了很多简化决定，同时为用户保留了足够的功能。硬件和软件的设计支持用于下拉菜单、窗口操纵、图形和文本的编辑以及图标拖动的快速连续的图形交互。Macintosh 的变体不久后出现在其他流行的个人计算机上，现在则由微软主导着办公自动化市场。微软 Windows 的设计仍与 Macintosh 的设计密切相关，两者都需要大量改进窗口管理，为新用户简化操作，为高级用户增加功能。

6.2.3 空间数据管理

地理应用系统为人们提供了熟悉的基于现实模型的地图，给出了自然的空间表示。“空间数据管理系统”原型的开发人员将其基本思想归因于麻省理工学院（MIT）的 Nicholas Negroponte。在一个早期的场景中，用户坐在世界的彩色图形显示前，可以放大其上的太平洋区域来查看军舰护航的标记。用户通过移动操纵杆使单个舰船的轮廓充满屏幕；缩放所显示的详细数据，比如最后可显示船长的全彩照片。

此后出现的空间数据管理系统如 Xerox PARC 的 Information Visualizer，是一套工具，支持用三维动画来探索建筑物、锥形文件目录、组织结构图、把特征项放在前面并居中的透视墙以及几种二维和三维的信息布局。

ArcGIS 是得到广泛应用的地理信息系统（GIS），提供丰富的、分层的地图相关信息的数据库（如图 6-3 所示）。用户能够放大感兴趣的区域、选择他们希望查看的信息种类（道路、人口密度、地形、降雨量、政治边界和更多信息），并进行受限搜索。简单得多但极其流行的公路、天气和经济地图覆盖所有大陆，可在因特网、CD-ROM、桌面和移动设备上获得。

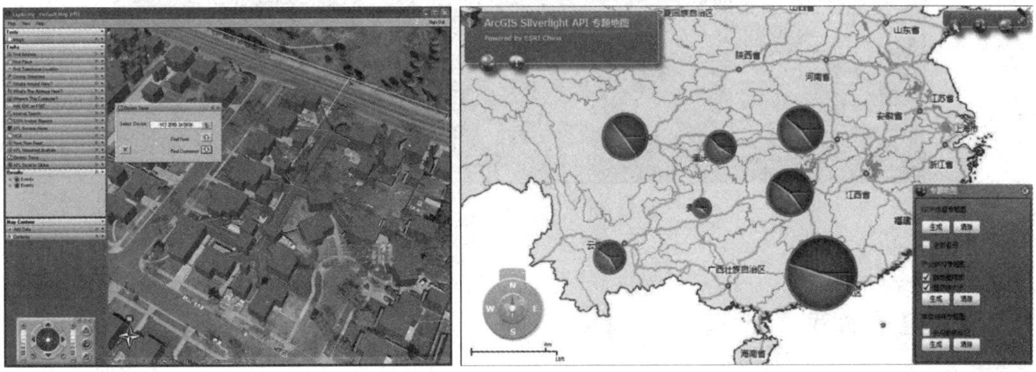

图 6-3　ArcGIS 提供综合绘图功能和相关数据的管理

谷歌地图（Google Maps，如图 6-4 所示）和更强大的谷歌地球（Google Earth，如图 6-5 所示）把来自空中照片、卫星图像和其他来源的地理信息结合在一起，以创建能够容易查看和显示的图形信息数据库。在一些区域，其细节能够一直扩延到街道上的个别房屋。它对 Mac 和 PC 平台都是可用的，并作为插件提供给某些浏览器。更健壮、更详细的商业版可付费使用，而成千上万的用户使用免费版。空间数据管理系统的成功取决于设计人员在选择对用户来说自然且易于理解的图标、图形表示和数据布局方面的技能。缩放或滑过数据的乐趣甚至吸引着焦虑的用户，而他们迫切需要附加功能和数据。

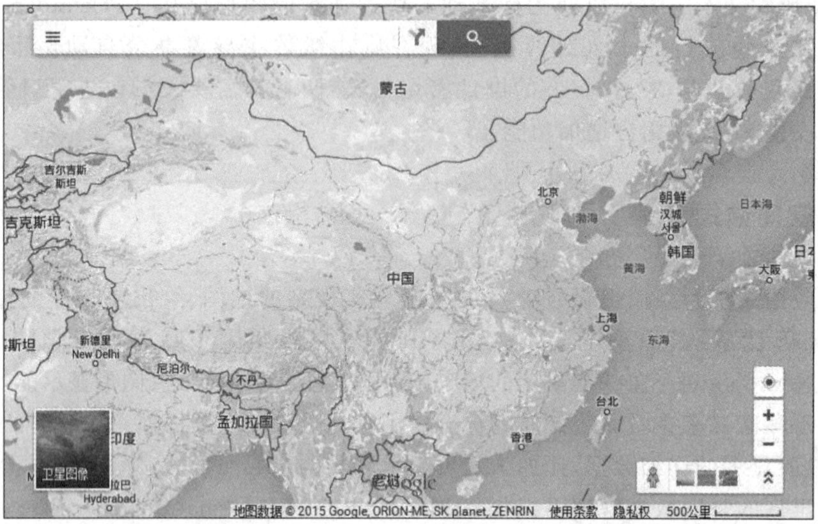

图 6-4　谷歌地图

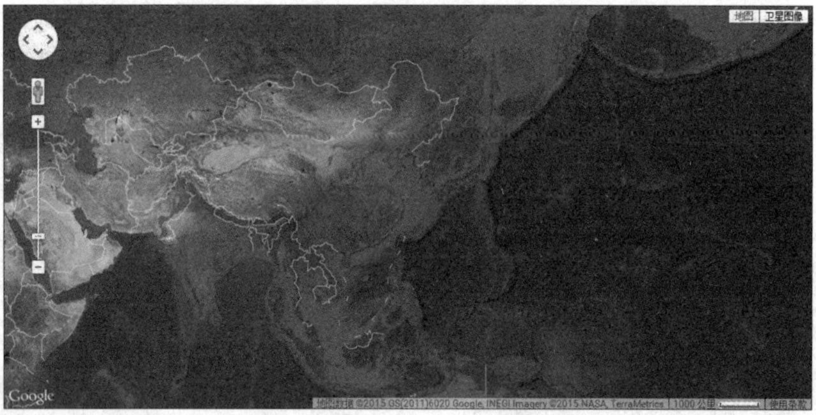

图 6-5　谷歌地球

6.2.4　电子游戏

对很多人来说，最令人兴奋、设计良好且商业上成功的直接操纵概念应用在电子游戏世界。早期的简单且流行的游戏 Pong 要求用户转动旋钮来移动屏幕上的白色矩形块。一个白点充当乒乓球，它击中墙后弹回，这时必须被移动的白色矩形击回。用户逐步提高放置“球拍”的速度和准确度以防止不断加速的球漏过，而计算机扬声器在球弹跳时发出“乒乓”声。看其他人玩 30s 是一个人成为胜任的新手所需的全部训练，但要成为一个熟练的专家则需要数小时的练习。

后来的游戏在规则、彩色图形和声音方面要复杂得多,包括多人竞赛(例如网球或空手道游戏)、三维图形、较高的分辨率和立体声等。这些游戏的设计人员提供刺激的娱乐、对新手和专家的挑战,以及很多吸引人的、界面设计的人性因素方面的课程,这与很多用户对办公自动化设备表现出的焦虑和抵制形成了鲜明的对比。

游戏世界正在迅速地发展,在很短的时间内游戏都在不断地更新换代。游戏平台已经把强大的三维图形硬件引入了家庭。如今,互联网上的在线多人游戏也受到很多用户的欢迎。

大多数游戏连续显示分数,以便用户能够度量自己的进步程度,并与他们以前的成绩相比较,与朋友们或最高的得分手进行竞争。通常,10 个最高的得分手能够把他们名字的首字母保存在游戏中供公开展示。这种策略提供一种鼓励精通的正面增强形式。对小学儿童的研究已经表明,连续显示分数是极其有价值的。机器生成的反馈(诸如"很好"或"你做得真好!")不是那么有效,因为相同的分数对不同的人来说具有不同的意义。大多数用户更喜欢做出自己的主观判断。提供行为数据和态度数据的组合能够增加游戏的沉浸质量。

6.2.5 计算机辅助设计

大多数用于汽车、电路、飞机或机械工程的计算机辅助设计(CAD)系统都使用直接操纵原则。房屋建筑师和居家设计师已经配置了强大的工具 Autodesk Inventor(如图 6-6 所示),其组件可用于处理结构工程、平面布置图、内部构造、环境美化、配管工程和电气安装等。使用这类程序时,操作者可能在屏幕上看到电路简图,使用鼠标单击,能够把部件移进或

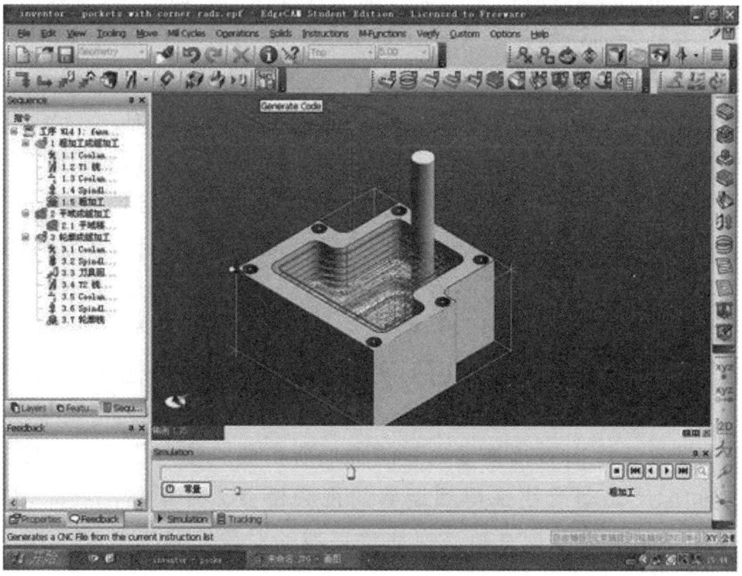

图 6-6 Autodesk Inventor

移出所建议的电路。在设计完成后,计算机能够提供关于电流、压降和造价方面的信息,以及关于不一致或制作问题的警告。同样,报纸版面设计师或汽车车身设计师能够在几分钟内容易地尝试多个设计,并能够记录有前景的方法,直至他们找到更好的方法为止。使用这些系统的乐趣源于直接操纵感兴趣对象的能力和迅速生成多个备选方案。

大量制造企业都在使用 AutoCAD 和类似系统,对于厨房和浴室布局、环境美化计划及其他情形,也有专门的设计程序。这些程序允许用户控制不同季节阳光的角度,以查看环境的影响和房屋不同部分的阴影。他们允许用户查看厨房布局,计算地板与工作台面的尺寸估值,甚至直接用软件打印出材料清单。在住宅和商业市场中,室内设计软件领域的产品设计用来跨越从桌面到万维网的所有环境工作,并且提供各种视图(俯视图、架构视图、正视图)来为客户生成更真实的设计概况。

一些应用系统用于计算机辅助制造(CAM)和过程控制,如霍尼韦尔公司的 Experion 过程知识系统给炼油厂、造纸厂或发电厂的经理提供其工厂的彩色图解视图。而图解视图可能在多个显示器上或在墙面大小的地图上显示,并用红线指示任何超出正常范围的传感器值。操作者单击一次就能得到有故障部件的更详细视图;操作者第二次单击就能检验单个传感器或使阀门和电路复位。这种设计的一个基本策略是消除对复杂命令的需要,操作人员可能仅在一年一次的紧急情况期间需要回忆这种命令。图解视图提供的可视概况方便使用模拟方式对问题求解,因为屏幕表示和工厂的温度或压力之间的联系是如此紧密。

6.2.6 直接操纵的持续演进

成功的直接操纵界面必须提供现实世界的适当表示或模型。对有些应用来说,转到使用视觉语言可能是困难的,但在使用了可视化直接操纵界面后,大多数用户和设计者几乎不再会愿意使用复杂的语法符号来描述基本的视觉过程。在现代文字处理软件、绘图程序或电子制表软件中有大量的特性,学习关于这些特性的命令是难以设想的,但是视觉线索、图标、菜单和对话框甚至使间歇用户也可能成功地使用系统。

直接操纵界面应用十分广泛,包括个人理财和旅游安排。直接操纵的另一新兴应用是智能家居。因为如此多的家庭控制涉及平面布置图,所以直接操纵动作自然发生在平面布置图的显示上,并且每个状态指示器(诸如盗窃报警器、热传感器与感烟探测器)和激活器(诸如开/关窗帘或遮光器的控制器、空调控制器、音/视频扬声器或屏幕的控制器)在平面布置图显示上都有可选择的图标。用户只需把 CD 图标拖到卧室和厨房,就能把起居室中 CD 播放的声音发送到这些房间,他们能够通过移动线性标尺上的标记来调节音量。

视频的直接操纵正在由直接拖动内容的选项所扩展。使用传统的直接操纵窗口组件时,用户沿着时间标尺移动滑块来得到期望的视频位置。一项新的技术,称为相对流拖动,代之以允许用户通过沿着视觉轨迹拖动感兴趣的对象来移过视频。这项技术在触摸输入的手持式多媒体设备中工作得很好。

用户正试图更好地理解所有数据和现在可用的其他视觉内容。管理这种信息的一种方式是通过使用导航板。能够一次查看大量的信息、直接操纵它们和在视觉上观察其影响,这是一个强大的概念。商家和公司每天都被大量数据轰炸。把这种用户生成的数据组织成有用的图形格式的能力,能够帮助他们管理资源和发现趋势。

到20世纪90年代时,直接操纵的变体已经对超越桌面的设计有一定影响,诸如虚拟现实、普适计算、增强现实和有形用户界面。虚拟现实把用户放在一个与外界隔离的沉浸式环境中。他们看到立体眼镜内的人工世界,只要他们一转头这个人工世界就被更新。用户通常通过数据手套内的手势来控制活动,数据手套允许他们指点、选择、抓取和导航。手持式控制器允许用户具有一个6自由度的指示器(三维的位置和三维的方向),来模仿鼠标单击,或在它们指示的方向飞行。虚拟世界允许用户穿过人身、游过海洋、坐在电子云上绕核子转动,或与那些通过互联网连接的远距离协作者共同参与到幻想世界中。现在,这个概念已经扩展到第二人生游戏中。在此游戏中,用户能够穿越空间进行远距传物,并且在另一个世界中有社交活动。用户能够呈现各种化身的形象,并且完全地改变他们的特征;老人能够变成年轻人,男人能够变成女人,长发能够变成短发。

将来肯定有很多直接操纵的变体和扩展,但其基本目标仍将保持为类似的:能快速学习的可理解界面、可预测和可控制的动作以及确认进展的适当反馈。直接操纵之所以有吸引用户的能力,是因为它快速甚至是有趣的。如果动作简单,可逆性就是有保证的,记忆起来也容易,会减少焦虑,用户感觉处于控制地位,满意度会不断提高。

6.3 直接操纵的设计

直接操纵界面的一些设计指南如下。

(1) 使用易于理解的图标:图标的意义应该尽可能明确。一个不恰当的图标不能很好地表示它的信息。例如,在基于Windows的系统中,“垃圾站”表示删除的条目的放置位置。这个图标的意义就很容易理解。

(2) 避免令人迷惑的类比:图标应以预期的方式工作。例如,对基于Windows系统上的垃圾站的情况,如果放在垃圾站中的条目不能恢复,图标就没有按预期的方式来工作。用户知道实际生活中放在垃圾箱中的东西被收垃圾的人清空之前是可以恢复的。

(3) 不违反大众习惯:不同的用户群体可能对一个图标如何工作有不同的设想。例如,在美国,绿色左箭头表示可向左拐,因为交通已使用了红灯。但在加拿大,闪烁的绿灯表示可向左拐。

(4) 为特有目的使用图标:图标不见得比键盘输入更快或更容易使用。用户用鼠标选中一个图标的速度可能没有键盘快。例如,有经验的打字员敲数学表达式要远远快于在使用图标的计算器上选择数字和操作。为同时满足新手和熟练的打字员,Windows的计算器程序被设计成既可以通过键盘输入数据也可以用鼠标单击计算器面板。

6.3.1 三个直接操纵原则

直接操纵的吸引力体现在用户的热情中,它的优势能够概括为以下三个原则。

(1) 用有意义的视觉隐喻连续表示感兴趣的对象和动作。

(2) 用物理动作或按压有标签的按钮来取代复杂的语法。

(3) 使用快速的、增量的可逆动作,这些动作对感兴趣对象的影响是立即可见的。

使用这三个原则,就可能设计出具有以下有益属性的系统。

(1) 新用户能够快速学会基本功能,这一般通过更有经验用户的演示来实现。

(2) 专家用户能够快速工作以执行范围广泛的任务,甚至是定义新的功能和特性。

(3) 有知识的间歇用户能够记住操作概念。

(4) 很少需要出错消息。

(5) 用户能立即看到他们的动作是否正在推动其目标,如果该动作是起反作用的,他们仅能改变他们活动的方向。

(6) 用户感受到的焦虑较少,因为界面是可理解的且动作能够易于反向。

(7) 用户获得信任感和掌控感,因为他们是动作的发起人,感觉到处于控制地位,并且能预测界面的反应。

与文本描述符相比,处理对象的视觉表示可能更"自然",更符合于人天生的能力:在人类进化的过程中,动作和视觉技能的出现远在语言之前。心理学家早就知道,当提供给人们视觉的而非语言的表示时,人们会更快地领会空间关系和动作。而且,形式数学系统的适当视觉表示经常促进直觉和发现。

瑞士心理学家 Jean Piaget 描述了运算发展的 4 个阶段:感知运动(从出生到大约两岁)、前运算(2~7 岁)、具体运算(7~11 岁)、形式运算(从大约 11 岁开始)。根据这一理论,在具体运算阶段,在对象上的物理动作是可理解的,这时孩子们获得守恒性或不变性的概念。在大约 11 岁时,孩子们进入形式运算阶段,在这个阶段中他们使用符号处理来表示在对象上的动作。因为数学和程序设计都需要抽象思维,这对孩子们来说是困难的,因此设计人员必须把符号表示与实际对象联系起来。直接操纵把活动带到具体运算阶段,使得某些任务对较大的孩子和成年人都变得更容易。

6.3.2 视觉思维与图标

视觉语言和视觉思维的概念是由 Amheim 提出的,并且得到商业图形设计人员、符号学(符号学是研究记号和符号的学科)方向的学者和数据可视化大师的欣然接受。计算机可以提供一种不寻常的视觉环境,用于揭示结构、显示关系和使吸引用户的互动成为可能。计算机界面渐增的视觉性质,有时能够挑战有逻辑的、线性的、面向文本的、理性的程序员,而他们是第一代黑客的核心。尽管这些陈规或笨拙的模仿经不住科学的分析,但它们确实表达了计算技术正在遵循的两条道路。

在计算机世界里,图标通常是对象或动作的小(小于 1 平方英寸或 64×64 像素)的表示。更小的图标经常用于节省空间或集成到其他对象之中,诸如集成到窗口边框或工具栏中。绘图程序经常用图标表示工具或动作(例如,套索或剪刀表示裁剪图片,刷子表示绘画,铅笔表示绘图,橡皮表示擦净),而文字处理软件通常用文本菜单表示动作。这种差异似乎反映了视觉导向和文本导向用户的不同认知风格,或者至少是在任务方面的差异。

或许当用户正在从事视觉导向任务时，通过使用图标而"保持视觉风格"是有益的。而在从事文本文档任务时，通过使用文本菜单而"保持文本风格"是有益的。

对于视觉图标和文本项都可能使用的情况(例如在目录列表中)设计人员面对着两个相互交织的问题：如何在图标和文本之间选择，以及如何设计图标。例如，明确的公路标志是有用经验的来源，对道路弯道之类的表示来说，图标是最佳的，但有时"单行道，勿入！"之类的短语比图标更可理解。研究表明，图标加文本是有效的。因此，如何在图标和文本之间选择，不仅取决于用户和任务，还取决于所建议的图标或文字的质量。

图标可能包括很多使用鼠标、触摸屏或笔的手势。这些手势可能表示复制(上下箭头)、删除(一个叉)、编辑(一个圈)等。图标也可以与声音相关联。

6.3.3 直接操纵编程

除了通过直接操纵来执行任务，也可以考虑通过直接操纵来编程，至少针对某些问题是这样。例如，用直接操纵方式来给物理设备编程，适当的视觉信息表示使直接操纵编程在其他领域成为可能。如电子表格软件就有丰富的编程语言，允许用户通过执行标准的电子表格动作来编制程序段(记录宏)。这些动作的结果保存在电子表格的另一部分中，用户能以文本形式对其进行编辑、打印和存储。数据库程序，诸如 Access，允许用户创建按钮，激活按钮时，将引发一系列动作和命令，并生成报告。同样，Adobe Photoshop 记录用户动作的历史，然后允许用户使用动作序列和重复使用直接操纵来创建程序。

当用户忙于执行一个重复性的界面任务时，如果计算机能够可靠地识别出重复的模式并自动创建有用的宏，这将是有用的。然后，在用户确认的情况下，计算机就可以自动接管和执行该任务的剩余部分。这种自动编程的愿望是吸引人的，但更有效的方法可能是给用户提供视觉工具来确定和记录他们的意图。一些手机的按键能够编程来给家里或医生打电话，或呼叫其他紧急号码。这允许用户面对较简单的界面并被屏蔽掉任务的细节。

直接操纵编程给代理场景提供了一个选择方案。代理的倡导者相信计算机能够自动发现用户的意图，或能够基于目标的模糊陈述采取动作。虽然不可能这么容易地确定用户的意图，并且模糊陈述通常也不太有效。然而，如果用户能够用可理解的、从视觉显示中选择的动作来指定他们想要的事物，通常就能够迅速实现其目标，同时保持他们的控制感和成就感。

6.4 3D 界面

一些设计人员梦想能构建出接近三维现实的丰富界面。他们相信，界面越接近现实世界，就越容易使用。这种对直接操纵的极端解释是一种值得怀疑的主张，因为用户研究表明，使人迷失方向的导航和复杂的用户动作等，都能使现实世界和 3D 界面中的性能降低。很多界面(有时称为 2D 界面)通过限制移动、限制界面动作和确保界面对象的可见性而设计得比现实世界简单。然而，用于医学、建筑、产品设计和科学可视化目的的"纯"

3D 界面的强大实用性，意味着它们仍然是对界面设计人员的重要挑战。

一个吸引人的可能性是，“增强”的界面可能比 3D 现实要好。增强的特性使超人的能力成为可能，诸如快于光速的远距传物、飞越物体、物体的多个同步视图和 X 光线视觉。与那些只寻求模仿现实的人相比，好玩游戏的设计人员和创造性应用系统的开发人员已经把技术推进得更远。

对于那些基于计算机的任务(诸如医学成像、建筑绘图、计算机辅助设计、化学结构建模和科学仿真)，纯 3D 表示显然是有用的，且已经成为重要产业。然而，甚至在这些情形中，其成功也经常是由于使界面优于现实的设计特性。用户能够如魔法般地改变颜色或形状、复制对象、缩/放对象、把组件分组/解组、用电子邮件发送它们和附加浮动标签。在这些表示中，用户还能够执行其他有用的超自然动作，包括取消最近动作等。

吸引人的、成功的 3D 表示的应用是游戏环境。这些环境包括第一人称动作游戏和角色扮演幻想游戏。在第一人称动作游戏中，用户在城市街道上巡逻，或沿着城堡的走廊飞奔的同时射击对手；角色扮演幻想游戏中具有优美展示的岛屿港口或山丘要塞。很多游戏通过允许用户选择 3D 化身来表示他们自己而使社交场合丰富多彩。用户能够选择与自己相像的化身，但他们经常选择奇异的造型或者奇幻的形象，他们具有颇富魅力的特征，诸如非凡的力量或美丽。

一些基于 Web 的游戏环境，诸如第二人生(如图 6-7 所示)，可能包括数百万的用户和数千个由用户创建的“世界”，诸如学校、大型购物中心或城市居民区。游戏爱好者可能每周都要花很长时间沉浸在他们的虚拟世界中，与合作者聊天或与对手谈判。索尼公司的无尽的任务(EverQuest)用这种雄心勃勃的描述来吸引用户：欢迎来到无尽的任务世界，一个真正 3D 的大型多人奇幻角色扮演游戏。请准备好进入这个巨大的虚拟环境——一个完整的世界，这里拥有不同的物种、经济系统、联盟和政策。

图 6-7　来自第二人生中虚拟世界的图像

这些环境可能证明是成功的，因为基于空间认知的社会背景逐渐丰富，即用户开始认识到环境和选择站在他们身边的重要参与者的重要性。这些环境可能开始支持有效的业务会议，设想虚拟参观埃及吉萨大金字塔，你探索它的内部走廊和查看细节，直至石头上的凿痕。

三维艺术和娱乐体验，通常由 Web 应用软件实现，它给创新应用软件提供另一种机会。3DNA 之类的公司创建 3D 前端，这种前端为购物、游戏、互联网和办公室应用软件提供房间，并且对游戏、娱乐和运动的爱好者非常有吸引力。早期的 Web 标准如虚拟现实建模语言(VRML)，并没有产生巨大的商业成功，它已经让位于更丰富的 Web 标准，如 X3D。该标准拥有大企业的支持者，他们相信它将导致可行的商业应用软件的产生。

3D 技术的适当用法是把突出显示添加到 2D 界面中，诸如看起来似乎被抬起或按下的按钮、重叠和留下阴影的窗口或类似现实世界物体的图标。这些可能是有趣的、可识别的和令人难忘的，它们改进了空间记忆的使用，但是也可能造成视觉上的注意力分散和混乱，因为增加了视觉复杂度。构建电话、图书或 CD 播放机等真实设备的尝试，使首次用户笑容可掬，但这些想法并未流行起来，这可能是因为用于产生 3D 效果的设计折中损害了可用性。

以下列举一些有效的 3D 界面特性，可能充当设计人员、研究人员和教育工作者的检查表。

(1) 谨慎使用遮挡、阴影、透视和其他 3D 技术。

(2) 尽量减少用户完成任务所需的导航步骤数。

(3) 保持文本为易读的(较好的渲染、与背景的对比度良好和不超过 30°的倾斜)。

(4) 避免不必要的视觉混乱、注意力分散、对比度增大和反射。

(5) 简化用户移动(保持移动为平面的，避免像穿墙而过这样的惊人之事)。

(6) 预防错误(即创建只切割需要之处的外科工具和只产生真实分子和安全化合物的化学工具箱)。

(7) 简化物体的移动(便于对接、跟随可预测路径、限制旋转)。

(8) 按对齐结构来组织项目组，以允许快速的视觉搜索。

(9) 使用户能构建视觉组以支持空间回忆(把项放在角落或有色彩的区域)。

基于奇思妙想的突破似乎是可能的。用立体显示、触觉反馈和 3D 声音来丰富界面，还可证明不止在专门的应用程序中是有益的。如果遵循包含增强的 3D 特性的这些指南，就可能更快地得到更大的回报。

(1) 提供概览，这样用户就能看到大图片(俯视图显示、聚合视图)。

(2) 允许远距传物(通过在概览中选择目的地来快速切换背景)。

(3) 提供 X 光线视觉以便用户能够看透或看穿物体。

(4) 提供历史操作保存(记录、取消、回放、编辑)。

(5) 允许对物体进行丰富的用户动作(保存、复制、注释、共享、发送)。

(6) 允许远程协同(同步的、异步的)。

(7) 给予用户对说明文本的控制权(弹出、浮动或偏心标签和屏幕提示)，让他们按需查看细节。

(8) 提供用于选择、标记和测量的工具。

(9) 实现动态询问，以便快速滤掉不需要的项。

(10) 支持语义缩放和移动(简单的动作把对象移到前面和中心并披露更多的细节)。

(11) 使地标能够显示它们自己，甚至是在远处。

(12) 允许多个坐标视图(用户一次能处于不止一个地方、一次能看到不止一种排列的数据)。

(13) 开发更可识别和记忆的、新奇的3D图标来表示概念。

三维环境深受某些用户的赏识,对某些任务是有帮助的。如果设计人员超越模拟三维现实的目标,三维环境就会有用于新的社会、科学和商业应用系统的潜力。增强的3D界面能够成为使某种类型的3D远程会议、协同和远程操作流行的关键。当然,它将采用良好设计的3D界面(纯的、受约束的或增强的)并进行更多的研究,以发现除了吸引首次用户的娱乐特性之外的回报。成功将属于那些提供引人注目的内容、相关的特性、适当的娱乐和新的社会媒体结构支持的设计人员。通过研究用户性能和测量满意度,这些设计人员将能够完善其设计,并改进指南供其他人效仿。

6.5 远程操作

远程操作有两个起源:个人计算机中的直接操纵和在复杂环境中由操作者进行的物理过程控制。典型的任务是运行发电厂或化工厂、控制制造厂或外科手术、驾驶飞机或车辆。如果这些物理过程发生在远程位置,我们就是在讨论远程操作或远程控制。为了远程执行控制任务,操作者可能与计算机交互,计算机可能在没有人干预的情况下执行一些控制任务。这种想法是由监督控制概念而得来的。尽管监督控制和直接操纵源于不同的问题领域,且通常应用于不同的系统结构,但它们具有很强的相似性。

如果可接受的用户界面能够构建出来,实现设备的远程控制或远程操作的机会就会很大。当设计人员有足够的时间来提供适当的反馈以允许有效的决策时,在制造、医疗、军事行动和计算机支持的协同工作方面有吸引力的应用系统就是可行的。家庭自动化应用系统能把电话应答机的远程操作扩展为安全和访问系统、能源控制和家电操作。太空、水下或敌对环境中的科学应用系统,使新的研究项目能够既经济又安全地实施。

在传统的直接操纵界面中,感兴趣的对象和动作连续显示:用户通常使用指向、单击或拖动而不是输入,且指示变化的反馈是即时的。然而,如果所操作的设备是远程的,这些目标就不可能实现。因此,设计人员必须花费额外的努力来帮助用户处理较慢的响应、不完整的反馈、增大的故障可能性和较复杂的错误恢复过程。这些问题与硬件、物理环境、网络设计和任务域紧密相连。

一个典型的远程应用系统是远程医疗,或通过通信链路实现的医疗护理。这允许内科医生远程地给病人做检查,以及外科医生完成远程手术。一个不断增长的应用系统是远程病理学,病理学家在远程显微镜下检查组织的样本或体液。发送工作站有一台装在电动光学显微镜上的高分辨率摄像机。接收工作站的病理专家能够使用鼠标或小键盘来操纵该显微镜,并能看到放大的样本的高分辨率图像。两名看护者通过电话交谈来协调控制,远程病理学家能够请求将载玻片人工放置在显微镜下,等等。

远程环境的体系结构引入如下若干复杂因素。

(1) 时间延迟。网络硬件和软件造成发送用户动作和接收反馈的延迟:传输延迟,或命令到达显微镜所花的时间(例如通过调制解调器来传输命令)和操作延迟,即直到显微镜响应的时间。系统中的这些延迟妨碍操作者得知系统的当前状态。例如,定位命令已经发出,载玻片可能需要几秒钟的时间才开始移动。

(2) 不完整的反馈。原来为直接控制而设计的设备可能没有适当的传感器或状态指示器。例如，显微镜能够传送它的当前位置，但它运转得如此之慢以至于它不指示当前的精确位置。

(3) 非期望干预。由于被操作的设备是远程的，因此与桌面直接操纵环境相比，非期望干预更可能发生。例如，如果本地操作者意外地移动了显微镜下的载玻片，指示的位置可能是不正确的。在执行远程操作期间，也可能会发生故障，却没有事件的良好指示发送到远程场所。

这些问题的解决方案之一，是把网络延迟和故障作为系统的一部分来加以详细说明。用户看到系统开始状态的模型、已被初始化的动作和系统执行动作时的状态。用户可能更喜欢确定目的地(而不是动作)然后等待，直到动作被完成，之后，如果需要就重新调整目的地。

远程操作通常也用于军事和民用航天项目中。无人机已得到广泛使用，远程操作的导弹发射飞机已被测试。敏捷、灵活的移动机器人存在于很多危险的任务情形中。水下与太空探索等军事任务和艰苦环境，是强有力的改进设计的驱动器。

6.6 虚拟和增强的现实

虚拟现实(Virtual Reality，VR)，也称灵境技术或人工环境，是利用计算机模拟产生一个三度空间的虚拟世界，提供使用者关于视觉、听觉、触觉等感官的模拟，让使用者如同身临其境一般，可以及时、没有限制地观察三度空间内的事物。使用者进行位置移动时，计算机可以立即进行复杂的运算，将精确的 3D 影像传回产生临场感，如图 6-8 所示。

图 6-8 虚拟现实

而增强现实(Augmented Reality，AR)则是通过计算机系统提供的信息增加用户对现实世界感知的技术，将虚拟的信息应用到真实世界，并将计算机生成的虚拟物体、场景或系统提示信息叠加到真实场景中，从而实现对现实的增强。在视觉化的增强现实中，用户利用头盔显示器，把真实世界与计算机图形多重合成在一起，便可以看到真实的世界围绕着它，如图 6-9 所示。

图 6-9　增强现实

6.6.1　虚拟现实的关键技术

为飞行学员设计的飞行模拟器是虚拟现实的典型应用。设计人员努力为飞行员的训练创建最真实的体验：驾驶舱的显示器和控制器取自飞机原生产厂的同一生产线，窗户由高分辨率计算机显示器代替，精心编制声音，给人以发动机启动或反推力的效果，再由液压千斤顶和复杂的悬架系统建立飞行爬升和转弯期间的震动和倾斜。这项精密技术可能估价为1亿美元，但即使这样，与它所模拟的价值4亿美元的喷气机相比，还是便宜得多，而且训练时更安全、更有用。

虚拟现实是多种技术的综合，包括实时三维计算机图形技术，广角（宽视野）立体显示技术，对观察者头、眼和手的跟踪技术，以及触觉/力觉反馈、立体声、网络传输、语音输入输出技术等。直接操纵原则对那些正在设计和改进虚拟环境的设计者来说也是适用的。当用户能够通过指点或做手势来选择动作且显示反馈立即发生时，用户就能强烈地感受到这种因果关系。界面对象和动作应该是简单的，以便用户查看和操纵任务域的对象。

在虚拟现实的头盔手套方法中（如图6-10所示），系统跟踪用户手和头的动作和手指手势来控制场景的移动和操纵。为进入这种虚拟环境，需要特殊的装备，立体观测装置把不同的二维图像数据转换成三维图像。

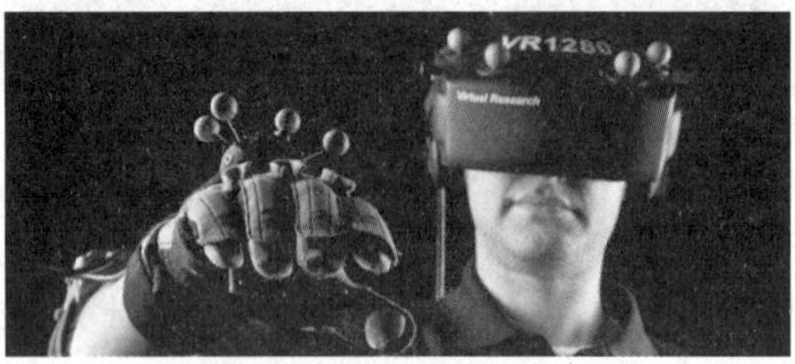

图 6-10　虚拟现实的头盔手套方法

1. 实时三维计算机图形

相比较而言，利用计算机模型产生图形图像并不太难。如果有足够准确的模型，又有足够的时间，就可以生成不同光照条件下各种物体的精确图像，但是，这里的关键是实时。例如，在飞行模拟系统中，图像的刷新相当重要，同时对图像质量的要求也很高，再加上非常复杂的虚拟环境，问题就变得相当困难。

2. 显示

虚拟现实人看周围的世界时，由于两只眼睛的位置不同，得到的图像略有不同，这些图像在脑子里融合起来，就形成了一个关于周围世界的整体景象，这个景象中包括距离远近的信息。当然，距离信息也可以通过其他方法获得，例如，眼睛焦距的远近、物体大小的比较等。

在VR系统中，双目立体视觉起了很大作用。用户的两只眼睛看到的不同图像是分别产生的，显示在不同的显示器上。有的系统采用单个显示器，但用户带上特殊的眼镜后，一只眼睛只能看到奇数帧图像，另一只眼睛只能看到偶数帧图像，奇、偶帧之间的不同也就是视差就产生了立体感。

用户（头、眼）的跟踪：在人造环境中，每个物体相对于系统的坐标系都有一个位置与姿态，而用户也是如此。用户看到的景象是由用户的位置和头（眼）的方向来确定的。

跟踪头部运动的虚拟现实头套：在传统的计算机图形技术中，视场的改变是通过鼠标或键盘来实现的，用户的视觉系统和运动感知系统是分离的，而利用头部跟踪来改变图像的视角，用户的视觉系统和运动感知系统之间就可以联系起来，感觉更逼真。另一个优点是，用户不仅可以通过双目立体视觉去认识环境，而且可以通过头部的运动去观察环境。

在用户与计算机的交互中，键盘和鼠标是目前最常用的工具，但对于三维空间来说，它们都不太适合。在三维空间中因为有6个自由度，所以直观地把鼠标的平面运动映射成三维空间的任意运动比较困难。

3. 声音

人能够很好地判定声源的方向。在水平方向上，我们靠声音的相位差及强度的差别来确定声音的方向，因为声音到达两只耳朵的时间或距离有所不同。常见的立体声效果就是靠左右耳听到在不同位置录制的不同声音来实现的，所以会有一种方向感。现实生活里，当头部转动时，听到的声音的方向就会改变。但目前在VR系统中，声音的方向与用户头部的运动无关。

4. 感觉反馈

在一个VR系统中，用户可以看到一个虚拟的杯子。可以设法去抓住它，但是手没有真正接触杯子的感觉，并有可能穿过虚拟杯子的“表面”，而这在现实生活中是不可能的。解决这一问题的常用装置是在手套内层安装一些可以振动的触点来模拟触觉。

5. 语音

在VR系统中，语音的输入输出也很重要。这就要求虚拟环境能听懂人的语言，并能与人实时交互。而让计算机识别人的语音是相当困难的,因为语音信号和自然语言信号有其“多边性”和复杂性。例如,连续语音中词与词之间没有明显的停顿,同一词、同一字的发音受前后词、字的影响,不仅不同人说同一词会有所不同,就是同一人发音也会受到心理、生理和环境的影响而有所不同。

使用人的自然语言作为计算机输入目前有两个问题,首先是效率问题,为便于计算机理解,输入的语音可能会相当啰嗦。其次是正确性问题,计算机理解语音的方法是对比匹配,而没有人的智能。

6.6.2 虚拟现实的应用

虚拟环境已经在医学领域获得了成功。例如,虚拟世界能够用于治疗恐高症病人,其方式是给病人一种能够控制其视角和移动的沉浸式体验。安全的沉浸式环境使恐惧症患者能够自我调节以适应令人惊惧的刺激,为应对现实世界中类似的经历做准备(如图 6-11 所示)。

图 6-11 虚拟环境的太空船体验

VR 在医学方面的应用具有十分重要的现实意义。在虚拟环境中,可以建立虚拟的人体模型,借助于跟踪球、数据手套,学生可以很容易了解人体内部各器官结构,这比现有的采用教科书的方式要有效得多。医学院校的学生可在虚拟实验室中进行“尸体”解剖和各种手术练习。一些用于医学培训、实习和研究的虚拟现实系统,仿真程度非常高,其优越性和效果是不可估量和不可比拟的。例如,导管插入动脉的模拟器,可以使学生反复实践导管插入动脉时的操作;眼睛手术模拟器,根据人眼的前眼结构创造出三维立体图像,并带有实时的触觉反馈,学生利用它可以观察模拟移去晶状体的全过程,并观察到眼睛前部结构的血管、虹膜和巩膜组织及角膜的透明度等。还有麻醉虚拟现实系统、口腔手术模拟器等。

外科医生在真正动手术之前,通过虚拟现实技术的帮助,能在显示器上重复地模拟手术,移动人体内的器官,寻找最佳手术方案并提高熟练度。在远距离遥控外科手术,复杂手术的计划安排,手术过程的信息指导,手术后果预测及改善残疾人生活状况,乃至新药研制等方面,虚拟现实技术都能发挥十分重要的作用。

丰富的感觉能力与3D显示环境使得VR成为理想的视频游戏工具。由于在娱乐方面对VR的真实感要求不是太高，故近些年来VR在该方面发展最为迅猛。作为传输显示信息的媒体，VR在未来艺术领域方面所具有的潜在应用能力也不可低估。VR所具有的临场参与感与交互能力可以将静态的艺术（如油画、雕刻等）转化为动态的，可以使观赏者更好地欣赏作者的思想艺术。另外，VR提高了艺术表现能力，如一个虚拟的音乐家可以演奏各种各样的乐器，手足不便的人或远在外地的人可以在他生活的居室中去虚拟的音乐厅欣赏音乐会等。如图6-12所示，表演者佩戴17个无线传感器、3个无线收发器组成的动作捕捉服，连接到实时网，在虚拟情景中互动。加上头戴式显示器，跟踪头部和身体，可以产生身临其境的体验。

图6-12　表演者穿戴动作捕捉服

对艺术的潜在应用价值同样适用于教育，如在解释一些复杂的系统抽象的概念如量子物理等方面，VR是非常有力的工具。

虚拟现实不仅是一个演示媒体，而且还是一个设计工具。它以视觉形式反映了设计者的思想，比如装修房屋之前，首先要做的事是对房屋的结构、外形做细致的构思，为了使之定量化，还需设计许多图纸，当然这些图纸只能内行人读懂，虚拟现实可以把这种构思变成看得见的虚拟物体和环境，使以往只能借助传统的设计模式提升到数字化的即看即所得的完美境界，大大提高了设计和规划的质量与效率。运用虚拟现实技术，设计者可以完全按照自己的构思去构建装饰“虚拟”的房间，并可以任意变换自己在房间中的位置，去观察设计的效果，直到满意为止。既节约了时间，又节省了做模型的费用。

虚拟现实已经被一些大型企业应用到工业的各个环节，对企业提高开发效率，加强数据采集、分析、处理能力，减少决策失误，降低企业风险起到了重要的作用。例如，工业仿真可以应用在下列领域。

(1) 石油、电力、煤炭行业多人在线应急演练。

(2) 市政、交通、消防应急演练。

(3) 多人多工种协同作业（化身系统、机器人人工智能）。

(4) 虚拟制造/虚拟设计/虚拟装配（CAD/CAM/CAE）。

(5) 模拟驾驶、训练、演示、教学、培训等。

(6) 军事模拟、指挥、虚拟战场、电子对抗。

(7) 地形地貌、地理信息系统（GIS）。

(8) 生物工程（基因/遗传/分子结构研究）。

(9) 虚拟医学工程（虚拟手术/解剖/医学分析）。

(10) 建筑视景与城市规划、矿产、石油。

(11) 航空航天、科学可视化。

利用虚拟现实技术，结合网络技术，可以将文物的展示、保护提高到一个崭新的阶段。首先表现在将文物实体通过影像数据采集手段，建立起实物三维或模型数据库，保存文物原有的各项型式数据和空间关系等重要资源，实现濒危文物资源的科学、高精度和永久的保存。其次，利用这些技术来提高文物修复的精度和预先判断、选取将要采用的保护手段，同时可以缩短修复工期。通过计算机网络来整合统一大范围内的文物资源，并且通过网络在大范围内来利用虚拟技术更加全面、生动、逼真地展示文物，从而使文物脱离地域限制，实现资源共享，真正成为全人类可以"拥有"的文化遗产。使用虚拟现实技术可以推动文博行业更快地进入信息时代，实现文物展示和保护的现代化。

6.6.3 增强现实的技术原理

增强现实技术是一种将真实世界信息和虚拟世界信息"无缝"集成的新技术，是把原本在现实世界的一定时间空间范围内很难体验到的实体信息(视觉信息、声音、味道、触觉等)，通过计算机等科学技术，模拟仿真后再叠加，将虚拟的信息应用到真实世界，被人类感官所感知，从而达到超越现实的感官体验。真实的环境和虚拟的物体实时地叠加到了同一个画面或空间同时存在。在视觉化的增强现实中，用户利用头盔显示器，把真实世界与计算机图形重合成在一起，便可以看到真实的世界围绕着它。

增强现实技术包含多媒体、三维建模、实时视频显示及控制、多传感器融合、实时跟踪及注册、场景融合等新技术。增强现实提供了在一般情况下不同于人类感知的信息。

AR 系统具有以下三个突出的特点。

(1) 真实世界和虚拟世界的信息集成。

(2) 具有实时交互性。

(3) 是在三维尺度空间中增添定位虚拟物体。

AR 技术可广泛应用到军事、医疗、建筑、教育、工程、影视、娱乐等领域。

在基于显示器的 AR 实现方案中，摄像机摄取的真实世界图像输入到计算机中，与图形系统产生的虚拟景象合成，并输出到显示器。用户从屏幕上看到最终的增强场景图片。

增强现实要努力实现的不仅是将图像实时添加到真实的环境中，而且还要更改这些图像以适应用户的头部及眼睛的转动，以便图像始终在用户视角范围内。增强现实系统正常工作所需的三个组件是：头戴式显示器、跟踪系统和移动计算能力，开发人员要将这三个组件集成到一个单元中，该设备以无线方式将信息转播到类似于普通眼镜的显示器上。

Google Glass(如图 6-13 所示)是由谷歌公司于 2012 年 4 月发布的一款"拓展现实"眼镜，它具有和智能手机一样的功能，可以通过声音控制拍照，视频通话和辨明方向以及上网冲浪、处理文字信息和电子邮件等。

图 6-13 Google glass——一款实现增强现实技术的硬件设备

6.7 阅读与思考：如果你想成为一名交互设计师

（作者 Dan Saffer 是 Adaptive Path 的高级交互设计师。在电子商务、应用软件、硬件等领域表现出色。曾与 Lucent Technologies、Warner Bro、MAYA Viz 等多家公司合作。）

5 年前，Robert Reimann 为 Cooper 通信（The Cooper Newsletter）写了第一篇题为《如果你想成为一名交互设计师》的文章。和许多人一样，我读后大受启发：那正是我理想的职业。听从 Reimann 的建议，我接受培训，成了一名交互设计师。

现在，因为我的书的缘故，我发现人们开始问我同样的问题：如何成为一名交互设计师？成为一名交互设计师意味着什么？每天究竟要做哪些工作？Reimann 的佳作依然值得借鉴，在此基础上我再补充些我自己的看法。

最近 5 年的交互设计

在 Reimann 写下《如果你想成为一名交互设计师》之后的 5 年中，交互设计领域发生了许多变化。网络泡沫导致不少设计师纷纷离开这个领域。但是网络新近的复苏又使新的从业者加入进来。为了促进业内知识的累积，交互设计师们成立了一个新的团体——交互设计协会（Reimann 为首届主席）。此外，继软件、因特网等“传统”业务之后，交互设计开始进入一些新的领域，包括手机、医疗设备、金融、娱乐与零售服务等。

而传统领域也在发生变化：因特网已成为应用软件设计的平台，即便是那些无须在线编程和运行的软件，也日渐成为“在线工作”与“下线工作”的混合体。就连操作系统也在逐步摆脱 25 年前赖以建构的桌面隐喻的束缚。一切都显得那么自然，有如探囊取物——使交互设计师在今天成为一份理想的职业。

交互设计师的一天

根据时间和项目的不同，交互设计师的日常工作包括客户访谈、现场研究、头脑风暴、撰写文档、制作原型以及产品测试。具体工作取决于项目进程。除了埋头撰写文档的日子（如框架构建），每一天都会有所不同。不错，依然有很多 EEMP：写邮件、收邮件、会议和报告，但其间也不乏令人兴奋的时刻。

交互设计师受聘同创意打交道——使抽象的想法付诸现实。很少有工作能够这般精彩。你可以通过头脑风暴，想象前所未有的事物，然后建造出来。还可以塑造行为，使世界变得更加有趣美好。你将用彩笔在白板和“随意贴”上描绘自己的创意，帮助人们解决问题。如果你足够出色，还有机会同那些拥有先进科技及巨大影响力的公司合作，让世界因你而不同。

要实现上述梦想，你必须具备三个条件：气质、培训和经验。

气质

Reimann 对于气质价值的论述依旧准确。对于用户的“同情共感”与学习新事物的能力是任何设计师都不可或缺的两大特质，也是该职业必备的基石。

这并不意味着你需要成为“善于交际的人物”（当然这样更好）。但确实意味着你应当对人类感兴趣，包括人的行为与局限性。你至少理论上要关注人与社会环境。一名优秀的交互设计师需要学会设身处地为用户着想，而不是把自己想象成用户，或者把用户看作与自己类似的人。你们很可能截然不同。

在 MBTI 人格测验中（myers-briggs personality scale），拥有“直觉型”人格同样十分关键。能够凭借直觉进行跳跃性思维对设计师而言至关重要。因为你不可能永远看清问题全局，接触每一个用户，对项目了如指掌。你不得不猜测与假设——这时你需要直觉。

培训

如果你认为自己的气质适合这样的工作，下一步就需要学习一些基础知识。选择好的入门书，如《软件观念革命——交互设计精髓》（About Face 2.0），*Designing Interfaces* 与 *Universal Principles of Design*。还需要了解你的工作介质，比如因特网、移动通信和软件系统。你不必成为一名程序员，但需要了解每种介质技术上的可行性。工业设计准则与良好的沟通技巧也很有帮助。

与有经验的设计师共处，无论是在工作中，还是通过非正式的聚会、会议或者在线交流（比如交互设计协会的邮件讨论）同样受益匪浅（我在这里提到的很多问题都曾在那里讨论过）。那些信手拈来的知识、观点与方法都是设计文化的一部分。少说话，用心听。

快速培训的途径之一即在校学习（尽管过程紧凑、学费高昂）。我现在首推三所学校：卡耐基·梅隆大学（Carnegie Mellon）、伊利诺斯州立大学的设计学院（Institute of Design）和英国皇家设计学院（Royal College of Art）。遗憾的是，上述学校提供的都是面向研究生的课程。我还不知道任何本科阶段的交互设计专业。不过相信未来几年将会出现。

没有交互设计的本科专业，大学阶段该如何准备呢？我的建议如下：进入一所好的设计院校学习工业设计或传媒设计（你都能学到有用的技能），或者关注设计以外的任意领域。人文学科、人类学、文学、心理学、社会学、戏剧、政治、文化研究——都有助于你成为一名更加丰富的设计师。

经验

培训与知识储备，这些还远远不够。即便作为一名交互设计读物的作者，我依然认为书本只能为你提供从业背景，只有设计本身才能让你成长为一名交互设计师。

设计经验从何而来呢？主要有两个方法：一所好的学校能让你接触到现实课题（关于商务、技术以及用户限制）；你也可以提供专业设计或免费为别人设计（后者非无路可走请慎用）。

邮件讨论、本地团体与人才市场是着手找工作的首选。多数工作是通过口头推荐找来的，因此，同其他设计者的联系也能有所帮助。

自我展示

尽管Cooper、Google那样的公司或许会在求职过程中让你完成一系列的测试，但所有的公司都要求作品展示。准确地说，你要准备两类作品：一份在线作品与一份书面作品。

在线作品集应当提供作品综述，可以包含一些样本文件；书面作品集（面试携带）则是对作品更加深刻的展现，以便论述项目问题与解决过程。不要光介绍成果，工作过程也很重要。没有作品怎么办？找找看。这个世界充满有待解决的问题，设计一个解决方案。

为什么要做交互设计师

因为这样你就能改变世界。不错，我们貌似只是在修补按钮、下拉菜单、仪表什么的，但真正的工作却是改变这个世界，一点一滴让它更加人性。我们帮助人们完成日常工作，无论是游戏，救生还是转账。我们将自己的价值注入这个世界，让事物变得有用、易用、愉快、健康。这样的工作真不赖。

资料来源：Dan Saffer，原载于网站 http://www.uigarden.net/chinese/。

6.8 实验：熟悉直接操纵界面

6.8.1 实验目的

(1) 熟悉直接操纵与虚拟环境的基本概念和内容；
(2) 了解人机交互设计师的岗位特点和职业要求；
(3) 欣赏手机界面设计的优秀作品。

6.8.2 工具/准备工作

在开始本实验之前，请回顾课文的相关内容。
需要准备一台能够访问因特网的计算机。

6.8.3 实验内容与步骤

1. 概念理解

(1) 请简单描述直接操纵的三个原则。

① ______

② ______

③ ______

(2) 在最近受欢迎的数字产品或服务中,找出一种直接操纵方式有效使用的例子。另外,说明在这个例子中,直接操作的方式提高用户便利性的主要因素是什么。

答: ______

2. 阅读分析

请认真阅读"6.7 阅读与思考",并分析和回答以下问题。

(1) 通过阅读上文,你怎么理解"交互设计师在今天已经成为一份理想的职业"?请简述之。

答: ______

(2) Dan Saffer 认为,要成为一名交互设计师,必须具备哪三个条件?请简述之。

① ______

② ______

③ ______

(3) 通过上述阅读,你还能得到什么启发?请简述之。

答: ______

3. 手机界面设计欣赏

手机的界面设计已经备受人们的关注,并且正在趋于统一和标准化。下面请欣赏一些优秀的手机界面设计作品，如图 6-14～图 6-16 所示。

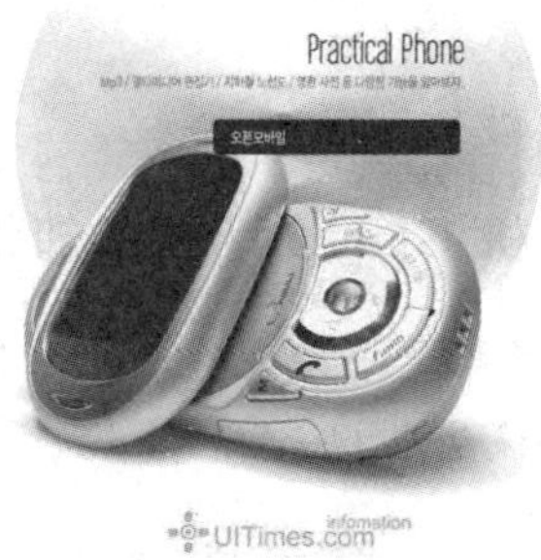

图 6-14　韩系手机界面设计①

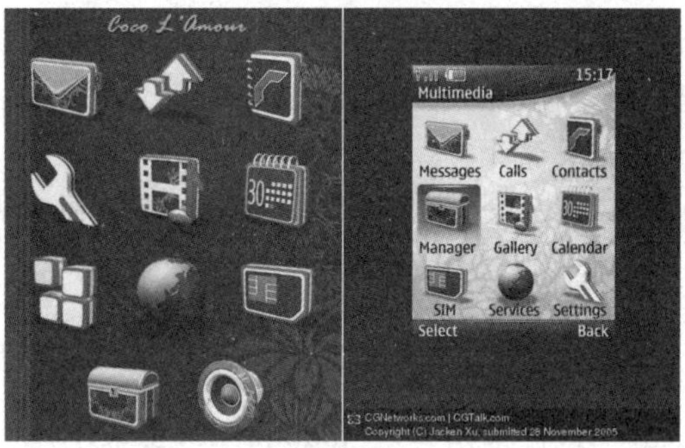

图 6-15　手机界面设计作品②

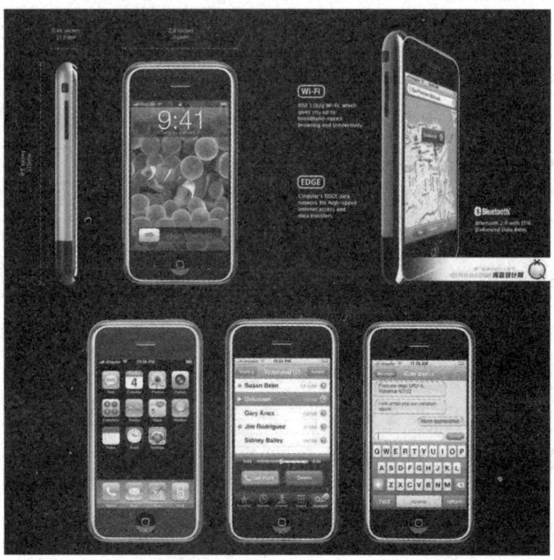

图 6-17　手机界面设计作品

① 引自“网易”(http://tech.163.com/06/0523/11/2HQ80D5C0009159E.html)。

② 图 6.15 和图 6.16 引自“青岛设计网”(http://www.qingdaoui.com/fb/admin_pic_xss.asp? classid=9)。

4. 思考与练习

请阅读下文：

手机 GUI 设计基本知识

所谓手机 GUI 设计，简单来说就是手持设备的图形用户界面设计。狭义理解是手机和 PPC，广义上可以推广至手机、移动电视、车载系统、手持游戏机、MP3、GPS 等一切手持移动设备。

手机 GUI 设计基于对手持设备产品的使用特性的理解、对用户的研究和对界面使用情景的深入研究。GUI 的设计分为平台内置和主题设计部分，前者需要专业的设计公司根据厂家的实际产品进行设计分析后进行整体设计，后者则可以经由任何用户进行自主设计，当然后者的设计限制和平台限制都比较大。目前，索爱和三星以及 Nokia 的 S60 平台支持用户的 THEME 自定义设计。

设计研究的流程为：产品特性→用户心理→市场背景→图形设计策略→设计检验→实际设计投放。

界面的基本要素

手机的界面层级包括 idle(待机界面)→mainmenu(主菜单)→submenu(二级菜单)→third level menu(三级菜单)。界面除了包括图标和文字外，比较重要的还有 function animation(呼叫、发送信息等)以及 function interface(计算器、日历界面等)。

明确意义的图标、风格鲜明的版面设计是手机界面设计的重要工作，目前较为流行的是以 Motorola、Nokia 等为代表的欧洲简单风格，以及韩国的时尚绚丽的风格。

在更新颖的交互操作和与手机 ID 设计的整体结合上，韩系手机做得比较好，而在可用性和体验难度上，欧系手机则比较优秀。

设计的注意事项

尺寸问题：128 像素×160 像素，176 像素×220 像素、240 像素×320 像素尺寸是目前较常见的手机屏幕尺寸，在设计时可以根据实际产品要求进行设计，更大的屏幕可以有更多的交互表现和视觉元素的支持，较为自由。

色彩问题：由于手机 LCD 本身的限制，在色彩的还原程度上没有计算机那样完善，因此，在选用色彩时要根据使用的屏幕进行调节。

可实现性问题：受到硬件运算速度和内存的影响，以及不可预计的后台程序开发难度，过于复杂的效果将很难进行实现，与程序工程师、界面设计工程师、硬件工程师的沟通显得尤为重要。

建议

工具：Photoshop、AI 和一些 3D 软件是制作的常用工具，在最终输入时会需要一些模拟程序以及平台程序的支持，不过在 GUI 设计阶段可以暂不考虑。

尺寸：建议选择240像素×320像素大小的屏幕尺寸进行设计，自由度和发挥空间会大一点儿。

概念：设计的概念是设计中尤其重要的部分，敢于尝试新颖的交互模型和GUI视觉元素是设计的重要工作。

资料来源：一翔的BLOG，原文链接为http://www.uilook.com/blog/trackback.asp?tbID=50，转引自“视觉同盟”。

请分析：

(1) 请解释，什么是广义的手机GUI设计？

答：

(2) 请简述手机GUI设计研究的流程。

答：

(3) 常见的手机屏幕尺寸有哪些？

答：

(4) 常用的手机界面制作软件工具有哪些？

答：

6.8.4 实验总结

6.8.5 实验评价（教师）

第 7 章　命令、菜单与表格填充

书面语言的历史丰富多彩。在数字或其他概念的精确记法出现以前，洞穴墙壁上的早期记数符号和象形文字就已经存在了几千年。5000 年前的埃及象形文字(如图 7-1 所示)是一项巨大的进步，因为这种标准记法方便了跨时空的交流。最终，具有小字母表和组词造句规则的语言占据了主导地位，因为它们相对而言易于学习、书写和阅读。除这些自然语言之外，还出现了用于数学、音乐和化学领域的专门语言，方便了交流和问题求解。

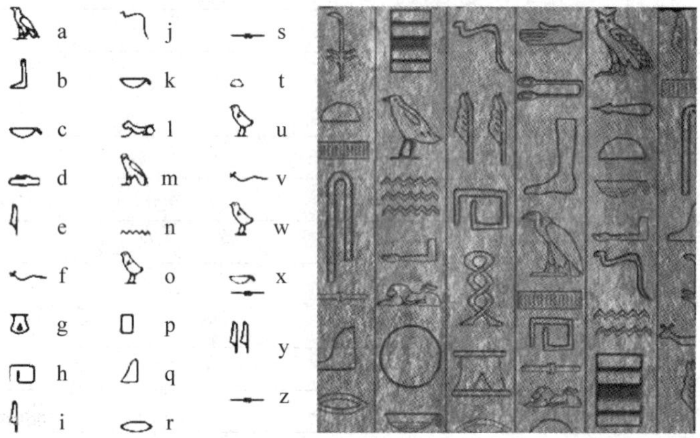

图 7-1　古埃及象形文字

印刷机的发明成为语言发展的重大促进因素，它的出现使得书面作品可以广泛传播。计算机技术也已成为语言发展的另一个重大促进因素，其原因在于，通过网络的更广泛传播成为可能，并且计算机是操纵语言的工具，而语言也被作为操纵计算机的工具。

计算机作为促进因素，对很多新的、正规书面语言发展有很大影响。与之相比，它对口语自然语言的影响不大。早期的计算机构建用来执行数学计算，所以第一代编程语言有很浓的数学风格。但人们很快发现，计算机是逻辑表达式、商业数据、图形、声音和文本的有效操纵工具。逐渐地，计算机对现实世界产生影响：指挥机器人、在银行机器上投放货币、控制制造过程，以及引导宇宙飞船。这些较新的应用系统鼓励语言设计人员寻找方便的记法来指挥计算机，同时，满足用户使用语言进行交流和问题求解的需要。

因此，有效的计算机语言不仅必须能表示用户的任务并满足人们交流的需要，而且能与在计算机上记录、操纵和显示这些语言的机制协调一致。

在不能使用直接操纵策略时，菜单和表格填充就成为有吸引力的选择。用熟悉的术语编写菜单项并用方便的结构和顺序组织时，用户能容易地在其中进行选择。如今，现代风格的下拉菜单、复选框、对话框中的单选按钮和因特网页面上的嵌入式链接，都可以通过鼠标单击或手指或输入笔的轻触来选择。面向这些基本的菜单风格在因特网上的很多变化，相应的程序设计手段也比较灵活。平滑的动画、彩色和整洁的图形设计能够把简单的菜单变成可定制组件，进而有助于定义网站或应用程序的独特视感。

菜单能为用户提供有效的识别线索，而不是强迫用户回忆命令的语法。用户用指点设备或按键来做出选择并获得立即反馈。对于没有受过什么训练、偶尔使用界面、对术语不熟悉或在构造其决策过程方面需要帮助的用户来说，简单的菜单选择特别有效。然而，如果有精心设计的复杂菜单和快速交互，菜单选择甚至对常用专家用户也都具有吸引力。

为了保证界面具有吸引力并且易于使用，除了菜单、表格填充和对话框，还需要精心考虑和测试很多设计问题，诸如任务相关的组织、菜单项的措辞和顺序、图形布局和设计、选择机制(键盘、指点设备、触摸屏和语音等)、在线帮助及错误纠正等。

7.1 命令与计算机语言

在20世纪60～70年代开发的计算机编程语言，诸如FORTRAN、COBOL、ALGOL、PL/I和Pascal，是为了在非交互的计算机环境中使用而设计的。程序员编写数百或数千行代码，再仔细检查，然后用计算机编译或解释它以产生想得到的结果。增量编程是BASIC和LISP、APL及PROLOG等更高级语言的设计目的之一，这些语言的程序员期望在线构建小的程序块和交互地测试这些块。共同目标仍是创建被保存、研究、扩展和修改的大程序。快速编译和执行的吸引力导致C语言中使用的简洁但有时晦涩的符号取得了广泛成功。团队编程的压力、共享的组织标准和对可复用性日益增长的需求，促进了Ada和C++这些语言中面向对象编程概念的发展。网络环境的需求和跨平台工具的追求，导致Java和C#的出现。

随着HyperCard、SuperCard和ToolBook等脚本语言的出现，强调屏幕呈现和鼠标控制的脚本语言在20世纪80年代末期开始流行。这些语言包括新的运算符，而Java语言扩展了面向Web屏幕管理、安全网络操作和可移植性的可能性。Perl和Python之类启用更丰富交互服务的脚本语言也在Web环境中流行。

关系数据库的数据库查询语言是20世纪70年代中后期开发的，它的出现导致了结构化查询语言(SQL)的广泛使用。SQL强调短代码段，这些代码段可以在终端编写并得到立即执行。用户的目标是产生结果而非程序。数据库查询语言及信息检索语言的关键部分是布尔运算：AND、OR和NOT的规范。对于有经验的因特网搜索者来说，布尔表达式也是关键的，它在搜索时提供对较明确网站的更好访问。

命令语言起源于操作系统命令。按直接性和对设备或信息的影响而对其加以区别。用户发出一个命令并观察会发生什么。如果其结果正确，就发出下一个命令；如果不正确，就采用其他策略。命令是简短的，而其存在是短暂的。在一些命令语言中，有时保存命令的历史，创建宏。但命令语言的本质是具有短暂性，并且对于一些感兴趣的对象立即产生结果。

因特网地址可视为一种命令语言的形式。用户会记住其结构和喜爱站点的地址，其典型的用法是在链接上单击以从网页或书签列表中选择地址。网址以协议名(http、ftp、gopher等)开始，接着是冒号和两个正斜线，然后是服务器地址(也可包括国家代码或域名，诸如gov、edu、mil或org)和可能的目录路径及文件名。例如：

```
http://www.whitehouse.gov/WH/glirnpse/top.heml
```

有经验的网上冲浪者善于用视觉解析经常很复杂的URL"命令行",以访问文件、发现服务器名和位置以及寻找特定信息。

命令语言不同于菜单选择系统。菜单选择的用户查看或听到有限的菜单项组合,他们更多是响应而不是发起。另一方面,命令语言用户经常被要求有良好的记忆和打字速度。虽然仍有许多命令语言的用户,但是因直接操纵和菜单选择界面的出现,新命令语言的开发已经显著减慢。

随着用户生成内容的出现日益增加,因特网和其他UI应用软件需要效率更高、设计得更好的命令语言工具。命令语言应设计成适合于用户将用它们执行的操作。它们可能有简单或复杂的语法,可能只有几个操作或多至数千个操作。命令可能有层次结构,或允许连接以形成变体。为命令语言建立有意义的结构是有益的,允许使用缩写也是有用的。可接受的命令可能产生反馈,不可接受的格式或打字错误会产生出错消息。命令语言系统可能给用户提供简短的提示,也可能接近于菜单选择系统,而自然语言交互则是一种复杂形式的命令语言。

人们使用计算机和命令语言系统来完成范围广泛的任务,诸如文本编辑、操作系统控制、文献检索、数据库操纵、电子邮件、金融管理、航班或旅馆预订、库存监督、制造过程控制和冒险游戏。

有意义的结构极大地促进了人类的学习、问题求解和记忆。如果命令语言设计良好,用户就能识别其结构,容易地对其编码并放到他们的语义知识存储中。例如,若用户能够一致地编辑字符、单词、句子、段落、章节和文档之类的对象,这种有意义的模式就易于他们学习、应用和回忆。另一方面,如果他们必须重打字符、更改单词、修改句子、更换段落、替代章节或改变文档,就会大大增加挑战和出错的可能,而不管语法如何优雅。

7.2 命名与缩写

命令语言的名字是系统最可见的部分,也因此可能引发用户的抱怨。例如UNIX中的一些命令名字,如mkdir(创建目录)、cd(改变目录)、ls(列出目录)、rm(删除文件)和pwd(打印工作目录)等,采用了不一致的缩写策略,缩写可能是取前几个字母、前几个辅音字母、首尾字母或一个短语中每个单词的首字母。

缩写、快捷键和功能键、特殊字符等提高了对用户的专业知识要求,高级搜索方法甚至还取决于由特殊字符和布尔运算符组成的命令行阵列,来执行复杂且不太大的搜索。

此外,短消息的使用已在移动和手机文字交流的微信、短信和聊天室及电子邮件中变得普遍,甚至影响到工作场所的交流。

名字对学习、问题求解和一段时间内的记忆力是重要的。当命令集仅包含几个名字时,就相对容易掌握;但当它包含数百个名字时,选择有意义且有组织的名字集变得更重要。一般来说,特殊的术语比一般术语更具描述性,越独特可能就越好记。然而,一般术语可能是更为人们熟悉的,因而更容易被接受。

命令名还必须满足另一个重要的标准:必须与向计算机表达命令的装置协调一致。

使用最广泛的传统的命令输入机制是键盘，所以命令应该使用简洁且容易输入的编码。那些需要 Shift 键或 Ctrl 键、特殊字符或难以输入序列的命令可能导致出错率较高。

在要求不太多的应用中，实际上新用户可能喜欢输入命令的全名胜过使用快捷方式，因为这样的话他们的成功信心会更大。为减轻命令的记忆负担，一些设计人员以称为命令菜单的格式，为用户提供可用命令的简短提示。例如，称为 Lynx 的 Web 浏览器显示提示如下：

```
H)elp O)ptions P)rint G)o M)ain screen Q)uit
```

对有经验的用户来说，大多数图形用户界面中的快捷键变成一种命令菜单。Windows 通过给菜单中的字母加下划线的方式来指出单字母命令快捷方式，以允许用户用键盘命令执行所有操作。

正在流行的移动设备正导致命令行的回归，因为用户使用命令语法、快捷键和缩写来快速发送文本数据。命令行界面将成为用户界面的下一个突破，因为命令行仍是很多移动设备上的标准。

7.3 计算技术中的自然语言

甚至在计算机出现以前，人们就梦想创造出能处理自然语言的机器。文字处理软件、录音机和电话之类文字处理设备的成功，确实也给人们以很大的鼓舞。然而，语言是微妙的，存在很多特殊情况，如上下文的复杂关系，以及其中所包含的在人与人的交流中有着强大且广泛影响的情感关系。

尽管在将一种自然语言翻译成另一种自然语言的机器翻译方面取得了进步（如将中文翻译成英文），但大多数有效的系统要求输入受限或经过预处理，或者要求对输出进行后处理。毫无疑问，改进将继续，限制将减少，但是，没有人工干预而质量高且可靠的全文翻译似乎难以实现。结构化文本如天气预报是可翻译的；技术论文可被少量翻译；小说或诗歌不容易翻译。机器翻译软件对人们还是有所帮助的，例如，快速翻译网页以提取信息，帮助确定网页是否有价值，粗略的翻译对语言学习者也会有帮助，例如对游客肯定如此。多语言搜索引擎是另一种有趣的情况，在这种引擎中，用户能够用一种语言输入查询关键字，然后得到适当的、很多种语言的搜索结果。

尽管完全理解和生成语言似乎还无法实现，但仍有很多方式能够使计算机用于处理自然语言，诸如用于交互、查询、数据库搜索、文本生成和游戏。因此，在自然语言系统方面已经开展了很多研究，这无疑将取得一些成功。

7.4 任务相关的菜单组织

针对菜单、表格填充和对话框，设计人员的主要目标是创建一种与用户任务相关、可感知、理解、记忆的简便组织。可以通过将书分成若干章、程序分成若干模块、动物王国分成若干物种的层次分解过程来组织学习。

早期进行的一些研究，证明了设计有意义的菜单项组织的重要性。一棵有三个级别、总数为16项的简单菜单树，分别按照有意义的组织形式和杂乱无章的组织形式构建。对于有意义的组织形式，出误率几乎减半，用户思考时间（从菜单呈现到用户选择某项的时间）也减少了。在此后的研究中也发现，有意义类别（诸如食品、动物、矿物和城市）的使用，导致响应时间比随机或按字母顺序组织的要短。研究者得出的结论是，“分类的菜单组织优于纯粹按字母表顺序的组织，特别是当术语有某些不确定性时”。根据这些结果建议，菜单结构设计的关键是仔细考虑任务相关的对象和动作。对于音乐会售票系统，其任务对象可能是位置、表演者、费用、日期和音乐类型（古典、民间、摇滚和爵士等）；而动作可能包括浏览列表、搜索和买票。界面对象可能是有音乐类型的复选框，以及包含音乐会位置滚动菜单的对话框。表演者的名字可能在滚动列表中，或通过表格填充来输入。

在移动应用系统中，保证其简单性和易学性很重要，使用频率通常成为组织菜单的主导因素。例如，对电话界面来说，增加电话号码是比删除电话号码普遍得多的任务。因此，“增加”命令应该是易于访问的，而“删除”可以推向菜单的较低级别。

7.5 菜单界面设计

菜单界面是一种最流行的控制系统运行的人机界面，它提供各种菜单项让用户选择，用户不必记忆应用功能命令，就可以借助菜单界面完成系统功能。当菜单中的某一项被选中，就以高亮度显示出来，同时还改变按钮的形状和颜色。

在菜单系统中，用户接收命令且必须在有限的一组选项中进行识别和选择，他们更多的是响应而不是发出命令。设计良好的菜单界面能够把系统语义（做什么）和系统语法（怎么做）很明确、直观地显示出来，并给用户提供各种系统功能的选择。

菜单界面适合于结构化的系统，每一菜单项都可以对应于一个子程序功能或下一级子菜单。菜单界面减轻了用户的学习、记忆以及培训负担，并简化了操作。菜单界面要占用一定的屏幕空间和显示时间。菜单的转移和返回也需要一定的操作时间，但如果采用功能键（快捷键）来进行菜单选择则可避免这一缺点，这对于熟练型用户具有很大的优势。

7.5.1 菜单界面的语义组织

菜单结构设计的关键在于首先考虑按照用户任务来确定语义组织，即首先要确定任务菜单选项和结构，其次才是显示屏幕上选项的数目。菜单中的选项在功能上与按钮相当，一般具有命令、菜单和窗口项中的一种或几种。

菜单的类型一般有单一菜单、线状序列菜单、树状结构菜单、循环网络以及非循环网络菜单等（如图7-2所示），其中树状结构菜单最为常见。

例如，线状序列和多重菜单提供了简单、有效的手段，用一组相关联的菜单，指导用户贯穿整个决策过程，使决策过程结构化。用户清楚地知道如何向前推进和目前在菜单中所处的位置，并且可以重返以前所做出的选择，也可以结束或重新开始这个序列。Word中的“页面设置”就是采用这种形式，包含一个线形序列菜单，用来选择页边距、纸张版式、文档网格等(如图 7-3 所示)。

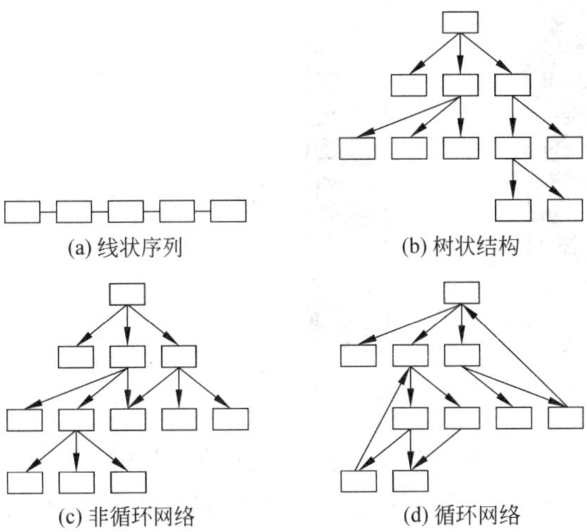

图 7-2　菜单的多种语义组织

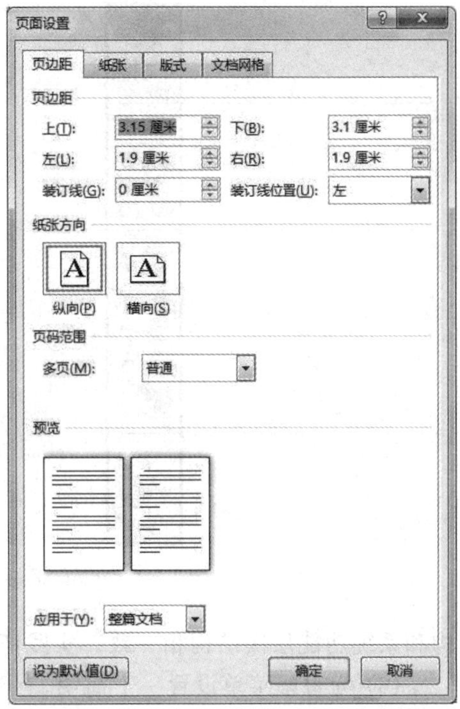

图 7-3　Word 的"页面设置"界面

当一组选项的个数增加到难以处理时,通常将其划分为若干类,类似的选项组合成一组,最后形成一个树状结构,例如 Word 中的菜单栏。在树状菜单设计时,要注意菜单树的深度(层数)与广度(每层的选项数目),这将影响用户的操作速度。一般认为,每个菜单包含 4～8 个选项,总的层数不超过 3～4 层。当菜单很大时,倾向于选用广而浅的菜单树。

7.5.2　菜单界面的式样

菜单的式样有很多种,最简单的是全屏幕(文本)菜单。当软件系统支持窗口功能时,把菜单和图形系统相结合可以产生许多丰富多彩的新菜单形式,例如,条形菜单、水平和垂直的弹出式菜单(许多软件中的工具栏属于弹出式菜单的一种(如图 7-4 所示)、下拉式菜单、图标菜单(例如 Windows 的"控制面板")等。

7.5.3　菜单界面的设计原则

在设计菜单界面时应遵循以下原则。

(1) 根据系统功能的合理分类,将选项进行分组和排序,并力求简短,前后一致。

(2) 合理组织菜单界面的结构与层次。分配菜单界面的宽度和深度,使菜单层次结

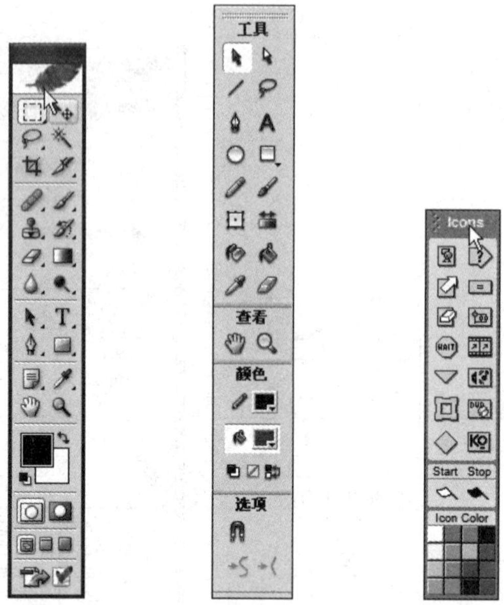

图 7-4　Photoshop、Flash、Authorware 中的工具栏

构和系统功能层次结构相一致。实践证明,广而浅的菜单树优于窄而深的菜单树。

(3) 为每幅菜单设置一个简明、有意义的标题。菜单标题大致上解释了该幅菜单的作用,例如,可以把第一级菜单命名为主菜单,主菜单中的各菜单项反映了系统的基本功能和程序框架。一般而言,靠左对齐列出的标题是广为接受的方式。

(4) 合理命名各菜单项的名称。使用熟悉的、前后一致的菜单项名,并保证各选项彼此不雷同。

(5) 菜单项的安排应有利于提高菜单选取速度。可以依据使用频度、数字顺序、字母顺序、功能逻辑顺序等原则来组织安排菜单项顺序。

(6) 保持各级菜单显示格式和操作方式的一致性。例如,在菜单和联机帮助中必须使用相同的术语、对话必须具有相同的风格。

(7) 为菜单项提供多种选择途径,以及为菜单选择提供捷径。菜单的多种选择途径增加了系统的灵活性,使之能适应于不同水平的用户。菜单选择的捷径加速了系统的运行。

(8) 应该对菜单选择和点取设定反馈标记。例如,当移动光标进行菜单选择时,凡是光标经过的菜单项应提供亮度或反视频的反馈标志,但是这时并未选取。选择菜单项经用户确认无误后,用户使用显式操作来选取菜单项。对选中的菜单也应该给出明确的反馈标记,例如,可为选中的菜单项加边框,或者为选中菜单项前面加√符号等。对当前状态下不可使用的菜单选择项也应给出可视的暗示(如用灰色显示)。

(9) 设计良好的联机帮助。对于大多数不熟练用户来说,联机帮助具有非常重要的作用。如果用户做了一个不可接受的选择,应该在指定位置显示出错信息。

7.6 单菜单

单菜单要求用户在两项或更多项之间选择，也可能允许多个选择。最简单的情形是二元菜单，例如"是/否"、"真/假"或"男/女"选项。这些简单的菜单(例如删除对话框中)可能重复使用，所以要仔细选择快捷方式和默认行为(如图 7-5 所示)。

单选按钮支持多项菜单的单项选择(圆形)，而复选框允许在一个菜单中选择一项或多项(方形)。多选菜单是用于处理多个二元选择的简便选择方法，因为用户在做决定时能够浏览项目的完整列表(如图 7-6 所示)。

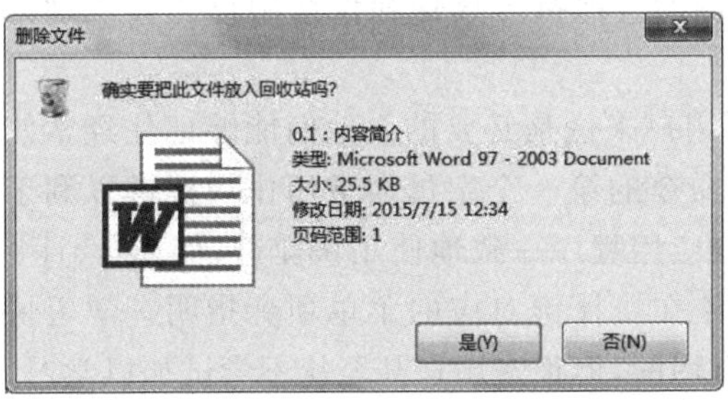

图 7-5　二元菜单

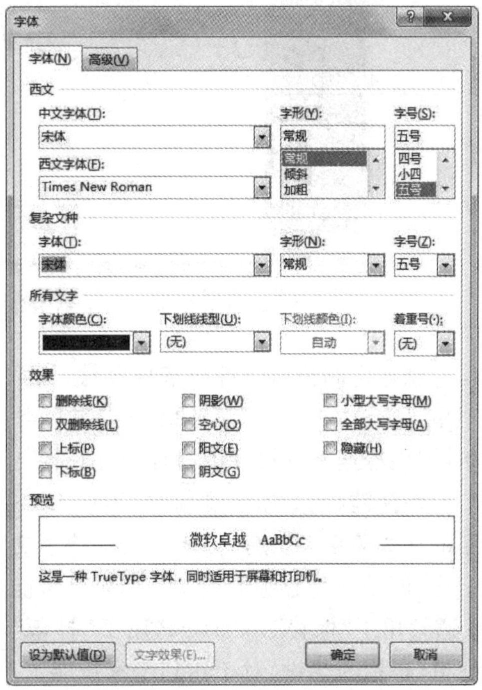

图 7-6　用户通过单击一个或多个复选框来设定选择，反馈由勾号来提供

采用动画的滚动条菜单是一个备受关注的显示组件，能在显示空间有限时充当菜单(例如在手机上)。用户不需要手动滚过或翻页穿过菜单项，而是通过单击或触摸就能停止滚动和选择看得见的项。

7.6.1 下拉、弹出、工具栏和丝带菜单

在下拉菜单中，用户能通过顶部的菜单栏做出选择(如图 7-7 所示)。菜单栏中的常用项是文件、编辑、格式、视图和帮助。单击菜单标题会出现相关项的列表，然后在项(用突出显示来响应)上移动指点设备和单击需要的选项(或用上下箭头键突出显示用户的选

择并按回车键)，以此进行选择。由于位置不变性是很强的原则，所以当一个项不可用于选择时，重要的是把它变灰而并非从列表中删除。

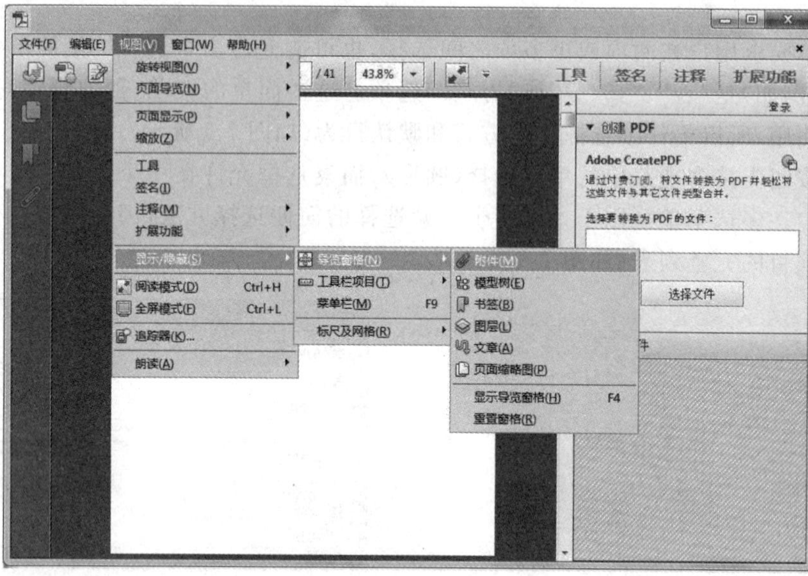

图 7-7 Adobe Reader 的层叠下拉菜单允许用户探索该应用软件的所有功能

创建定制窗口组件越来越容易，从而允许设计人员使用基本下拉设计的变体。例如，菜单可能放在应用程序窗口的左侧和空白的侧面。保持可读性和保证用户能够识别菜单，与创造这些新设计的目标同样重要。

快捷键(诸如用于复制的 Ctrl+C)对专家用户来说是必要的。他们能够记住经常使用的那些菜单项按键，因而显著加快了交互。命令的第一个字母通常用作快捷键以利于记忆，但需要小心避免冲突。如果有可能，则跨应用程序一致地使用快捷键；例如，Ctrl+S 通常用于"保存"，Ctrl+P 用于"打印"。应该在快捷键对应的菜单项旁指明。学习快捷键(也称为热键)对于达到专家技能水平是有用的，但很多用户甚至从不尝试加以学习。

工具栏、图标菜单和面板能提供很多动作，用户能通过单击选择并应用于所显示的对象。用户应该能够用所选择的项来定制工具栏，并控制这些工具栏的数量和布局。如果用户希望节省屏幕空间，可以清除大部分或全部工具栏。

弹出菜单出现在显示屏上，以响应指点设备的点击或轻触。弹出菜单的内容通常取决于光标的位置。因为弹出菜单会覆盖一部分显示屏，所以要保持菜单文本小型化(尽量不覆盖菜单的背景)。弹出菜单也可以组织成一个圆圈，以形成饼菜单(如图 7-8 所示)，也称为标记菜单。这些菜单很方便，在一个小的项集合中进行选择速度会更快。通过训练，无须视觉注意就能完成。在显示屏上的任何地方都能展开弹出菜单，因此特别适合于大型显示墙：不会遮挡太多屏幕，并且用户不需要返回固定的工具栏来访问菜单。通过将数据输入与菜单选择集成在一起，流菜单之类的创新设计可扩展弹出菜单的能力。

微软公司在 Office 中引入丝带菜单(如图 7-9 所示)。该菜单尝试通过用 1 英寸的制表符把命令按任务分组，以此替代菜单和工具栏。这种方法可能对新用户有利，而对于专

图 7-8 饼菜单的例子

家用户，困难在于适应重组后的菜单及找出之前已知的项。由此，突出了专业应用软件中版本控制和菜单重组的挑战。丝带菜单还减少了文档的屏幕空间，这对很多用户来说是个缺陷。

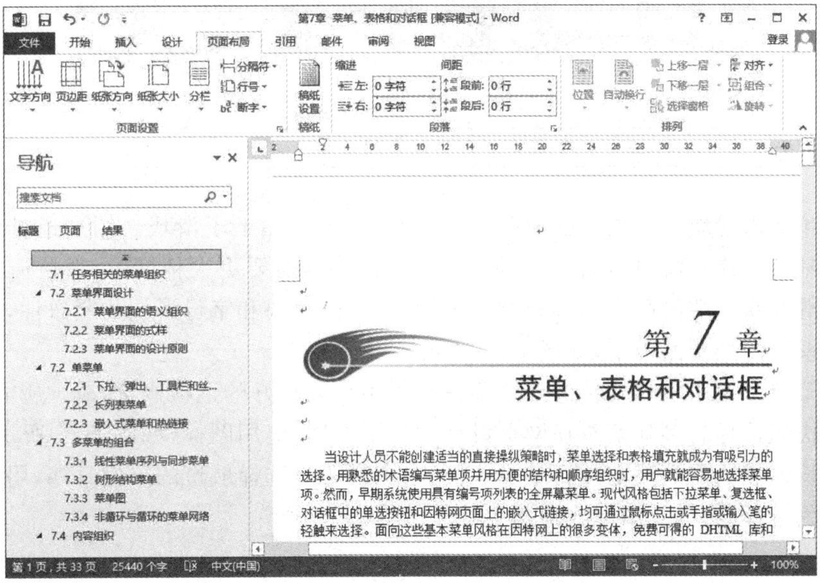

图 7-9 丝带菜单

7.6.2 长列表菜单

有时，菜单项的列表可能很长，例如超出了 30～40 行，解决方案之一是创建树状结构菜单。但有时，确实需要将界面限制到一个概念菜单里，例如，用户需要在全国的省份中选择其一，或者从列表中选择一个国家时。典型的列表按字母表顺序排序，以支持用户输入前导字符后跳到适当的区域。但是，分类列表可能是有用的。菜单列表的排序原则是适用的。

滚动菜单、组合框和鱼眼菜单。滚动菜单显示菜单的第一部分和附加菜单项，而附加菜单项通常是产生菜单序列中下一个项集的箭头。滚动（或分页）菜单可能有连续数十乃至更多项，使用大多数图形用户界面中均可发现的列表框容量。虽然快捷键可能允许用户输入字母“M”，直接滚动到以“M”开头的第一个单词处，但用户并非总能发现这个特性。组合框把滚动菜单与文本输入域结合在一起，使这种选择更加明显。用户可输入前导字符来加速滚过列表。另一种选择是鱼眼菜单（如图 7-10 所示），它同时在屏幕上显示所有菜单项，但只以全尺寸显示光标附近的项；项离光标越远，显示的字体就越小。对于有 10～20 个项而缩放比率较小，且所有项始终可读的菜单，鱼眼菜单是有吸引力的。当项数和缩放比率如此之小以至于更小的项变得不可读时，鱼眼菜单有潜力提高穿越滚动菜单的速度，但与之相比层次菜单仍然更快。

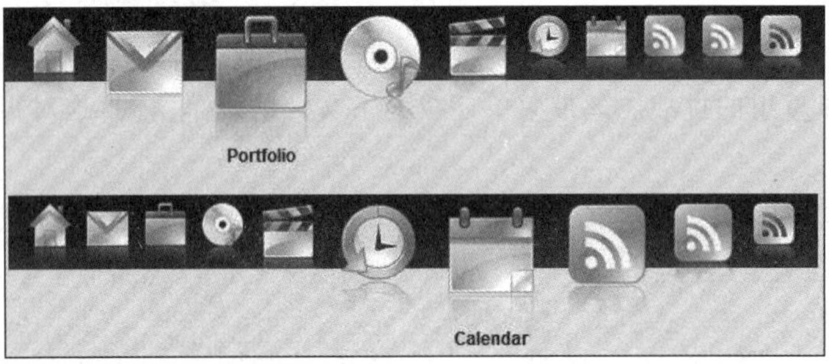

图 7-10　鱼眼菜单

滑块和字母滑块。当项由数值范围构成时，就自然用上了滑块。用户通过使用指点设备沿着刻度尺拖动滑块拇指（滚动框）来选择值。当需要更大精度时，滑块拇指能通过点击位于滑块每一端的箭头而逐渐调整。滑块、范围滑块和字母滑块的紧致性，常用于交互可视化系统的控制面板中（如图 7-11 所示）。

二维菜单。使用多列菜单的二维菜单给了用户以良好的选项概览，减少所需动作数，并且允许快速选择。多列菜单在网页设计中特别有用，应用图标（如图 7-12 所示）或文本可将查看长列表所需的滚动减到最少。例如，用日历来选择航班的出发日期，用彩色空间来表示颜色选择器，以及图标或地图上的区域等。

7.6.3　嵌入式菜单和热链接

除了前面所介绍的各种显式菜单，在很多情形中，菜单项还可能嵌入到文本或图形之中，且仍然是可选的。例如，允许用户阅读有关人、事件和地方的书，通过在上下文中选择名字的方式来检索详细的信息等。嵌入到有意义文本中的菜单项包括突出显示的名字、地方和短语，而相应的文本通知用户还有助于理解菜单项的含义。嵌入式链接在网络和因特网环境中已经得到了广泛应用（超链接）。

嵌入式链接的上下文相关的显示有助于让用户始终关注其任务和感兴趣的对象。要在提供很多选项的同时，提供上下文来帮助用户做出选择，图形菜单是一种特别有吸引力

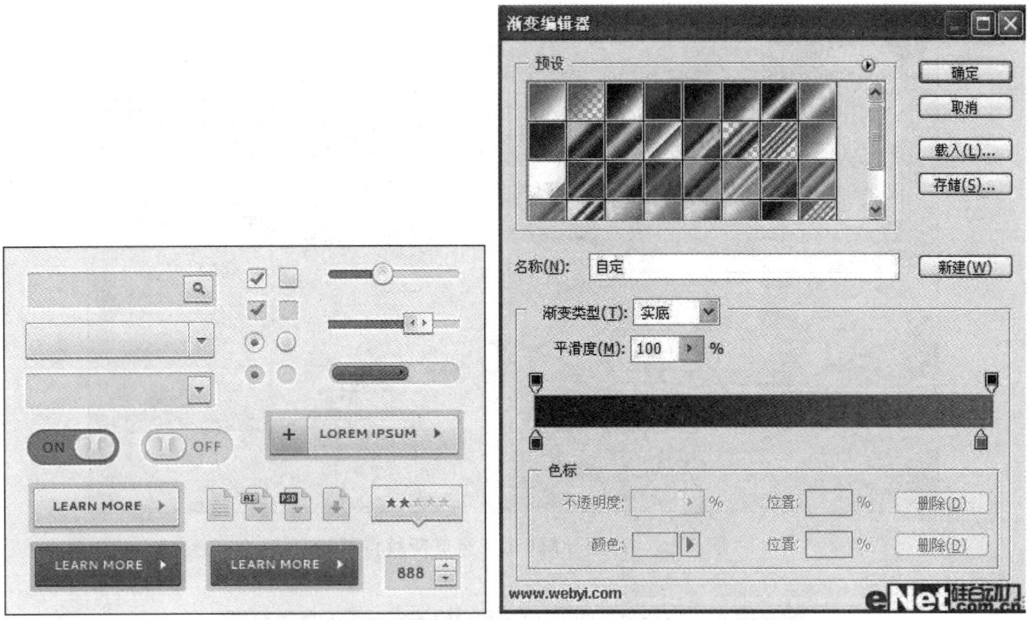

图 7-11 字母滑块允许用户从大量分类项中选择其一

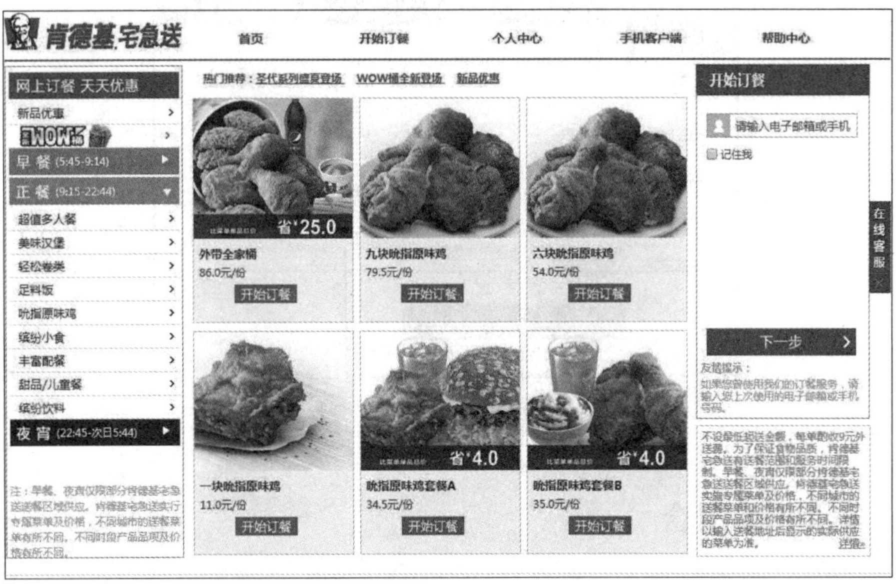

图 7-12 在线食品店网页——使用图标和文本标签的多菜单

的方式。例如，导航地图（如图 7-13 所示）和日程表（如图 7-14 所示）。信息丰富的紧凑可视化使庞大菜单的显示成为可能。

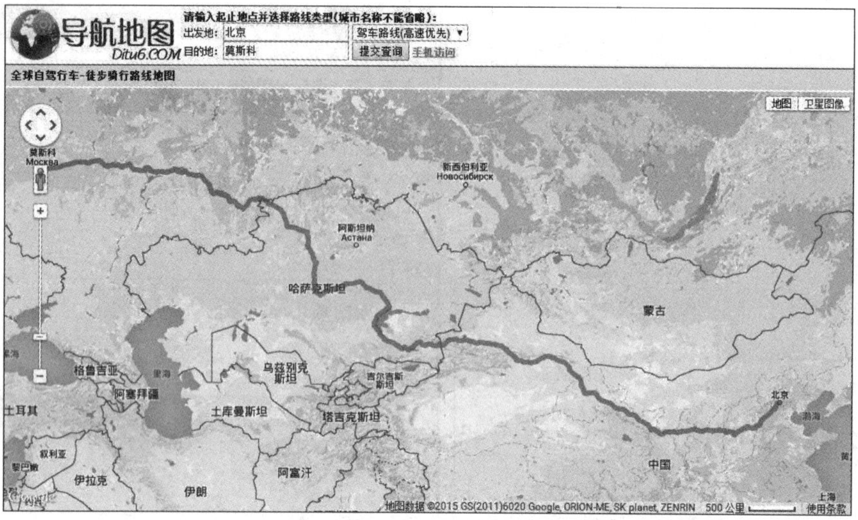

图 7-13　地图导航(北京至莫斯科自驾行)

图 7-14　日程表

7.7　多菜单的组合

菜单可以组合成线性序列或同时呈现。一种常见策略是使用树状结构来组织大型菜单,但也可以是非循环或循环网络。

7.7.1　线性菜单序列与同步菜单

一系列相互依赖的菜单常用来指导用户完成一系列选择。例如,披萨订购界面可能包括线性菜单序列,用户在其中选择大小(小、中或大)、厚度(厚、正常或薄的皮)和馅料。

其他熟悉的例子是在线考试，有一些多选测试项序列，每个序列组成为菜单或“向导”。向导提供提示卡序列和菜单选项，带领用户完成软件安装或其他过程。线性序列一次提供一个决定，以此指导用户，对新用户执行简单任务是有效的。

同步菜单在屏幕上同时提供多个动作菜单，允许用户以任意输入选择（如图 7-15 所示）。由于需要更大的显示空间，对某些显示环境和菜单结构而言可能是不适当的。然而，研究表明，执行复杂任务的有经验用户受益于同步菜单。

图 7-15 同步菜单在屏幕上同时提供多个动作菜单（部分）

7.7.2 树状结构菜单

当项的集合增长时，设计人员应该组织形成相似项的类别，从而创建树状结构。树状结构的菜单系统能够将大型数据集合提供给不同的用户使用。

如果每级分组对于用户都是自然、可理解的，且用户知道目标，则用几秒钟就能完成菜单遍历——比浏览一本书还要快。另一方面，如果用户不熟悉这一分组，且对于找寻的项仅有模糊的概念，则可能就会在树状菜单中迷失几个小时。

使用大型索引的菜单，诸如图书馆的主题标目或综合业务分类，用户在浏览树状结构时，其选择的全部上下文均被保留(例如在 Windows 浏览器中)。在任何一点，用户都可访问整个主集合和同级菜单项。另一方面，当顺序菜单下降到结构中更深层次时，并不会显示全部层次的上下文。对可扩展菜单的研究表明，它们仅适用于深度为 2 级或 3 级的浅菜单层次结构，因此应避免用于更深的层次结构。研究还表明，可扩展的菜单应避免使用难以遵循的缩进方案，及避免需要在浏览器窗口中过度滚动的长列表。

7.7.3 菜单图

随着菜单树深度的增加，用户会感到逐渐地难以在树中保持位置感；同时，他们的方向迷失感在增加。一次看一个菜单使得用户难以把握总的模式，也很难看到类别之间的关系。若干早期研究的证据证明，提供空间图来帮助用户保持方向感具有优势。有时，菜单图显示在网站主页上，例如一些网站列出了所有页面的网站地图。

7.7.4 非循环与循环的菜单网络

虽然树状结构吸引人，但有时网络结构可能更为适当。例如，用户可能会希望允许树的不同部分之间存在路径，而不是每每都必须从主菜单开始新的搜索。循环或非循环图形式的网络结构自然地出现在社会关系、运输路线中，当然还包括因特网。然而，随着用户从树转移到非循环网络再到循环网络，迷失的可能性也在增加。保留“等级”的概念和提供菜单图或网站地图会对用户有所帮助。

也可设计出很多其他的专用或混合菜单。追求新结构和改进现有结构以提高用户性能及满意度。

7.8 使用表格填充的数据输入

用户输入的过程实际上是一个完整的人机对话过程，它要占用最终用户的大部分使用时间，也是容易发生错误的部分。

输入可以分为控制输入和数据输入两类。控制输入完成系统运行的控制功能，如执行命令、菜单选择、操作复原等；数据输入则是提供计算机系统运行时所需的数据。命令语言和菜单界面一般用作控制输入界面，但也可以使用菜单界面作为收集输入数据的途径。

数据输入的总目标是简化用户的工作，在尽可能地降低输入出错率的情况下完成数据的输入。一般有以下设计规则。

(1) 数据输入的一致性。在所有条件下应该使用相同的动作序列、相同的定界符和缩写符等。

(2) 使用户输入减至最少。输入越少意味着工作效率越高，出错机会也就越少，减少了用户的记忆负担。在程序运行进程中，如果有些输入数据项有默认值，那就不必重复输入，而可直接使用由系统提供的默认值。

(3) 为用户提供信息反馈。在需要用户输入时应该向用户发出提示，可以使用闪烁的光标等作为提示符。输入提示符格式及内容应适应于用户的水平和需要。若一个屏幕上可以容纳若干输入内容，可将用户先输入的内容保留在屏幕上，以便用户能够随时查看与比较，明确下一步该干什么。

(4) 用户输入的灵活性。良好的数据输入界面应该让用户来控制输入过程的进展，用户可以集中地一次性输入所有数据，也可以分批输入数据和修改错误的输入。

(5) 提供错误检测和修改机构。数据输入是一个烦琐、枯燥的工作，加上人的健忘、易出错、注意力易分散等原因，输入操作中不可避免地会发生错误。为了修改输入错误，数据输入区应具备简单的编辑功能，如删除、修改、显示、翻滚等功能。应提供恢复(undo)功能。

可以采用多种形式的数据输入界面，例如，问答式对话、菜单选择、填表、直接操纵、关键词、条形码(由条形码读入器读入)、光学字符识别(OCR)以及声音数据输入等。

在计算机系统用来处理大量相关数据信息的场合下，例如，数据库系统、信息系统、办公自动化系统等，需要输入一系列的数据，这时填表界面最为理想。填表界面设计时有两点要注意：一是表格设计；另一是表格在屏幕上的显示及编辑功能设计(如图7-16所示)。

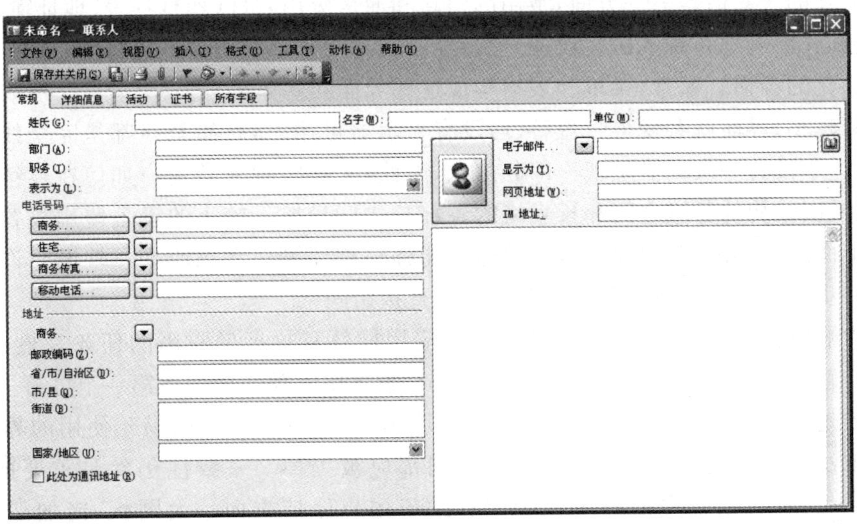

图7-16 Microsoft Outlook中"新建联系人"的填表界面

7.9 声频菜单与小显示器使用的菜单

当手眼都忙碌时，诸如用户正在开车或测试设备时，或者为了适应盲人或视力障碍用户，这个时候，声频菜单就有了用武之地。移动设备一般只具有小屏幕，这样，大多数桌面屏幕设计就变得不实用。由此，要求设计者彻底反思什么功能应包含在内，这就导致产生了专门适合于这种设备和应用软件的新界面及菜单设计。

7.9.1 声频菜单

使用声频菜单时，先向用户说明提示和选项列表，而用户通过使用键盘上的键、按键式电话或者通过说话来响应。视觉菜单有持久性这个独特优点，而声频菜单则必须记忆。同样，视觉突出显示能确认用户的选择，而声频菜单必须提供可听见的确认。当用户在听选项列表时，必须把声频建议的选项与他们的目标相比较，逐渐进行匹配。不同的设计不是要求用户立即接受或拒绝每个选项，就是允许用户在全部列表正在读出的任何时候做出选择。必须提供重复选项列表的方式和退出机制。

语音识别使交互语音系统的用户可以说出他们的选项，而不用按字母键或数字键。高级系统正在探索使用自然语言分析改进语音识别。

为开发成功的声频菜单，知道用户的目标和使最常见的任务易于执行至关重要。为加快交互的速度，在指导提示读出时，交互语音系统可提供允许用户讲话的选项。

7.9.2 用于小显示器的菜单

移动应用领域主导着具有小显示器的设备的使用：娱乐应用软件包括非正式的、内容密集交互的长对话。另一方面，常用的信息和通信应用软件(如日程表、地址簿、导航助手、维修和仓库管理系统或医疗设备)包括经常在时间或环境压力下进行的、重复、简短和高度结构化的会话。通常，菜单和表格构成这些界面的主体部分。

屏幕越小，界面就会变得越短暂(当没有显示器可用时，自始至终都是完全线性的声频界面)。小设备一次只能呈现一部分信息，因此，必须特别注意用户如何在连续的菜单项之间、层次结构的各级之间和长表格的各部分之间导航。较小的设备使用放置在屏幕旁边或下面的“软”键，它们在屏幕上的标签能够根据环境而动态改变。软键允许设计人员对每一步中最合乎逻辑的下一个命令提供直接访问。

当为响应性设计时，易于启动最常用的应用软件和执行最常用的任务是最重要的。这在只有触摸屏没有按钮的设备上，如 iPhone，最常用的项必须放在第一个屏幕上。

简洁地编写和精心编辑标题、标签和说明书将产生较简单、较易于使用的界面。每个词都取决于小屏幕，不需要的字符或空间都应被去掉。一致性仍然是重要的，但在不能提供背景时，菜单类型的明显区别有助于用户保持方向。大图标，诸如那些在汽车导航系统或在 iPhone 中使用的图标，之所以能够成功使用，是因为一旦学过它们，只要一瞥就能识别出来。将来的应用软件可能使用背景信息，诸如位置或与对象的接近度，来提供相关信息。这些应用软件可用在软键上显示最有可能的菜单项和建议数据输入的默认值。

7.10 阅读与思考：中国创造呼唤中国设计

“如果中国制造的产品仅在国内销售，那么也不存在所谓的中国制造问题了。只有从国际经济角度来看，才有‘中国制造’这个概念，而落实到基础，只有把‘中国制造’变成‘中国创造’，把‘中国创造’落实到最根本的‘中国设计’上去，中国经济才能够在整个世界经济竞争当中获取更大的份额，争取到更多的产品附加值，这是根本的意义所在。”中国工业设计论坛执行主席、《产品》杂志总编、深圳深远顾问机构总裁杜建君在接受《第一财经日报》采访时表达了这样的观点。

中国设计缺什么

其实，工业设计在中国并非多么新鲜的名词。早在20世纪70年代末，国内就有了相关的设计协会。10年前，联想公司的第一位设计师进入公司后，有员工甚至以为他是来给大家讲工作礼仪，培训员工如何着装的。10年之后，一些中国企业对工业设计的理解仍然停留在很浅薄的层面上。工业设计这个“苹果”，还远未成熟。

“国内有个很奇怪的现象，就是把工业设计人员当美工使用，只要把产品的外观改一改，弄个很漂亮的造型出来就行了。”大量企业把设计仅仅当作一种表面功夫来做，这是制约这些企业做好品牌、做大规模的一个重要原因。

一个好的工业设计不仅能够延长产品的生命周期，并且能对企业的长远发展产生重要影响。美国IDEO设计公司的发展就是一面镜子。虽然1991年才成立，但IDEO已成为麦肯锡、波士顿等管理咨询公司的竞争对手：这些传统咨询公司习惯于从商学院的思路来为企业治病，但IDEO通过人类学家、图片设计专家、工程师、心理学家的眼睛来教会企业观察自己客户的世界，受到企业的追捧。相比国外的工业设计产业，中国的工业设计产业还远未成熟。

“我们经常能遇到，企业在寻找设计合作伙伴时根本不去考虑合作伙伴对自己是否足够了解，对产品定位和市场情况是否足够清晰，对工业设计的后期执行是否有足够的实力等问题，只是根据前期简单的方案效果来判断选择。一旦批量生产上市，企业将面临巨大的风险。”如果设计不能与企业管理者对企业的远景规划、品牌定位相结合，那么企业就无法获得长久的发展和市场的尊重。

虽然这几年国内也出现了像夏新A8手机一款产品救活一个企业的奇迹，但这些星星之火却难以呈燎原之势。只有先矫正人们对“工业设计就是美工，就是外形设计”的简单认识，企业才不至于剑走偏锋。

“工业设计是一个很系统的工作，它涉及两个领域。一个是技术领域，为企业产品提供应用环境的解决方案；另一个是美学领域，根据人们的文化背景、审美趋势，利用人体工程学，围绕技术设计产品。随着工业水平的发展，设计已经渗透到从产品研发、制造到销售的整个产业链中。”始创国际总裁张武认为，作为企业的管理者在重视企业发展的运营面、资金面和人才面的同时，还要以产品为基础，而其中有一半的工作应该在设计上。

“如何利用工业设计作为企业的竞争利器，创造高附加值，实现从‘中国制造’到‘中国设计’的梦想，这不仅是对中国设计人员的新一轮挑战，也是对中国企业管理的挑战。”杜建君这样说道。

深圳将打造设计之都

世界上有两个城市立意打造设计之都，一个是柏林，另一个是伦敦。目前伦敦提供的每5个职位中，就有1个与设计创意有关。国内有这样远见的城市不多，还好有一个深圳。深圳作为中国快速城市化的标本，曾提出构建“设计之都”。深圳的“设计之都”构建主要还是工业设计的追求，对正在谋求产业升级的深圳来说，工业设计正是从“制造”走向“创造”的关键之一。然而，郭西元教授表示，“深圳虽然也提到要打造‘设计之都’，但相关的具体支持措施并没有实质性的进展。”

有关人士分析其原因，比如企业对工业设计的认识不够，大部分企业对工业设计的理解仅仅是画张图、设计一个外壳，设计的应用水平不高。另外，人才的引进培养不够、优秀人才缺乏，在工业设计与城市文化之间的互动不足。

广州美术学院童慧明教授表示，打造“设计之都”是个艰苦的过程。他认为，“设计之都”应该具有三个基本特点：“设计之都”不一定跟制造业中心城市有关，必须在比较广泛的区域成为设计时尚发源地；创意工业在城市工业中占有很大的比例；必须有一批有重大影响力的设计教育学院。

资料来源：毛瀚民，第一财经日报，2006-03-01，有删改。

7.11 实验：熟悉网页设计

7.11.1 实验目的

(1) 熟悉企业网页设计的基本内容与要求；

(2) 通过因特网搜索与浏览，欣赏成功网站的设计，分析网站建设需要注意的问题，学习网页设计的成功经验。

7.11.2 工具/准备工作

在开始本实验之前，请回顾课文的相关内容。

需要准备一台能够访问因特网的计算机。

7.11.3 实验内容与步骤

1. 网站的对比分析

下面主要通过对一些成功网站的分析,来了解网页设计需要注意的问题,学习网页设计的成功经验。

步骤1:任务分析。为了成功地提供企业整体形象,为访问者和潜在的消费者提供所需的信息,企业在建设网站时要完成的6个任务是:

(1) 表达企业的整体形象。

(2) 提供对企业信息的方便访问。

(3) 允许访问者以不同方式和不同层次访问网站。

(4) 为消费者提供有意义的双向沟通方式。

(5) 维系消费者的注意力并鼓励重复访问。

(6) 提供对产品和服务及使用方式的方便访问。

请在网上找到你认为能满足其中三个以上任务的网站,并解释这个网站是如何实现这些目标的。

请记录:你找到的这两个网站是:

(1) 网站名称:______________________________

网址:______________________________

入选理由:______________________________

____

____

请简述该网站是如何实现这些目标的。

答:______________________________

____

____

(2) 网站名称:______________________________

网址:______________________________

入选理由:______________________________

____

____

请简述该网站是如何实现这些目标的。

答:______________________________

____

____

步骤2:比较网页设计。网页设计作为一种视觉语言,要讲究色彩、编排和布局。版式设计通过文字图形的空间组合,表达出和谐与美。

请在网上找到两个你认为网页设计较好的网站，并以10分为满分，给这些网站的网页设计打个印象分。

> **提示：**
>
> 一些成功的网站设计的例子包括：
>
> http://china.alibaba.com/(阿里巴巴·中国)
>
> http://www.ly.com/(同程旅游)
>
> http://www.eBay.com.cn/(eBay易趣)
>
> http://China-Pub.com(互动出版网)
>
> http://Ctrip.com(携程旅行网)

请记录： 你找到的这两个网站是：

(1) 网站名称：________________________

网址：________________________

印象分：________________________

(2) 网站名称：________________________

网址：________________________

印象分：________________________

步骤3： 比较网站运营质量。进入网上书城(如当当、亚马逊和互动出版网等)，订购一本《项目管理与应用》书，比较其商品数量、价格(折扣)、配送和支付手段等环节的优劣。

请简述你的分析结论。

答： ________________________

____

____

____

2. 阅读分析

请认真阅读"7.10 阅读与思考"，并分析和回答以下问题。

(1) 你怎么理解"把'中国制造'变成'中国创造'，把'中国创造'落实到最根本的'中国设计'上去"这句话？请简述之。

答： ________________________

____

____

____

(2) 阅读上文，你还得到哪些启发？请简述之。

答： ________________________

____

____

____

7.11.4 实验总结

____

____

____

____

7.11.5 实验评价(教师)

____

____

第 8 章　人机界面的时尚设计

随着计算机受众的不断扩大，在人机交互界面的方面，设计者需要接受平衡功能与时尚这种创造性的设计挑战。用户对计算机系统的提示、解释、错误诊断和警告的体验，在影响软件系统的接受方面起着至关重要的作用。消息有时意味着对话，其措辞在针对新用户设计的系统中特别重要，但是因为人不同于计算机，非拟人化设计对于引导设计人员设计可理解、可预测和可控制的界面应该是必要的。

设计改进的另一个机会在于显示上的信息布局。通过适当的努力，我们能创造出组织良好、信息丰富的布局。好的布局能减少搜索时间，提高用户满意度，也将涉及与普遍可用性、用户生成内容、激增的网站设计和开发技术相关的问题。

8.1　出错信息

现代的计算机系统被用来完成许多高级、复杂的任务，必然导致计算机系统自身的复杂性增加。一个好的交互系统不可能要求用户不犯错误，但应该设计有较强的处理各种错误的能力。除了在软件设计时注意各种容错设计机制、稳定性以及各种诊断措施以外，在计算机用户界面上应提供避免用户操作错误的提示及对各种错误信息的帮助、分析。

8.1.1　出错处理分析

用户在操作、使用计算机系统的过程中，难免会出现各种错误。至于偶然或生疏的用户，发生错误的可能性则更大。除了用户错误外，设计、测试不完善的应用程序系统也会有隐含的错误。在个别情况下，计算机系统的硬件也会发生故障。

比纠正错误更好的方法是预防错误。因此，出错处理原则可分为两类：一类是错误预防原则；另一类是错误恢复原则。设计者的目标首先是防止错误发生；其次是一旦发生了错误要设法改正错误，恢复系统。

1. 错误预防原则

可采用以下原则来预防错误。

(1) 避免相似的命令名、动作序列等，以免用户产生混淆。

(2) 建立一致性的原则和模式，有利于减少学习和错误。

(3) 提供上下文和状态信息，使用户易于理解当前状态，避免因盲目操作而发生错误。

(4) 减少用户的记忆负担。

(5) 降低对人从事活动的技能要求，例如，在键盘操作中，减少 Shift、Ctrl 等复合键的使用。

(6) 使用大屏幕和清楚、可视的反馈，使在计算机图形接口中可准确地进行定位和选择，这样做有利于寻找和识别小的目标。

(7) 减少键盘输入，这样出错机会也减少。

2. 错误恢复原则

出错信息是用户指南中整个界面设计策略的关键部分，该策略应确保出错信息是综合的、协调的，对于一个或多个应用程序是一致的。一个好的系统，应该有检测错误和使错误恢复等措施。错误恢复原则如下。

(1) 提供恢复(undo)功能，好的系统设计应能进行多次回溯恢复。

(2) 在程序运行中提供撤销(cancel)功能，在计算机系统运行中，有些操作要很长时间才能完成，应允许用户在他们认为不必继续执行下去时随时撤销，而不必等到命令执行完后再恢复。

(3) 对重要的、有破坏性的命令提供确认措施，以避免招致破坏性操作。

在所有设计人员都要评审和遵循的风格指南中讨论帮助和错误处理，确保出错信息被设计到计算系统或网站之中，而不是在最后或作为事后的想法而被加上。

对一些国际性的软件，有经验的设计人员为了在开发阶段和后期的维护更新阶段易于翻译，会把出错信息和帮助文本信息分隔成独立的文件(非硬编码的)。当安装系统的地方不是该软件的母语地区时，就允许现场对本地语言的选择。正常的提示、提示消息和系统对用户动作的响应，可能影响用户的感知，而出错信息和诊断警告的措辞是至关重要的。出错常常是由于缺乏知识、理解不正确或疏忽大意而造成的，当用户遇到这些消息时可能感到迷惑、觉得力不从心和焦虑。如果出错信息用傲慢的语气来斥责用户，会加重用户的焦虑，使改正错误更加困难，增加犯错误的几率。

改进出错信息是改进现有界面的最容易、最有效的方式之一。如果软件能捕捉出错频率，设计人员就能集中研究最重要消息的优化。错误频率分布也使界面设计人员和维护人员能够修改错误的处理过程、改进文档和教程、改变在线帮助甚至改变许可的动作。完整的消息集合应该被同事和管理人员评审、凭经验测试并包含在用户文档中。

具体性、建设性的指南、积极的语气、以用户为中心的风格和适当的物理格式被建议为预备出错信息的基础。这些指南在用户为新手时特别重要；但它们也能使专家受益。出错信息的措辞和内容能显著影响用户表现和满意度。

8.1.2 适当的物理格式

对于消息在显示中的最佳位置，存在着不同看法。有人主张消息应放在显示上出现问题位置的附近，另一种意见是，消息使显示器混乱，应放在显示器底部一致的位置上，还有意见是以接近但不隐藏相关问题的方式来显示对话框。

一些应用程序在发生错误时发出声响来提醒。如果用别的方式其操作者可能错过此错误的话，那么这种警告能够是有用的，但如果其他人在房间里，这种警告能够是令人尴尬的，即使其操作者是独自一人也可能是恼人的。

设计人员应该考虑到用户经验和性情的广泛多样，也许最好的解决方案是给用户提供对选择的控制——这种方法与以用户为中心的原则协调一致。

8.2 非拟人化设计

用户界面中的词和图形能够对人们的感知、情绪反应和动机产生重大影响。计算机的智能、自主性、自由意志或知识这些属性对一些人是有吸引力的，但对其他人来说，这些表征却可能令人困惑和误解。

使用非拟人化措辞的第二个原因是为了澄清人与计算机之间的区别。与人的关系和与计算机的关系不同。用户操作和控制计算机，但他们尊重个人的独特形象和自主性。此外，用户和设计人员必须承担误用计算机的责任，而不是责怪计算机出错。

第三个动机是，尽管拟人化界面可能对某些人有吸引力，但对其他人来说，可能是分散注意力的或产生焦虑。与宣传计算机是朋友、双亲或伙伴的幻想相比，通过它所提供的具体功能来呈现计算机，可能对用户接受度的刺激更强烈。用户变得专注，计算机就变得透明，他们就能专心于写作、问题求解或探索。最终，他们拥有成就和掌控的体验，而不是有些神秘的机器已经为他们完成工作的感觉。拟人化界面可能使用户从他们的任务上分心和浪费他们的时间，因为他们要考虑如何取悦于屏幕上的角色或以社交场合上适当的方式对待它们。

对内部控制点期望的个体差异是重要的，但对大多数任务和用户来说，清楚地区分人的能力与计算机的能力可能有整体的优势。另一方面，设计者创建了拟人化界面，经常称为虚拟人、类人自治代理或具体化的对话代理。

在对基于文本的计算机辅助教学任务的早期研究中，当参与者与拟人化界面交互时，他们觉得自己对表现不太负责。其范围从类卡通到真实的动画人物已被嵌入到很多界面中，但它们增加了焦虑、降低了性能的证据正在增加，特别是对那些具有外部控制点的用户。很多人在有人观察他们的工作时，会更焦虑，所以监视他们表现的角色可能会困扰用户是可以理解的。这个结果是在对动画人物的研究中得到的，该人物似乎正在把用户的工作记下来和制作屏幕拷贝：具有外部控制点的用户已经增加了焦虑程度且任务完成得不太准确。

一个似乎很多用户都可接受的、替代的教学设计方法，是呈现课程或软件包的人类作者，通过音频或视频节目剪辑，其作者能够对用户讲话，非常像电视新闻播音员对观众讲话。设计人员不是把计算机做成人，而是能够展现可辨认的、适当的人类向导。例如，联合国秘书长可能录制视频来欢迎联合国网站的访问者。在这些介绍之后，若干种风格都可能使用。一种是导览隐喻的继续，受尊敬的名人介绍各部分，但允许用户控制节奏、重复各部分和决定他们何时准备好继续前进。

另一种策略是通过显示用户能够选择模块的概要来支持用户控制。用户决定花多长时间来参观博物馆的各部分、浏览具有事件细节的时间表或在有超链接的百科全书中在文章之间来回跳转。这些概要给用户一种可用信息的数量感且允许他们看到在所涉及主题方面的进度。概要也支持用户完全浏览内容的满足感，提供具有可预测动作的可理解环境，这种动作培养令人欣慰的控制感。此外，他们还支持动作可复制性(以再访有吸引力的或令人困惑的模块，或者把它显示给同事看)和可逆性(后退或返回到已知里程碑)的需要。游戏用户可能喜欢令人困惑的挑战、隐藏的控制和不可预测性，但大多数应用程序的情况却不是这样；与之相反，设计人员必须追求使他们的产品可理解、可预测。

用于构建有吸引力的非拟人化界面的指南如下。

(1) 把计算机呈现为人时，无论是合成的还是卡通的任务，均需要谨慎。

(2) 设计可理解、可预测和用户可控的界面。

(3) 利用适当的人来做音频或视频介绍或向导。

(4) 在游戏或儿童软件中使用卡通人物，但在别处避免使用它们。

(5) 提供以用户为中心的概要用于定位和封闭。

(6) 当计算机响应人的动作时不使用“我”。

(7) 使用“你”来指导用户或仅陈述事实。

8.3 显示设计

对大多数交互系统来说，显示是成功设计的关键部分。不一致的显示格式会抑制功能的执行，而密集或混乱的显示甚至会引发使用者的愤怒。为此，Smith 和 Mosier 提出了用于数据显示的设计指南。

(1) 确保用户在处理序列的任何一步所需要的数据，均可供显示之用。

(2) 以直接可用的形式给用户显示数据；不需要用户转换所显示的数据。

(3) 保持从一种显示器到另一种显示器的、任何特殊类型数据显示的一致格式。

(4) 使用简短的句子。

(5) 使用肯定陈述句而不是否定陈述句。

(6) 采用给列表排序的逻辑原则；无其他原则可用之处，按字母顺序给列表排序。

(7) 确保标签足够接近其数据域以指示关联，但用至少一个空格将它与其数据域分隔。

(8) 左对齐字母数据列以允许快速浏览。

(9) 给多页显示中的每一页都加上标签以显示它与其他页的关系。

(10) 以简要描述显示内容或目的的标题或题目开始每个显示，在显示的标题和主体之间至少空一行。

(11) 对于尺寸编码来说，让较大符号至少是下一个较小符号高度的 1.5 倍。

(12) 考虑用户必须在几类数据中快速辨识应用程序的颜色编码，特别是当数据项分散显示时。

(13) 当使用闪烁编码时，使闪烁频率为 2～5Hz，具有 50%的最小接通间隔。

(14) 对于超过一个显示帧容量的大表，确保用户在该表的所有显示部分都能看到列标题和行标签。

(15) 给用户(或系统管理员)提供做出必要改变以显示功能的手段，因为数据显示要求可能改变。

上述的这些早期的指南还有点儿模糊，实际上，显示设计一直拥有艺术元素且需要发明，但感知原则正变得更清晰。具有支持动态控制用户界面的、创新的信息可视化是迅速崛起的主题。

研究建议，计算机界面的视觉美学是用户满意度和愉快的重要决定因素。设计人员应该一如既往地从彻底了解用户任务入手，不受显示器尺寸或可用字体的约束有效的显示设计，必须以适当的顺序提供所有必需的数据以执行任务。有意义的(具有适合于用户知识的标签的)项目分组、一致的分组序列和整齐的格式均支持任务的执行。组能够被空格或框环绕。或者，相关项能通过突出显示、背景阴影、颜色或特殊字体来指示。在组内，整齐的格式能通过左或右对齐、数字小数点的调整或分解冗长域的标记来实现。

图形设计人员提出了适合于打印格式的原则，他们也在为显示设计来改写这些原则。一项研究提出了经过深思熟虑的建议，以揭示设计者任务复杂性的 6 类原则。

(1) 优雅和简单性：统一性、精炼和适当。

(2) 大小、对比度和比例：清晰度、和谐性、活动性和约束性。

(3) 组织和视觉结构：分组、层次结构、关系和平衡。

(4) 模块和程序：焦点、灵活性和一致性的应用。

(5) 图像和表示：即时性、一般性、内聚性和特征性。

(6) 风格：特殊性、完整性、可理解性和适当性。

8.4 网页设计

近年来，网页设计人员已经显著地改进了他们的产品。很多指南和互联网资源可归因于这一学科的成熟。视觉布局对(人类)执行具有很大影响，是网页设计的关键因素。较新的研究指出了使用网页的更具体的执行模式，它们可能反映出网页与传统的 GUI 设计之间的某些差异。在一个使用语言作为比较基础的研究中，研究了网页设计中 4 个视觉布局因素(链接数量、对齐、编组指示和密度)之间的相互作用。该实验采用两种方法实施：一种方法是限定从右到左阅读，另一种方法是限定从左到右阅读。结果指出，一些执行模式(按查找时间和眼球运动测量)在两种语言阅读中是相似的。在有很多链接和不同密度的页面中性能特别差，但它随着统一密度的出现而改进。未表明对齐是增强性能的因素。

网页设计人员容易犯分散用户注意力或误导用户的错误。一项基于人的因素的研究表明，这些确实是错误的原因，基于 Web 呈现信息的十大错误如下。

(1) 信息在网站中埋藏得太深。

(2) 页面承载了过多的资料。

(3) 提供笨拙的或令人困惑的导航。

(4) 把信息放在页面意外的位置。

(5) 链接不明显，不清楚。

(6) 呈现信息的表格太差。

(7) 文本小到很多用户不能阅读。

(8) 文本使用了很多用户不能阅读的颜色组合。

(9) 使用的表单差。

(10) 隐藏(或不提供)能帮助用户的特性。

普遍可用性也是网页设计的关键因素。一项研究探索了对低视力用户的 Web 可用性,该研究查看财经网页来确定设计人员是否能构建专门满足这些用户的需要并改进他们的体验的界面。其解决方案包括视觉与听觉的帮助、增加文字尺寸的能力和查看反向对比显示的网站能力。用户对新(原型)网站的评价要比活动网站正面得多,在浏览原型网站时似乎更熟练。

网站内容呈现问题能被分解为网站级问题、网页级问题和"特殊"类型的信息。网站级问题显然是出现在整个网站中而不是仅在单个网页上;它们包括网站的深度与广度、框的使用和导航选项的呈现。网页级问题在单个网页级进行观察,包括网页的组件,诸如表格、图、表单和控制,还有网页布局和链接呈现等问题。"特殊的"网站内容能够包括网站地图、搜索功能、用户帮助和反馈。这项研究涉及与网站和网页设计的这些方面相关的人的因素问题。

基于 Web 的设计是明显不同的,因为更广泛的、以消费为导向的受众欣赏彩色图形和很多网站设计人员采用吸引眼球的照片。其竞争是创建酷设计、热门图像和吸引注意力的布局。用户喜好变得至关重要,特别是当市场研究人员能够证明网站访客在具有视觉吸引力的网站停留的时间更长、购买的产品更多时。

在量化设计特性对喜好影响的尝试中,研究表明了网页的类型和大小之间的相互作用。一些易于应用的结果是,如果大页面有多栏式组织、限制动画图形广告、平均的链接文字保持为两三个词、使用特定字体、用不同的颜色来强调文字以及标题,就能够期待受到高度喜好。这些结果也能导致对支持高度喜好的设计目标的推测——例如可理解性、可预测性、熟悉性、视觉吸力和其他相关内容。

对用户性能的更准确预测可能伴随着整合任务频率和序列的测量而发生。Sears 制定了一个布局适当、依赖于任务的测量,以评估显示的空间布局与用户任务是否和谐(如图 8-1 所示)。与要求在相隔很远的各部分显示之间大量跳转的布局相比,如果用户能通过以自顶向下方式移过显示来完成常见任务,那么较快的执行是有可能的。布局适当性是处理按钮、框和列表的部件级测量。设计人员指定用户做出选择的序列和每一序列的频率。然后,给出的部件布局按它与任务的匹配程度来评估。使视觉扫描最少化的最佳布局能够产生,但由于它可能违背用户对域位置的期望,所以设计人员必须做出最后的布局决定。

混搭是综合来自两个或更多资源互补元素的网页或应用程序,他们经常把整个因特网上的数据和服务组合起来。混搭的例子包括综合地图和按地理位置定位的照片(如图 8-2 所示)、图书网站和徒步旅行信息资源,还有更多。利用这一技术的流行网站多有一种可缩放的谷歌地图和微软的虚拟地球的混搭。混搭是进行中的、朝向交互性和参与性更强的因特网迁移的一部分,其目的是增强创造性、协同性和功能性。因特网提供持续增长的、对用户生成内容和服务的选择。

图 8-1 适当的布局能够帮助设计人员分析和设计对话框

图 8-2 混搭效果的杭州西湖街景

混搭经常使用 Ajax 来创建，这是一组相互关联的 Web 开发技术，用于创建交互式 Web 应用程序或富互联网应用程序。Web 应用程序能够使用 Ajax，在不干扰现有页面的显示和行为的背景下，从数据库异步检索数据。

Web 混搭和开源软件正推动软件和系统开发中新实践的发展。在用户生成内容领域，设计人员能够通过组合原有的软件组件来快速创建网站应用程序。诸如此类的因特网技术，允许快速的用户界面原型生成和应用程序开发、降低开发风险，缩短开发时间。

8.5 窗口设计

计算机用户经常需要查阅文档、表单、电子邮件消息、网页等来完成他们的任务。例如，旅行社可能从查看客户的电子邮件请求跳到查看建议的旅行计划，再跳到日程表和航班时刻表最后跳到选择座位分配和选择酒店。即使是使用大的桌面显示器，对多少文档能被同时显示也是有限制的。越来越多的用户正在采用大的、多监视器显示，但此类显示工作站上没有足够的视觉线索，所以常常会漏掉细节。

设计人员一直追求的策略，是给用户提供充分的信息和灵活性来完成他们的任务，同时减少窗口内部处理动作且使分散注意力的混乱最少。如果用户任务已被完全了解且是定期执行的，就能有很大的机会来开发出一个有效的多窗口显示策略。例如，旅行社可能从客户旅行计划窗口开始，然后查看调度窗口的飞行航段，最后把选中的航段拖到旅行计划窗口。标签为"日程表"、"座位选择"、"食物喜好"和"酒店"的窗口可能按需出现，收费信息窗口最后出现以完成该事务。

窗口使用的视觉性质已经导致很多设计人员把直接操纵策略应用于窗口动作。为了拉伸、移动和滚动窗口，用户能够指向窗口边界上的恰当图标和简单地单击鼠标和拖动。由于窗口的动态性对用户感知有显著影响，用于转换(框的缩放、窗口打开和关闭时的重画、轮廓的闪烁、拖动期间的突出显示)的动画必须被精心设计。

在宽大桌面上重叠的、可拖动的、可调整大小的窗口已经成为大多数用户的标准。忙于多项任务的高级用户能够在称为"工作空间"的窗口集合之中进行切换，每个工作空间容纳若干其状态已保存的窗口，以允许容易地恢复活动。虽然取得了很大进展，但仍有机会大大减少依赖于单个窗口的内务管理事务和提供与任务相关的多窗口协调。

8.5.1 多个窗口的协调

设计人员可能会通过协调窗口的出现，进而改变内容，然后关闭等。例如，在医疗保险的索赔处理应用程序中，当其代理检索客户信息时，客户的地址、电话号码和会员编号等内容应在显示器上被自动填充。同时，不使用任何附加命令，客户的信息就可能出现在第二个窗口中，以前索赔的记录可能出现在第三个窗口中。第四个窗口可能包含其代理要完成的、指出赔付或例外的表单。信息窗口的滚动可能引起以前索赔窗口的同步滚动以显示相关信息。当该索赔被完成时，所有的窗口内容应该被保存，所有的窗口应该被用一个动作关闭。此类动作序列能够由设计人员或由具有终端用户编程工具的用户来建立。

同样，对 Web 浏览来说，求职的用户应该能够选择多个感兴趣的职位描述的链接，一次单击就全部打开。然后，可能使用一个滚动操作来同步探索，以比较工作的细节(描述、位置、薪水等)。当选中一个职位时，它应该占满屏幕，而其余职位窗口应自动关闭。

协调是一个描述信息对象如何根据用户动作而改变的任务概念。对用户任务的仔细研究能导致基于动作序列、任务特定的协调。开发者可能支持的其他重要协调包括：同步滚动、分层浏览、依赖窗口的打开/关闭、窗口状态的保存/打开、分页浏览和丝带界面等。

8.5.2 图像浏览

图像浏览使得用户能够从事大地图、杂志版面或艺术作品等方面的工作。用户在一个窗口中看到概要，在第二个窗口中看到细节。他们能够移动概要中的视图域框来调整细节视图的内容。同样，如果用户滚动细节视图，视图域框应该在概要中移动。设计良好、相互协调的窗口在视图域框和细节视图中具有匹配的高宽比，其中任何一个形状的改变会在另一个中产生相应的改变。

从概要视图到细节视图的放大倍数被称为缩放系数。当缩放系数在 5～30 之间时，相互协调的概要视图和细节视图对是有效的；然而，对于较大的缩放系数，就需要一个额外的中间视图(如图 8-3 所示)。

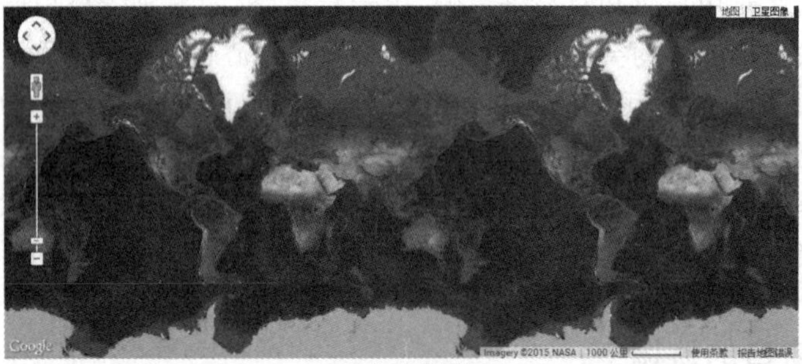

(a) 全球视图

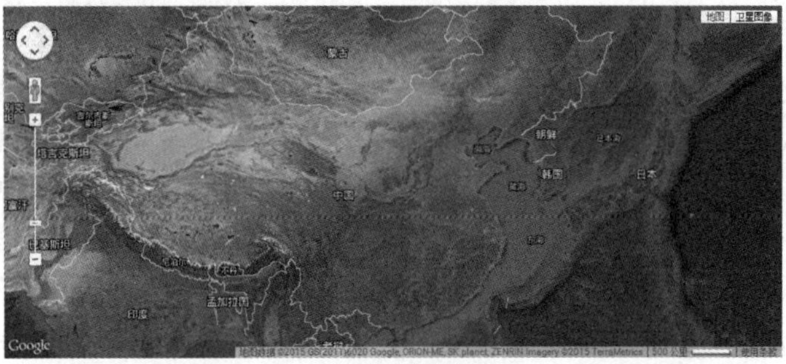

(b) 中国视图

(c) 浙江视图

图 8-3　全球和中间视图，它们为杭州的细节视图提供概要

(d) 杭州视图

图 8-3 （续）

并列放置概要视图和细节视图是最常见的布局，因为它允许用户同时看到大图和细节。然而，某些系统提供单视图，不是平滑地缩放以在选中点上移入就是简单地用细节视图替代概要视图。这种缩放替换方法实现起来简单且给予每个视图最大的屏幕空间，但它没有给予用户同时看到概要视图和细节视图的机会。一种变体是让细节视图与概要视图部分重叠，但这样做能遮挡关键项。语义缩放（表示对象的方式依其放大倍数而变）可能通过快速缩小和放大来帮助用户看到概要。

提供细节视图（焦点）和概要视图（背景）而不遮挡任何事物的尝试也激发了对鱼眼视图的兴趣。焦点区域（或区域）被放大以显示细节，同时保留其背景，它们均在一个显示中。这种基于变形的方法具有视觉上的吸引力，但持续改变被放大的区域可能使人失去方面感。

8.5.3 个人角色管理

窗口协调使较大的图像和任务的处理更容易，它们在过去因太复杂以至于不能处理。然而，还存在其他的潜在机会来改进窗口管理。当前的图形用户界面所提供的桌面中，应用程序用图标表示，文档被组织成文件夹，对这种方法进行改进是可能的。

自然的演进是朝向以角色为中心的设计，它强调用户任务而不是应用程序和文档。计算机支持的协同工作的目标是执行常见任务的几个人的协调，以角色为中心的设计与之相反，它能够显著改进对个人在管理他们的多个角色方面的支持。当个人按照独立的时间表执行不同层次的任务时，每个角色都使个人接触不同的人群。个人角色管理器取代了窗口管理器，当用户按给定角色工作时，它能够改进性能和减少分散注意力，还能使注意力从一个角色到另一个角色的迁移更容易。

屏幕管理是个人角色管理器的重要功能之一。所有角色都应该是可见的，但当前注意的焦点可能占据大部分屏幕。随着用户把注意力转向第二个角色，当前的角色收缩而第二个角色逐渐占满屏幕。如果两个角色之间有交互的话，用户能够同时放大它们。

个人角色管理器能够以图形用户界面简化文件管理任务的相同方式，来简化和加速常见协调任务的执行。对个人角色管理器的要求如下。

(1) 支持取决于用户角色的、信息组织的统一框架。

(2) 提供与任务匹配的、视觉的、空间的布局。

(3) 支持信息快速排列的多窗口动作。

(4) 支持在不完全了解信息项的名词、空间、时间和视觉的属性及其与其他信息块关系的情况下的信息访问。

(5) 允许角色的快速转换和恢复。

(6) 释放用户认知的资源,以执行任务域的动作,而不是让用户专心于界面域的动作。

(7) 为了任务而富有成效地使用屏幕空间。

8.6 彩色

彩色显示对用户有吸引力,它能够完成以下事情。

(1) 让人赏心悦目或引人注目。

(2) 给乏味的显示营造情调。

(3) 便于巧妙地分辨复杂的显示。

(4) 强调信息的逻辑组织。

(5) 引起对警告的注意。

(6) 唤起喜悦、兴奋、恐惧或愤怒等强烈的情感反应。

由平面艺术家制订、针对图书、杂志、高速公路标志和其他印刷媒体中颜色使用的原则已经针对用户界面而调整。程序员和交互系统设计人员正在学习如何创建有效的计算机显示。毫无疑问的是,彩色使视频游戏对用户更有吸引力,传达发电厂或过程控制图中的更多信息,对于人、风景或三维物体的真实图像来说是必需的。这些应用程序需要彩色。

虽然并没有一组简单的规则来规定颜色的使用,但下面这些指南应该是设计人员的起点。

(1) 谨慎地使用彩色。很多程序员和设计新手渴望使用彩色来使他们的显示增色,但结果常常事与愿违。一个信息系统用大字体显示其名字的7个字母,每个字母使用不同的颜色。在远处看时,其显示似乎引人入胜和吸引眼球;然而,近距离看时,却难以阅读。当颜色不表示有意义的关系时,它们可能会误导用户去寻找不存在的关系。

(2) 限制颜色数。很多设计指南建议限制单个显示中的颜色数为4种,整个显示序列中的颜色限定为7种。有经验的用户也许能够从大量的颜色编码中受益,但对新用户来说,颜色编码过多会造成困惑。

(3) 认识到彩色的力量是一种编码技术。彩色加快了很多任务的识别速度。例如,在空中交通管制系统中,高空飞行的飞机可能与低空飞行的飞机编码不同,以方便识别。

(4) 确保颜色编码支持任务。应意识到的是,使用颜色作为编码技术能够阻止违反编码方案意愿任务的执行。设计人员应该尝试把用户任务与颜色编码紧密联系起来,并尽可能给用户提供控制权。

(5) 用户轻而易举就可让颜色编码出现。一般来说,用户无须在每次执行任务时都激活颜色编码;恰恰相反,颜色编码应能自动出现。

(6) 把颜色编码置于用户控制之下。用户应能够适时关闭颜色编码。

(7) 首先针时单色显示而设计。显示设计者的主要目标应该是按逻辑模式安排内容。相关域能够按邻近性或按类似的结构化模式显示。相关域也能按照组所画的框来分组。不相关域能够通过插入空白区来分隔(至少在垂直方向上有一个空白行或水平方向上有三个空白符)。

(8) 考虑到色弱用户的需要。要考虑到色觉障碍用户的颜色可读性。色觉障碍比较常见,不应该被忽视。设计人员能够通过限制颜色的使用、适当使用双编码(即,使用在形状和颜色或位置和颜色方面变化的符号)、提供可选择的调色板供选择或允许用户自己定制颜色,来容易地处理这个问题。

(9) 使用彩色来帮助格式化。在空间紧缺、排列密集的显示中,通过类似的颜色能够用于给相关项分组。不同的颜色能够被用来区别物理上接近但逻辑上不同的域。

(10) 颜色编码要一致。整个系统都使用相同的颜色编码规则。如果一些出错信息用红色显示,就要保证每个出错信息出现时都是红色;变成黄色,可能被解释为信息的重要性发生改变。如果不同的系统设计人员使用颜色的方式不同,当用户试图给颜色改变赋予意义时,他们将犹豫不决。设计人员需要同用户交流以确定在任务域中使用什么颜色代码。

(11) 留意颜色配对问题。如果饱和的(纯)红色和蓝色同时出现在显示器上,用户就可能难以提取该信息。红色和蓝色处于光谱相对的两端,若试图同时产生对这两种颜色的锐聚焦,则人眼周围的肌肉将被拉紧:蓝色将逐渐退去,红色将逐渐涌现。红色背景上的蓝色文本将向用户阅读提出特别困难的挑战。其他组合(紫底黄字,绿底洋红字)同样显得耀眼和难以阅读。

(12) 使用变色来指示状态变化。例如,在炼油厂中,当压力值超过或低于可接受的限制时,压力指示器可能变色,颜色起到了引人注意的作用。当有数百个值持续显示时,这项技术具有潜在的价值。

(13) 在图形显示中使用彩色以实现较大的信息密度。在多曲线图中,颜色能够有助于显示哪些线段形成了整个图形。通常,用于区分白底黑字图中线条的一般策略——诸如虚线、粗线和点划线——不如每条线使用不同颜色那么有效。建筑平面图受益于电力、电话、热水、冷水和天然气的管线的颜色编码。同样,当使用颜色编码时,地图也能有较大的信息密度。

强调了使用颜色编码的复杂的潜在好处和危险的指南如下。

1. 使用颜色的指南

(1) 谨慎地使用颜色:限制颜色的数字和数量。

(2) 认识到彩色时加快或减慢任务执行的力量。

(3) 确保颜色编码支持任务。

(4) 用户轻而易举就可让颜色编码出现。

(5) 把颜色编码置于用户控制之下。

(6) 首先针对单色显示进行设计。
(7) 考虑色弱用户的需要。
(8) 使用颜色来帮助格式化。
(9) 颜色编码要一致。
(10) 留意对颜色代码的共同期望。
(11) 留意颜色配对问题。
(12) 使用变色来指示状态改变。
(13) 在图形显示中使用彩色以实现较大的信息密度。

2. 使用颜色的好处

(1) 各种各样的颜色使人赏心悦目或引人注目。
(2) 颜色能够改进乏味的显示。
(3) 彩色有助于细微地区分复杂的显示。
(4) 颜色代码能够强调信息的逻辑组织。
(5) 某些颜色能够引起对警告信息的注意。
(6) 颜色编码能够引起喜悦、兴奋、恐惧或愤怒的情感反应。

3. 使用颜色的危险

(1) 颜色配对可能带来问题。
(2) 颜色保真度可能在其他硬件上降级。
(3) 打印或转换成其他媒体可能是个问题。

8.7 技术进化的S曲线

人类将各种各样自然的、人造的物体与活动按照一定的规则组织起来,以满足自身的需求。在漫长的进化过程中,人类创造了多种多样的人造系统。

如果观察相当长的时间段内,实现相同主要功能的技术系统家族,很容易就能发现该技术系统家族中发生的许多变化。虽然技术系统的某些特性或参数被改变了,但是其主要功能却始终保持不变。其结果是,随着人类知识水平的提高,实现该功能的技术手段也提高了。例如,飞行设备、机动车辆、计算设备、录音设备等。在通常情况下,技术系统的进化过程可以被看作为在时间轴上从技术系统产生的那一刻起,到现在,直至未来的一系列连贯事件。而时间轴上每个点,都可以看作是人类对于该技术系统的一次重大改进或称之为"发明"。

由于任何发明都能够提高系统的主要功能,因此,可以把时间轴同系统有用功能的增长轴等同起来。

8.7.1 S 曲线

在对海量专利进行分析的基础上，通过对大量技术系统的跟踪研究，阿奇舒勒[①]发现，技术系统的进化规律可以用S曲线来表示。对于当前的技术系统来说，如果没有设计者引入新的技术，它将停留在当前的水平上。只有向系统中引入新的技术，技术系统才能进化。因此，进化过程是靠设计者的创新来推动的。技术创新理论中的S曲线如图 8-4 所示。

为了方便说明问题，常常将如图 8-4 所示的S曲线简化为如图 8-5 所示的形式，称为分段S曲线。其中，横轴表示时间，纵轴表示系统中某一个具体的重要性能参数。例如，在飞机这一技术系统中，飞机的速度、航程、安全性、舒适性等都是其重要的性能指标。

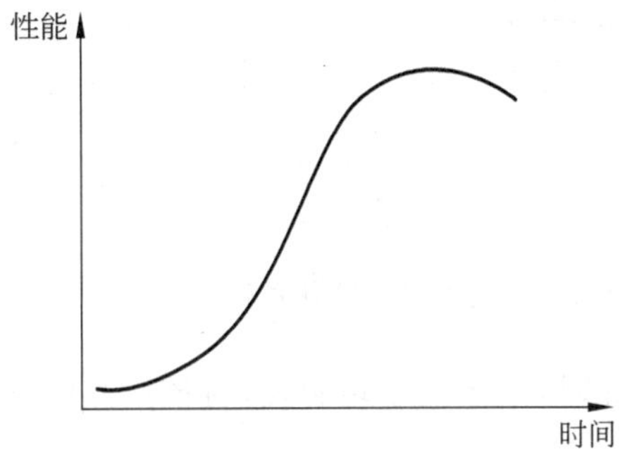

图 8-4　技术系统进化的S曲线

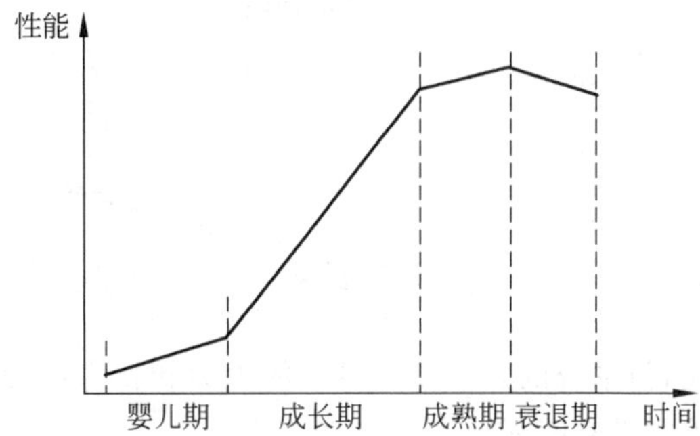

图 8-5　技术系统进化的分段S曲线

任何一种产品、工艺或技术都会随着时间的推移，向着更高级的方向发展，在其进化过程中，一般都要经历S曲线所表示的4个阶段：婴儿期、成长期、成熟期和衰退期。在每个阶段中，S曲线都呈现出不同的特点。不仅如此，在4个不同的阶段中，专利的发明级别、专利的数量和经济收益方面也都有不同的表现，如图 8-6 所示。

1. 婴儿期

一个新技术系统的出现一般要满足两个条件：①人类社会对某种功能有需求；②存在满足这种需求的技术。

新的技术系统往往随着一个高水平的发明而出现，而这个高水平的发明正是为了满足人类社会对于某种功能的需求。在新的技术系统刚刚诞生的时候，一方面其本身的结构还不是很成熟；另一方面，为其提供辅助支持的子系统或超系统也还没有形成稳定的功能结构。所以，新系统本身往往表现出效率低、可靠性差等一系列问题，在其前进道路上还有很多技术问题需要解决。同时，由于大多数人对新系统的未来发展并没有信心，因

---

① 根里奇·阿奇舒勒(Genrich S. Altshuller)，前苏联军方技术人员、发明家。阿奇舒勒在研究了来自于世界各国的上百万个专利的基础上，提出了一套体系相对完整的“发明问题解决理论”，为技术创新方法 TRIZ 的问世和发展奠定了基础。

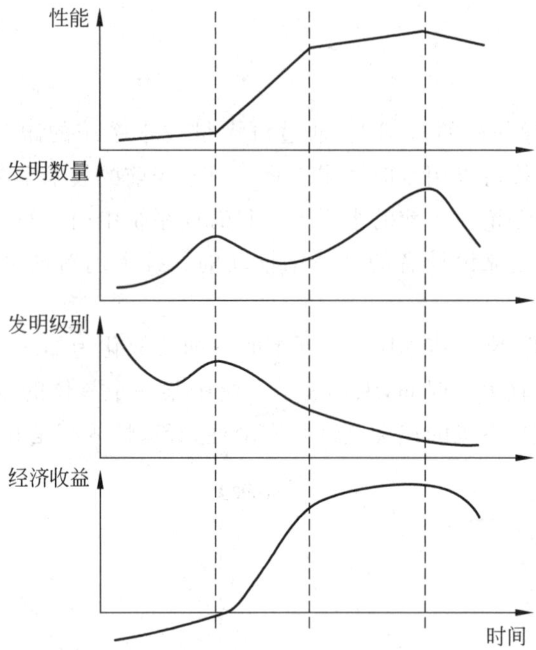

图 8-6　分段 S 曲线与发明数量、发明级别和经济收益之间的对应关系

此，新系统的发展缺乏足够的人力和物力的投入。此时，市场处于培育期，对该产品的需求并没有明显地表现出来。

在这一阶段，系统呈现出的特性是：系统的发展十分缓慢；产生的专利的级别很高，但专利的数量很少；为了解决新系统中存在的主要技术问题，需要消耗大量资源，经济收益为负值。

2. 成长期

当社会认识到其价值和市场潜力的时候，新系统就进入了成长期。此时，通过婴儿期的发展，新系统所面临的许多主要技术问题已经得到解决，系统的效率和性能得到了改善，其市场前景开始显现。大量的人力和金钱被投入到系统的开发过程中，使系统的效率和性能得到快速的提升，结果又吸引更多的资金投入到系统的开发过程中，形成了良性的循环，进一步推动了系统的进化过程。同时，市场对产品的需求增长很快，但供给不足，消费者愿意出高价购买产品。在这一时期，企业应对产品进行不断创新，迅速解决存在的技术问题，使其尽快成熟，为企业带来利润。在这一阶段，系统呈现出的特性是：系统性能得到快速提升；产生的专利在级别上开始下降；专利的数量大幅上升；系统的经济收益迅速上升。

3. 成熟期

由于在成长期大量的人力、物力和财力的投入，使技术系统日趋完善。系统发展到成熟期时，性能水平达到了最高点，已经建立了相应的标准体系。新系统所依据原理的发展潜力也基本上都被挖掘出来了(即新系统是基于某个科学技术原理而开发的,此时该原理的资源已经基本耗尽),系统的发展速度开始变缓。只能通过大量低级别的发明或对系统进行优化来使系统性能得到有限的改进,再投入大量的人力、物力也很难使系统的性能产生明显的提高。此时,产品已进入大批量生产阶段,并获得了巨额的利润。在这一时期,企业应在保证质量、降低成本的同时,大量制造并销售产品,以尽可能多地赚取利润。同时,企业应该投入相应的人力、物力,着手开发基于新原理的下一代技术系统,以便在未来的市场竞争中处于领先地位。

在这一阶段,系统呈现出的特性是:系统的发展速度变缓;产生的专利的级别更低,但数量达到最大值;所获得的经济收益达到最大,但有下降的趋势。

4. 衰退期

应用于该系统的技术已经发展到极限,很难取得进一步的突破。该技术系统可能不再有需求,因而面临市场的淘汰或将被新开发的技术系统所取代。此时,先期投入的成本已经收回,相应的技术已经相当成熟。在这一时期,企业会在产品彻底退出市场之前,“榨”出最后的利润。因此,产品往往表现为价格和质量同时下降。随后,新的系统将逐步占领市场,从而进入下一个循环。

在这一阶段,系统呈现出的特性是:系统的发展基本停止;产生的专利无论在级别上还是在数量上都明显降低;经济收益下降。

5. S曲线族

在主要功能保持不变的基础上,实现该功能的技术系统的这种持续不断的更新过程表现为多条S曲线,称这些S曲线为实现该主要功能的技术系统的S曲线族,如图8-7所示。

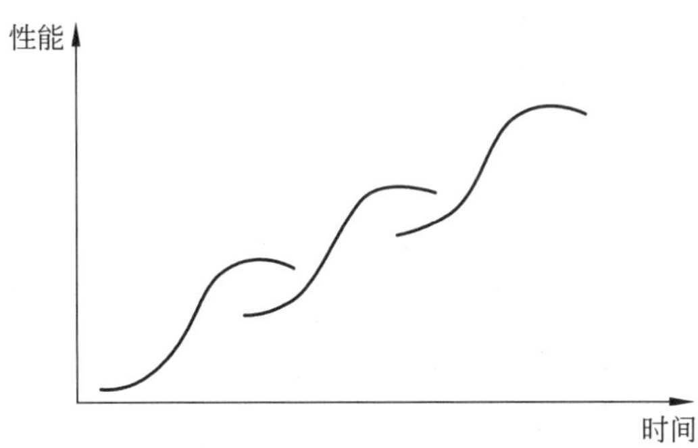

图8-7 S曲线族

8.7.2 技术预测

对大量历史数据的分析研究表明:技术进化过程有其自身的规律与模式,是可以预测的,这种预测的过程称为技术预测。预测未来技术进化的过程,快速开发新产品,迎接未来产品竞争的挑战，对企业竞争力的提高起着重要的作用。因此，企业在新产品的开发决策过程中，需要准确地预测当前产品的技术水平及下一代产品的进化方向。

技术预测的研究起源于半个世纪以前，最初应用于军工产品，即对武器及部件的性能进行技术预测，后来也应用于民用产品。在长期的研究过程中，理论界提出了多种技术预测的方法。其中最有效的是 TRIZ 的技术系统进化理论。阿奇舒勒等人通过对大量专利的分析和研究，发现并确认技术系统在结构上进化的趋势，即技术系统进化模式以及技术系统进化路线；他们同时还发现，在一个工程领域中总结出来的进化模式及进化路线可以在另一个工程领域实现，即技术进化模式与进化路线具有可传递性。该理论不仅能预测技术的发展，而且能展示依据预测结果所开发出来的产品可能的状态，对于产品创新具有指导作用。

技术系统的进化与人类对自然界的认识是密切相关的，随着人类对自然规律认识的不断深入，利用这些规律而创造出的技术系统的水平也会不断提高。因此，技术系统的进化与辩证唯物主义认识论中关于人类对事物的认识规律一样，都是螺旋上升的过程。

8.8 阅读与思考：iPhone 新专利

[**注**] 有关 iPhone 手机将配备蓝宝石玻璃屏的传闻已经传了好几代，但最终的结果是我们只能在 iPhone 的主摄像头上看到它的身影，而即将发布的新 iPhone 会带给我们惊喜吗？

虽说距离苹果发布 iPhone 新品还有一段时间，但网络上的相关爆料却越来越详细，大到外观设计小到内部元器件……曝光的节奏也是像极了之前我们所看到的 iPhone 5s、iPhone 6。除此之外，令不少科技媒体关注的还有不少象征着苹果(或 iPhone)的“黑科技”专利。即便是这些专利在现阶段并不一定能最终在新的 iPhone 产品中有所体现，但至少也是在向外界传递着苹果在 iPhone 产品上的发展方向。不过话又说回来了，如果这些专利真的哪一天成为现实，相信那时的 iPhone 产品功能也将会更加强大。下面这些有关 iPhone 的专利，或许就是不少“果粉”希望可以变成现实的。

面部识别/解锁

不久前，美国专利商标局批准了苹果提交的一项有关面部识别的专利。不过事实上，苹果早在 2011 年年底就已经将该专利的相关内容公布于众。而作为竞争对手的谷歌/三星也拿出了他们的方案，使用基于 Android 4.0 的 Galaxy Nexus 也实验性地加入了面部识别解锁解决方案。当时，外界普遍认为苹果很快会把这项识别解锁技术引入到 iDevice 设备上，为 iOS 用户提供全新的人机交互方式。但最终直到苹果拿出 Touch ID 指纹识别解决方案时，这项技术仍然处于雪藏的状态，如图 8-8 所示。

从此次获批的专利内容介绍来看，苹果之所以推出这项专利，是为了解决目前面部识别在成本、功耗和效果这几个方面的矛盾。这项专利的关键点在于，该识别系统并不是对图像进行 100%的对比，而是提取人脸富含信息的部分，如眼睛、鼻子和嘴巴等区域进行比对，进而完成面部识别。

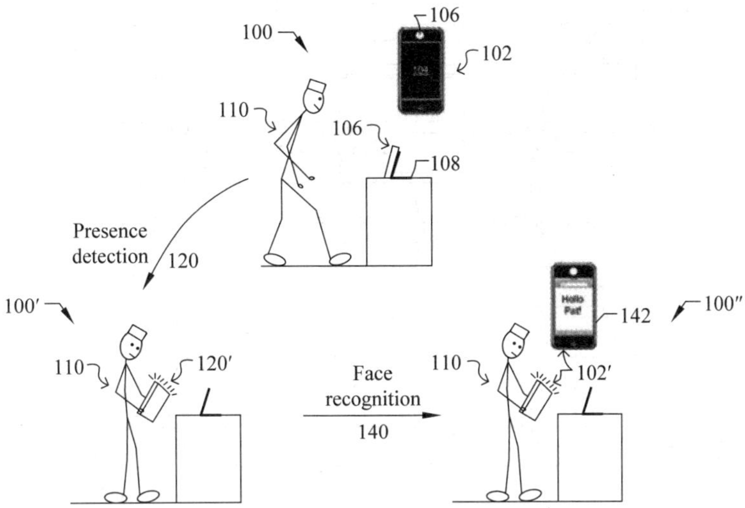

图 8-8 面部识别解锁解决方案

从专利描述的图片来看，这项技术要求设备处于静止状态捕获图像进而完成比对识别，如果是在户外条件下，至少要保证用户举起手机，以自拍动作完成对比。所以，这种面部识别的易用性、效率等方面并不一定比指纹识别优秀，但可以肯定的是，它比数字密码要实用，安全性也会更高。

不过苹果并没有详述这项专利会何时、以什么样的方式运用到 iPhone 产品上。另外，还需要关注的是，在 Touch ID 等物理指纹识别技术开始规模化运用的情况下，“面部识别”还会不会有比较广阔的使用前景。

更清晰的显示效果

提升手机屏幕显示分辨率早已成为 Android 阵营中的大势之趋，而苹果对 iPhone 在屏幕显示上的做法却似乎显得过于保守，即便是当前的 iPhone 6、6 Plus 显示分辨率效果最高也只有 1080p 级别。

其实，苹果并不是有意忽视这些潜在的产品体验提升点。在 2014 年年初，苹果就已经向美国专利商标局提交了相关专利内容，从该专利的介绍可以了解到，这项专利将通过量子点技术及其运作原理，可以在特定的波长下发光，从实际使用上来讲也就是能更加准确、有效地在屏幕上显示色彩，如图 8-9 所示。

此前未采用量子点的 Retina 显示屏，虽然会在蓝色波长下较好地匹配色彩的效果和精度，但在绿色和红色波长下，呈现效果不佳，趋向于呈现黄色和橙色。如果采用量子点之后，在 RGB 波长下，绿色、红色应该会有更不错的色彩效果和精度。

在 iPhone 6 出来之前，也曾有一些媒体报道过苹果的这项专利，并希望苹果能在 iPhone 6 上进行体现。但遗憾的是，在之后发布的 iPhone 6&6 Plus 上，这项专利所提到的内容并没有真正运用在手机上。经过又一年的研发，在 iPhone 6s 上会不会出现更好的显示屏幕，拭目以待。

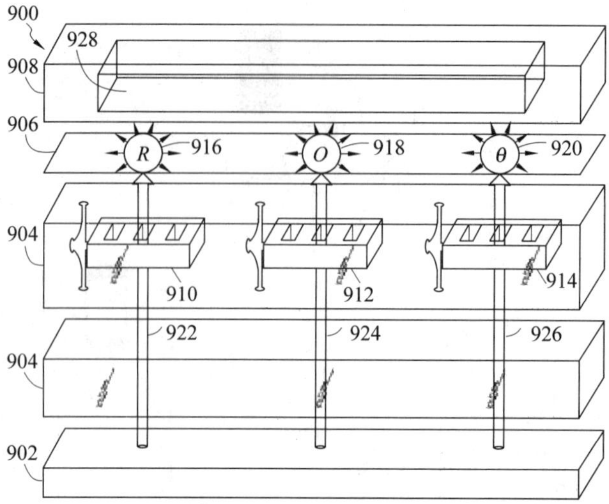

图 8-9　量子点技术及其原理

蓝宝石玻璃屏

到了 iPhone6&6 Plus 这代，苹果给这两款产品装了手感更舒适的 2.5D 玻璃，在美观程度上也提升了不少，但唯一不好的一点就是保护性太差、太容易碎屏。在没有给手机贴膜或者是配保护壳时，如果一旦手机摔到了比较坚硬的路面上，碎屏的几率几乎可达 90%以上。

所以说，如果之后的 iPhone 依旧还是打算按照目前的思路来，一块更坚固的玻璃屏应该也是刚需，说到这里大家一定会想到这三个字——“蓝宝石”。的确，有关 iPhone 手机将配备蓝宝石玻璃屏的传闻已经传了好几代，但最终的结果是我们只能在 iPhone 的主摄像头上看到它的身影，在 iPhone6&6 Plus 上也不例外，如图 8-10 所示。

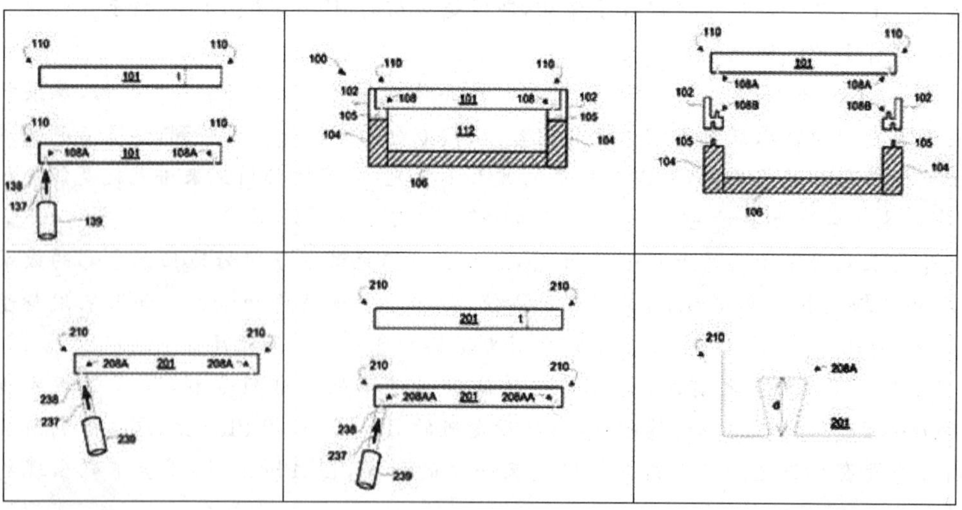

图 8-10　蓝宝石屏

不过苹果也同样没有放弃这方面的探索。根据2014年11月中旬，美国专利和商标局公布的文件，苹果申请了名为“电子设备外壳的陶瓷保护玻璃”专利，而这份专利就恰恰介绍了如何将蓝宝石玻璃安装至iPhone的技术。他们将会采用激光烧蚀技术，把蓝宝石玻璃烧蚀成楔形，然后再放置于iPhone产品中。

苹果把蓝宝石玻璃屏放入iPhone中不算难事儿，难的或许是在如何保证供应量，以及如何保证安装在屏幕更大的iPhone上，还能保持不错的抗冲击性和抗弯曲度。如果哪天真把这些问题解决了，iPhone也就会像AppleWatch那样有一块蓝宝石玻璃屏幕了。

虚拟人机交互

相信看过科幻片的朋友，一定会对一些“隔空悬浮”操控电子设备感到非常好奇，也很希望能有一天用到这样的产品。苹果最近的一项关于“扩展人机交互”的专利或许能让我们距这个梦想更近一步，如图8-11所示。

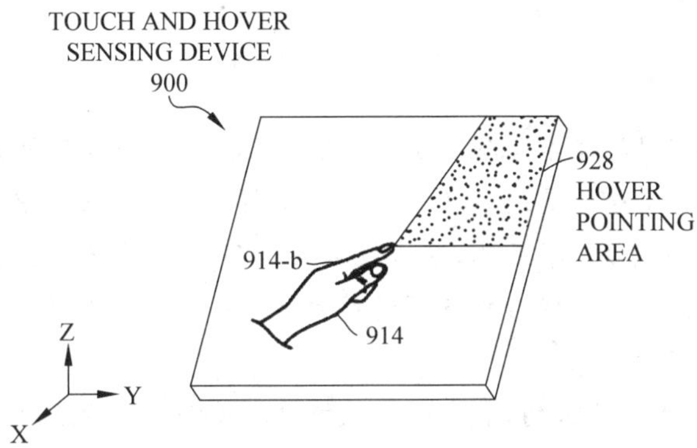

图8-11 扩展的人机交互

该专利显示，这项交互功能即可在不触摸设备的情况下，通过多传感器来识别、判断在设备前方的手势，去除过于敏感的错误识别，提高悬浮手势识别的准确率，从而实现更好的人机交互体验。虽说看着比较“高大上”，但只要我一解释你保准会“呵呵”一笑。其实说白了也就是有来电时不用滑动接听，只需把手机贴近耳朵就能实现自动接听；把手机放在桌子上一个简单的手势就可以实现免提模式等。这样的把戏似乎早就在Android手机上玩滥了吧？不过我想苹果并不会把这个人机交互弄得这么简单，或许会有别出心裁的新花样，耐心等待吧。

拍照质量提升

相比于前面的专利内容，相信大家对iPhone拍照的专利曝光更为关心。虽然iPhone的主摄像头像素提升缓慢，但在实际表现水平上却完全不输于主流的旗舰机型，相比于安卓厂商前置摄像头都飙到了800万的恐怖数据，苹果依旧坚守着800万的后置摄像头也算是“大心脏”了，如图8-12所示。

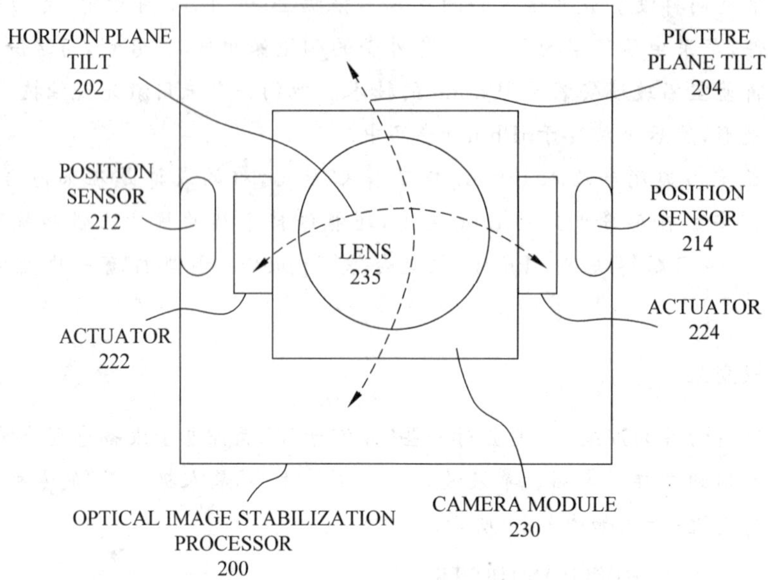

图 8-12　苹果摄像头

不过苹果也并非“闭门造车”，从 2014 年就已经曝光出的专利来看，苹果正在寻找一种全新的拍照解决方案，也就是进行超采样合成来得到高分辨率像素照片（有点儿像之前 OPPO 所采用的解决方案）。苹果称，这项技术将使用 OIS 系统，凭借极快的速度进行连拍（每一张角度都略微不同），然后将得到的照片送入一个图像处理引擎进行合成，最终得到一张超高分辨率的照片。

至于说采用双摄像头什么的，我感觉不太靠谱。如果苹果还能在新 iPhone 上提升拍照像素（也能上升到千万像素级别），再加上前面说到的成像技术，相信在拍照体验上将会再提升一个台阶。

背部 Logo 变身传感器

在 iPhone 5s 上我们看到了苹果将指纹识别功能集成在了 Home 键之上，那么未来的 iPhone 上，会不会出现新的高度集成区域，就比如说在 iPhone 背部的 Logo 之上。该项专利显示，苹果正在研究一个能够将传感器整合到移动设备开孔的电路系统，如图 8-13 所示。

简单来说，苹果希望可以将一些传感器整合到 iPhone 背部的苹果 Logo 上，而这些传感器将被用来收集用户的心率、指纹等数据。此外，根据不同的使用场景，隐藏的传感器可以让 iPhone 更方便地对数据进行收集。

不得不说，这个想法的确很棒，即便是在以后一两代 iPhone 上不会出现，但至少这样的做法可以让不少果粉有了更多的期待，或许等那天真正到来时这个 Logo 还会拥有更多的功能。

资料来源：马炯慧，2015 年 07 月 15 日，原名：这些有关 iPhone 的专利还未曾成为现实，腾讯数码。

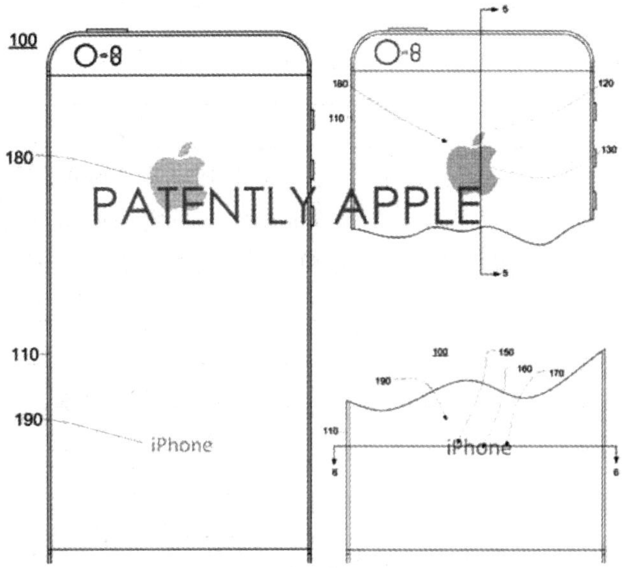

图 8-13 将传感器整合到苹果 Logo 上

8.9 实验：人机交互界面的创新设计

8.9.1 实验目的

(1) 熟悉人机界面时尚设计的基本内容；

(2) 熟悉技术进化 S 曲线及其应用与技术预测的作用。

8.9.2 工具/准备工作

在开始本实验之前，请回顾课文的相关内容。

需要准备一台能够访问因特网的计算机。

8.9.3 实验内容与步骤

1. 概念理解

(1) 请举出一个你认为因为好的可用性而获得成功的数字系统的例子和因为不好的可用性而失败的例子。并且，想一想为什么对于各个例子，人们重视可用性。再想一想，该数字产品或服务的哪些特征，导致可用性影响于产品或服务的成败。

答：____

____

(2) 在以可用性属性为中心的商业模式中，选择成功和失败的例子各一个，并分析其商业模式利用的可用性的属性是由什么所构成的？分析它们成功与失败的原因。请问，以用户属性为针对性判断，来创造新的商业模型是否是明智的选择？

答：

(3) 什么是S曲线？S曲线有什么作用？

答：

2. 应用S曲线分析创新问题

请将技术进化分析的S曲线用于分析Apple公司的iPhone系列产品，并撰写短文评述。

答：

8.9.4 实验总结

8.9.5 实验评价(教师)

第 9 章　用户文档和在线帮助

用户界面的标准化和持续改进已经使计算机应用程序变得更容易使用，但使用新的界面或者对于计算机的新用户，仍然面临着新的挑战，需要努力理解界面对象和动作。即使对有经验的用户来说，学习高级特性和理解新的任务域还是需要付出努力。一些用户向了解其界面的其他人学习，一些其他用户通过反复试验来学习，还有一些用户使用提供的(通常是在线的)文档。用户手册、在线帮助和文档以及教程经常被忽视或很少使用，但当用户试图在某种条件下完成任务却被卡住时，这些资源就是珍贵的。

学习任何新事物都是挑战，挑战能够带来快乐和满足，但谈到学习计算机系统，很多用户都体验过焦虑和挫折。很多困难可能直接源于糟糕的菜单、显示或说明书的设计。随着提供普遍可用性的目标变得更加重要，在线帮助服务对于用户来说逐渐变得必要。

除了常见的在线与纸质文档，其他教学方式还包括课堂教学(传统的、基于 Web 的或在线的)、个人培训和辅助、电话咨询、视频与音频记录和 Flash 演示，这些形式同样适用这些教学设计原则。

9.1　在线与纸质文档

较早研究表明，编写得好、设计得好的用户手册，无论是纸质的还是在线的，都是很有效的。虽然对改进用户界面设计的关注逐渐增加，但交互式应用程序的复杂性和多样性也在增加。因此，通过纸质和在线这两种形式的补充材料来帮助用户，这种需求将一直存在。

给用户提供在线指南的方式多种多样。很多纸质使用手册已被转换成在线格式；软件厂商经常提供在线使用手册、在线帮助系统、在线教程或动画演示。上下文相关的帮助也经常可获得，其范围从简单的弹出框(通常被称为工具提示、屏幕提示或气球帮助)到更高级的助手和向导。大多数厂商有网站，该网站可能以常见问题的汇集为特色(FAQ)。此外，还有活跃的用户社区，他们提供更“草根”类型的帮助和支持。这种帮助可通过正式的、结构化的用户社区和新闻组或更随意的电子邮件、聊天、即时通信形式获得。广泛多样的格式和风格被用于满足经常存在的对文档的需求。

在线文档的存在的正面原因包括以下几方面。

1. 物理优势

(1) 只要电子设备或计算机可得，信息就可得。

(2) 用户不需要为之分配物理工作空间以打开文档。

(3) 信息能以电子方式被快速低成本地更新。

2. 导航特性

(1) 如果在线文档提供索引、目录、图的列表、术语表和快捷键列表，那么任务所需的特定信息能够被快速查找。

(2) 在数百页中查找一页，用计算机完成通常比用纸质文档快得多。

(3) 文本内的链接能够把读者引导到相关的材料；与外部资料的链接，诸如字典、百科全书、翻译和 Web 资源能够有助于理解。

3. 交互服务

(1) 一些在线文档允许读者给文本加书签、注解或加标记，可以通过电子邮件发送文本和注解。

(2) 作者能够使用图形、声音、色彩和动画，这些方法可能有助于给用户解释复杂的动作和创造动人的体验，如图 9-1 所示。

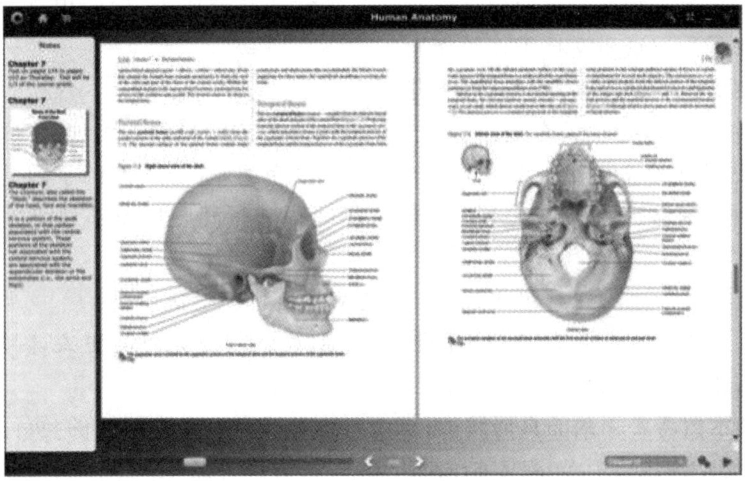

图 9-1　电子书阅读(软件)

(3) 读者能够求助于新闻组、列表服务器、在线社区、电子邮件、聊天室和即时消息，以从其他用户那里获得进一步的帮助。

(4) 视觉障碍用户(或其他有需要的用户)能够使用屏幕阅读器来听语音说明。

4. 经济优势

在线文档的复制和发布比纸质文档便宜。但是，尽管在线文档存在优势，也还是有一些潜在的负面影响，例如包括：

(1) 显示的可阅读性可能不如纸面。

(2) 每页显示包含的信息可能大大少于一页纸所包含的信息，这一点在使用图片或图形时特别重要。

(3) 相对来说，大多数人更熟悉纸质文档或纸质使用手册的“用户界面”。

(4) 浏览和滚过很多屏幕所需要的、额外的心智努力可能影响专注和学习。

(5) 把显示分割成工作和帮助窗口会减少工作显示的空间。如果用户必须切换到独立的帮助或教程应用程序,短期记忆的负担能够很大;用户可能失去他们工作的上下文,难以记住他们在在线文档中所读的内容。

(6) 手机等小设备没有足够的显示空间来提供在线帮助。它们通常必须依赖纸质文档,包括快速入门指南或独立的、基于 Web 的在线文档和教程。

9.2 纸面阅读与显示器阅读

印刷技术已经发展了五百多年,纸面和颜色、字型、字符宽度、字符清晰度、文本与纸的对比度、文本列宽、页边距尺寸、行间距甚至室内照明均被做了充分的试验,以努力产生最有吸引力且最可读的格式。

阅读计算机显示所造成的视觉疲劳和压力是常见问题,但这些情况与休息、频繁的中断和任务多样化紧密相关。即使用户没有察觉视觉疲劳或压力,他们用显示器工作的能力可能也低于他们用纸质文档工作的能力。

从显示器阅读的潜在缺点包括以下几方面。

(1) 字体可能差,特别是在低分辨率显示器上。形成字母的点可能大到每个都可见,使得用户花费精力来辨识字符。单间隔(宽度固定)字体,缺少适当的字距调整(例如,使"V"和"A",更紧密靠拢的调整)、不适当的字母间距和行间距以及不适当的颜色均可能使识别复杂化。

(2) 字符与背景之间的对比度低和字符边界模糊也能造成麻烦。

(3) 显示器的发射光可能比纸的反射光更难以阅读;眩光可能更大,闪烁是个问题,一些屏幕的弧形显示面可能令人烦恼。

(4) 小显示器需要频繁的页面转换;发出页面转换命令是中断性的,页面转换使人不安,特别是当它们速度慢且分散视觉注意力时。

(5) 纸的阅读距离易于调整,而大多数显示器的位置是固定的。显示器的位置对舒服的阅读来说可能太高(例如验光师建议阅读应以眼睛俯视方式完成)。眼睛调节以看到近物的 5 种方式是:调节(晶状体形状改变)、聚焦(向中心看)、瞳孔缩小(瞳孔收缩)、向外转动(转动)和凝视降低(往下看)。平板计算机和移动设备的用户经常把他们的显示器放在比桌面显示器低的位置以方便阅读。

(6) 布局和格式化可能成为问题。例如,页边距不适当、行宽不适当(建议每行为 35~55 个字符)或对齐方式不合适(建议左边对齐右边不齐)。多列布局可能需要持续地上下滚动。分页符可能分散注意力和浪费空间。

(7) 与纸相比,使用位置固定的显示器来减少手和身体的移动,可能更使人疲劳。

(8) 对显示的不熟悉和对导航文字的担心能够增加压力。

随着移动设备、专业电子书平台(如图 9-2 所示)和基于 Web 的图书馆变得普及,人们对从显示器阅读的兴趣正在增加。当用户要在线阅读大量资料时,建议使用分辨率高且较大的显示器。其他建议包括,如果打算用显示的文本取代纸质文档,那么响应时间快、显示速率快、白底黑字和页面大小的显示器都是重要的考虑。

图 9-2　电子阅读器

一些应用程序，诸如微软的 Word，提供专门的阅读布局视图（如图 9-3 所示），该视图限制控制的数量且增加文本可用的空间。动态分页能够考虑到显示器尺寸，以便于给整个文档分页而不是滚动，因为它们更清晰且产生不太混乱的外观。

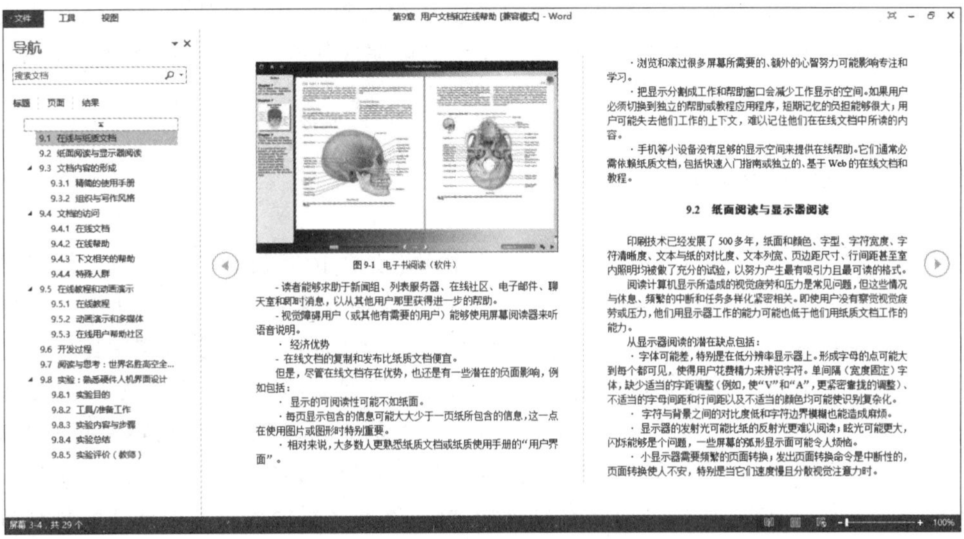

图 9-3　Word 的阅读视图

大型在线图书馆——无论它们是免费使用还是付费的（由众多出版商所提供的服务）——都促进了改善阅读体验的努力。报纸和学术期刊的出版商正在积极满足在线访问文章的高需求量，同时努力确保有收回成本的方式。文档的可塑性正在成为一种要求。自动感知阅读文档的正确方位的能力正在成为一个标准特性。文档设计人员必须构造他们的资料以便它们能在小、中、大显示器上以不同的字体大小被阅读，以适应视力障碍的用户。

需要更好地了解用户在在线环境中的阅读模式。针对三种不同界面的阅读进行研究——概览加上细节、鱼眼和线性的——显示了一些有趣的结果：其中最差的阅读效能是使用传统的线性界面。使用眼动跟踪且显示用户在何处看及如何看网页的另一项研究清楚显示：用户不是逐字阅读在线文本。首段应包含最重要的信息；在阅读它们后，用户倾向于沿着页面的左侧浏览，所以他们在那里所看到的言语也应携带重要的信息内容（即F模式）。

文本标记技术（例如，XML或XHTML）能支持自动生成纸质和在线的版本、目录、多种多样的索引、增强的搜索能力、用于快速浏览的缩短版本和到更多细节的链接。某些高级特性包括自动转换成外语、用于注解、书签和标记的工具，让文本大声读出的能力和针对不同类型读者的突出显示。

9.3 文档内容的形成

通常，计算机系统的培训和参考资料使用纸质的，而编写这些使用手册的任务往往不被重视，因此，经常会出现写得很糟糕、不适合用户的背景、被延期或不完整、测试不充分等问题。管理人员现在认识到，设计人员可能未完全理解用户的需要，系统开发人员可能不是好的作者，编写有效的文档需要时间和技巧。他们还认识到，测试和修改必须在广泛传播之前完成，系统的成功与文档的质量紧密联系在一起。用户对从头到尾地阅读使用手册或文档不感兴趣；他们的兴趣集中在搜集信息或完成任务。用户还喜欢有选择的、对不同的任务喜欢不同类型的文档。

9.3.1 精简的使用手册

研究表明，学习者偏爱在计算机上尝试动作而不是阅读冗长的使用手册。他们想要立即执行有意义、熟悉的任务，亲眼看到结果。他们应用真实世界的知识、使用其他界面的经验和频繁的测试。耐心地按顺序通读使用手册内容的用户形象在现实中比较少见。

这些观察导致了对使用手册的精简设计，这种手册把工具固定在任务域、鼓励尽快积极地参与到实际动手做的体验中来、倡导对系统特性的有指导探索和支持错误识别和恢复。用户手册和文档设计的关键原则随着时间的推移已经被改进、被详细描述并在实践中被验证。当然，每本好手册都应该有目录和索引，术语表对澄清技术用语能够是有帮助的，建议附带有出错消息的附录。

视觉设计对读者是有帮助的，特别是高度可视的直接操纵界面和图形用户界面。查看大量精心选择的、演示典型使用的、屏幕打印图，能使用户理解界面和逐渐形成界面的预测模型。通常，用户在第一次试验软件期间将模仿该文档中的例子。包含复杂的数据结构、迁移图和菜单的图形通过给予用户对设计者创建的系统模型的访问权，能显著改进性能。

9.3.2 组织与写作风格

编写教材是一项有挑战性的工作，其作者应该十分熟悉技术内容，了解读者背景及其阅读水平。在作者获得技术内容的基础上，创建文档的主要工作就是了解读者及他们必须完成的任务。

精确陈述教学目标是作者和读者的宝贵指南。教学内容的排序应该由读者的当前知识和最终目标所决定。作者应该按逻辑顺序以难度渐增的方式提出概念,以确保每个概念在后续章节使用前被解释,从而避免向前引用,按照每节包含差不多相同数量新资料的方式来构建各节。除了这些结构上的要求,该文档还应有足够的例子和完整的示例会话。这些指南对于那些通常按顺序阅读的使用手册和其他文档是有效的。在开始编写任何文档之前,重要的是彻底调查预期用户是谁和该文档将被如何使用。

用户在若干不同的认知水平上与文档交互。他们转向文档来寻找与完成任务相关的信息。他们需要理解该文档正在解释什么,然后他们把这种理解应用于起初导致他们查阅文档的任务。选词和措辞与整体结构同样重要。组织的风格指南代表了在确保一致性和高质量方面有价值的尝试。

9.4 文档的访问

研究表明,尽管用户手册持续得到改进,但大多数用户仍然避免使用手册,而偏爱通过探索特性和其他手段来学习界面特性。用户通常不想细查难以浏览的、冗长的用户手册。而是想要迅速方便地访问针对他们正在尝试完成的特定任务的说明。即使出现了问题,很多用户也不愿意查阅纸质文档,而仅把它作为最后手段来使用。

文档经常被放在网上用来在线阅读。可用多种方式来搜索和遍历不同于纸质文档的在线信息。能够提供上下文相关的帮助是在线文档的另一优点。

9.4.1 在线文档

现代设计假定在线文档或基于 Web 的文档将是可用的,通常具有标准的浏览界面以减少学习努力。对移动设备来说,小显示器限制了可能性,但在该设备上提供有帮助的说明来补充印刷的用户文档仍应优先被考虑。为了保持这种信息为最新,用户经常参考制造商的网站,在那里,可随时下载使用手册和其他形式的文档。

尽管在线文档和纸质文档通常产生于同一源文档,但现在在线文档在很多方面都趋向不同于纸质文档。在线文档受益于物理优势、导航特性和交互服务。当设计人员设计适合电子媒体的在线文档和利用文本突出显示、颜色、声音、动画和有相关反馈的字符串搜索时,阅读效率将是最高的。

在线文档(特别是使用手册)的一个重要特性,是被适当设计的目录,它能在显示的文本页边保持可见。选择某章或目录中其他条目应立即跳转到适当的页面。可以使用扩展的或收缩的目录(常用+号和一号)或多窗格来立即显示多个级别。能够方便容易地查看大量的在线文档对用户来说是至关重要的。

9.4.2 在线帮助

用户通常在解决特定问题时想获得帮助,而不是按顺序通读一套在线文档,他们通常想要直接跳到所需的信息。使用在线文档的传统方法是，让用户输入或选择帮助菜单项，然后系统显示按字母顺序安排的主题列表，他们能够在这些主题上单击以阅读一段或更多有帮助的信息。提供在线帮助来简要描述界面对象和动作，对于间歇的、知识渊博的用户可能是最有效的，但是对新用户来说，可能需要有指导的培训。

有时，简单的列表——例如快捷键、菜单项或鼠标快捷键的列表——能够提供必要的信息，列表中的每一项可能都有其特性描述。

为微软的大多数产品建立的在线帮助和支持中心，提供了用于查找被称为主题的相关文章的很多方式。用户能够浏览按层次列出主题的有组织的目录，或者搜索文章的文本。最后，微软的解答向导允许用户输入使用自然语言语句的请求；然后该程序选择相关关键词并提供一个按类组织的主题列表。例如，当用户输入“告诉我如何在信封上打印地址”时会产生：

你想要做什么？

创建和打印信封。

通过合并地址列表来打印信封。

该例显示了来自自然语言系统的成功响应，但响应的质量在典型的使用情形中变化很大。用户可能未输入适当的术语，而且他们经常难以理解其说明。

9.4.3 下文相关的帮助

当使用在线帮助系统时，提供上下文相关信息的能力是强大的优势。考虑到上下文的最简单方式是监视光标位置和提供关于光标下对象的、有帮助的信息。这种形式的用户控制的交互对象帮助对用户来说是简单易懂的。另一种方法是提供系统发起的帮助，通常称为“智能帮助”，这种帮助尝试利用交互历史、用户群模型和其任务表示来做出用户需要什么的假设。

用户控制的、交互对象帮助上下文相关帮助的一种简单方法，是基于界面中的交互窗口部件。用户把光标定位在窗口部件（或其他可视界面对象）上，然后按帮助键或让鼠标在该对象上悬停数秒以产生关于光标正在其上停留的对象的信息。在这一技术的通用版本中，用户只需把光标移动到需要的位置且在该对象上悬停，就能导致一个小的弹出框（通常称为工具提示、屏幕提示或气球帮助）出现，其上有该对象的解释。另一方案是，所有的气球可能被立即显示，以便用户能够同时看到所有的解释。此外，把一部分显示用于帮助，当用户在界面部件上悬停或选择界面部件时被自动更新。用户控制的帮助也能被用于比窗口部件复杂的对象，诸如控制面板或表格。这些特性给用户可得到的大量帮助提供较窄的窗口。例如，在 Microsoft Office 中，当用户在图标上悬停时，屏幕提示就会出现，它解释该图标所表示的命令，提供窗口部件级帮助

系统发起的帮助通过记录用户动作，一些研究人员相信他们能提供有效的系统引导，诸如建议用户应重新定义边距，因为它们正在把第一行缩进。

计算机系统及其附带文档被各种各样的人群使用，他们与一系列复杂度不同的应用程序交互。这些用户在年龄、计算机经验和语言理解能力方面各不相同，这里只列出了几

个不同方面。

当设计和创建文档时，作者要知道和了解潜在的用户，重视满足某些特殊用户群的需要，例如国际化和跨文化的问题，例如老年用户、残疾用户等。

9.5 在线教程和动画演示

在线教程是一种交互培训环境，用户能在这种环境中查看经常与实际任务场景相联系的、用户界面对象和动作的解释性描述。使用电子媒体来教用户如何掌控界面的方法有很多种。依赖于界面的复杂程度和用户准备花在吸收教程资料的时间，通过扩展的基于计算机的培训模块、特性的动画演示可能会把用户服务工作做得很好。

进一步的培训方法是基于复杂的学习模式，这些学习模式与精心设计的、指导用户并改正其错误的教育教程结合在一起。成功的设计提供明确的挑战、有帮助的工具和优良的反馈。虽然不依赖于自然语言交互，反而给用户提供了用于工作和控制其学习体验的清晰的上下文。

9.5.1 在线教程

在学习在线教程时执行实践任务的机会是其最大优势之一。让用户积极参与是精简使用手册方法的关键宗旨之一，它特别适合于在线教程。交互教程的设计者必须处理教学设计的常见问题，供用户实践的常见任务库会有很大帮助。文字处理软件的示例文档、演示软件的幻灯片和地理信息系统的地图等都帮助用户体验这些应用程序。强力推荐对教程进行反复测试和改进。

9.5.2 动画演示和多媒体

动画演示已经成为一种高技术的艺术形式。制造商起初设计它们的目的主要是通过使用广告公司能创作的最好的动画、彩色图形、声音和信息呈现来炫耀系统特性，因而吸引软件或硬件的潜在用户。这些演示关注于建立一种正面的产品形象。近年来，演示已经成为在用户工作时培训他们的标准技术。在这种情况下，重点是演示循序渐进的过程和解释动作的结果。自动的节奏和人工控制分别使不动手的和动手的用户满意。使用标准的回放控制允许用户停止、重放或跳过某部分且提高他们的可接受性。

动画演示能够被准备为幻灯片放映、屏幕截图动画或使用设备的人员的录像。幻灯片放映可能适合于表格填写或基于菜单的界面，但动画更适于演示直接操纵交互，诸如拖放操作、缩放框或动态查询滑块。动画演示在传达工具的目的和用法方面比静态解释更有效，用户在给其看过动画演示而不是给予文本解释后，完成任务的速度更快也更准确。

新用户有时被界面的复杂性弄得不知所措。提供出色的文档能够帮助他们理解，但有时界面需要被简化。当用户变得更熟练时，多层界面设计能够展开和进一步挑战和鼓励用户，允许用户移过 3、8 或更多层，在游戏设计中是巨大的成功，它能帮助用户优雅地学习应用程序的众多特性。

9.5.3 在线用户帮助社区

等与其他人在线交流来获得帮助，正在证明是有效的。这种方法可能利用电子邮件、聊天或即时消息等技术手段来提问和应答。问题能够被发送到指定的求助台或职员，或被粘贴到讨论板上。应答能够在数秒内，或更典型地在数分钟或数小时内收到。

公有广播的方法也很具有吸引力，很多应答者从能帮助他人和展示自己的能力上获得满足感。当然，广播帮助请求的弊端是用户必须公开暴露他们缺乏知识和承受得到不正确建议的风险。很多网站现在都提供电子邮件联系信息而不是写下的地址或电话号码。而且，为了防止一些基础问题占用工作人员资源，求助台的管理人员经常把常见问题及回答记录到常见问题文件中。这使新来者能够浏览过去已经讨论过的典型问题。这些文件经常是可搜索的并按照问题类型或其他某个分层方案进行组织。

如今，到网上去查找各种类型的信息被认为是标准的做法，但用户必须意识到，并非所有信息都是正确有效的。

9.6 开发过程

文档的创作也应该像所有其他项目一样，被适当管理、被合适的人员处理和被用适当的里程碑监视。文档开发过程的指南包括：

(1) 寻找专业的作者或撰稿人。

(2) 尽早准备用户文档(在实现之前)。

(3) 建立指南文档，跨所有相关部门协调和集成。

(4) 彻底审查文稿。

(5) 实地测试早期版本。

(6) 给文档读者提供反馈机制。

(7) 定期修改以反映变化。

尽早启动是必须的。如果文档写作过程在实现之前就开始，将会有充足的时间来复审、测试和改进。而且，用户文档能够充当比软件正式规格说明更完整、更可理解的替代物。实现者在阅读正式规格说明时，可能会漏掉或误解某些设计要求；编写良好的用户文档可能会澄清该设计。其作者成为能够刺激实现团队的、有效的批评者、审查者和提问者。早期就开发文档也使软件可尽早开展其可学习性的初步测试，甚至是在界面被构建之前。在软件被完成之前的几个月，文档可能是向潜在客户和用户以及实现者和项目经理传达设计者意图的最好方式。

有用户参加的非正式走查通常是软件设计者和文档作者的有启发作用的体验。潜在用户被要求通读文档和大声描述他们正在看和学的东西，以及他们思考的什么东西可能被遗漏。有适当数量用户参加的实地试验，构成了识别用户文档和软件的问题的进一步过程。实地试验的范围能够从 6 个人干半小时到数千人干几个月。一个简单有效的策略是让参加实地试验的用户在他们正使用文档时标记文档，允许他们快速指出打印错误或使人误解的信息的章节。软件及其附带文档极少有被真正完成的。恰恰相反，它们会经历一个持续的、演进式改进的过程。每个版本都会消除已知错误、添加改进内容和扩展功能。如果用户能够与作者交流，迅速改进的机会就更大。只要有可能，保存帮助资料和使用日志将确定系统的哪些部分需要修改。

这种开发工作常常是由不同工作小组的人员来完成的，他们在同一公司但在地理上可能是分散的，或者某些工作可能被“签约外包”。然而，重要的是，用户能看到一个流畅、综合的视图，这意味着注意常见的颜色、标识、术语和风格。必须建立和遵守标准化的指南，文档、相关软件和所有套装软件必须代表一个综合系统。

9.7 阅读与思考：未来科技生活三大趋势：感知化/一切互联/计算延伸

英特尔 IDF15 秋季大会正式开幕。本届大会的主题是“Developed by You”，英特尔 CEO 科再奇先生围绕这一主题发表主题演讲，并表明英特尔对于未来世界的三大构想：感知化、一切互联、计算的延伸。无疑英特尔已经准备好了全部的平台，只将问题抛给开发者：你要创造点儿什么？如图 9-4 所示。

图 9-4 英特尔 IDF15 秋季大会

经历了桌面计算到移动计算时代变迁，如今我们正在经历一次计算的新革命。英特尔对于定义未来有三个构想。

(1) 感知化：正在成为计算创新最前沿的领域。所有人都希望与 PC 能够有更加深层的交互体验，希望 PC 更像人，能够识别人的指令，响应人的需求并以更加自然亲切的方式与人交流互动。Smart Voice 技术就是这方面的典型尝试，这项技术让原本冷冰冰的设备能够捕捉到我们人的语音指令做出相应的判断，而无须任何按钮触发。

(2) 一切互联：自从有了网络，设备不再是单独的存在，网络让所有设备产生了深度的联系和沟通。如今网络互联的作用已经不仅限于 PC 产品、平板和手机这样的传统移动设备，如今更多的智能设备接入到网络当中，到 2020 年全球接入网络的智能设备将达到500亿台，这是一个巨大规模的市场，无论对厂商还是对于广大开发者来说都是空前的机遇。而对广大用户来说，这是一次对于传统生活模式的"大爆炸"。

(3) 一件事是可以肯定的：计算无处不在！我们看到计算正趋向于更贴近人的方向延伸，从智能家居、智能可穿戴设备、智能运动设备甚至是汽车智能都需要独立的思考和分析能力为用户创造出更为智能的使用体验。从前我们对这些并不感兴趣，然而今天我们的注意力都集中在了上面。从现场展示的BMX自行车演示中我们发现，连小轮车都可以独地的采集数据为运动者提供参考，还有更多的计算转化方式等待我们去发掘。

RealSense应用场景在延伸

虽然相对于VR来说，RealSense的受关注度和发展速度并没有那么快，但是你绝对不会否认RealSense的发展潜力，它依然吸引着英特尔和广大创客围绕在其周围进行应用场景的开发延伸，如图9-5所示。

图9-5 RealSense

此次IDF上为了让该技术得到更快速的发展，英特尔宣布该技术将支持更广泛的平台，为开发者创造新的深度感知软硬件带来更多机遇。除了Windows平台和Android平台之外，英特尔实感技术还将支持OS X、ROS、Linux、Scratch1、Unity、XSplit、OBS、Structure SDK、OSVR、Unreal Engine 4和Google Project Tango等多种平台。

其中与雷蛇OSVR、苹果OS X以及谷歌的合作颇具亮点，支持苹果平台对于扩大RealSense的影响力和开发普及度都有至关重要的作用。而与谷歌Project Tango的合作体现了这项技术在移动设备上尝试的方向是其主攻方向。通过将Google的Project Tango以及英特尔的实感技术整合至一个Android智能手机开发者套件中，用户可以实现室内导航和区域学习、虚拟现实和3D扫描等在内的全新体验。值得一说的是雷蛇2015年7月才刚刚发布OSVR，这么快就得到英特尔RealSense的支持，无疑为雷蛇在VR领域增加了筹码。

在适用场景上，RealSense得到了进一步的延伸，从之前的测量三维尺寸、先拍照后对焦的单一演示上跳出，RealSense如今已经实现了之前的设想。通过RealSense用户能够迅速绘制出空间范围内的实景三维图像、一些物体的三维模型，这对于传统的人工建模是一个相当大的冲击。10s甚至更快速得获得模型，输出数据到3D打印机打印出相应的实物，人人都能上手制作原本只有专业人员才能企及的工作，这是对以往工作体验的颠覆。

当然这只是RealSense的一个方面，包括智能售货机、游戏对于人眼的捕捉、智能镜子等，未来更多的变化将一一展开。

智能设备令人眼花缭乱

如今来到IDF如果你不了解英特尔历史和背景的话，你是很难想象出主办这项盛大活动的厂商是曾经的存储器生产商以及世界上最大的处理器厂商。它更像一个智能生态的基础平台厂商，为全世界的智能硬件和创客提供服务。实际上这就是英特尔正在追求的目标之一。本届IDF，由于Skylake尚且在保密期的缘故，英特尔的智能生态成了重头戏，通过Edison、Curie等平台产品，令人眼花缭乱耳目一新的智能设备再一次成功地吸引了所有人的眼球，如图9-6所示。

图9-6 智能设备

2014年英特尔曾宣布与美国时尚品牌Fossil合作，现在我们已经可以看到这些应用了英特尔技术和基于Android Wear平台的智能手表了，这是英特尔与大品牌合作的案例。而对于初创企业以及单个的开发者来说，英特尔所提供的平台让他们如鱼得水，智能骑行眼镜、智能的蜘蛛机器人、智能侍者机器人等令人印象深刻。

亮相基于全新3D非易失性技术的SSD

在本届IDF15上，英特尔推出了英特尔Optane技术。该技术基于革命性的3D XPoint™非易失性存储器介质，并融合了英特尔先进的系统内存控制器、接口硬件和软件IP，有助于充分释放未来众多产品的巨大性能潜力。英特尔Optane技术将被应用在全新的高耐用性、高性能固态盘产品系列中，而该系列产品将于2016年开始上市。现已投入生产的3D XPoint技术是存储器制程技术的一项重大突破，也是自1989年NAND闪存推出至今的首款基于全新技术的非易失性存储器。

通过现场的演示，基于该技术的全新旗舰产品在性能上是目前市面上SSD的7倍，卓越的性能有助于商用用户获得更优秀的体验。未来该技术逐渐普及有望进一步压低普通消费及SSD产品的价格，大幅提高SSD整体的性能表现。以我的观点，这项技术无疑是近年来在存储行业上最值得关注的亮点。

结语

IDF仅开幕当天，众多高能黑科技已然令人兴奋，我们体会到了拥有庞大身躯的行业巨头英特尔一次次带来华丽轻巧转身的魅力。英特尔还将带来哪些不可思议？还是接着去关注英特尔明天的Show Time吧。

资料来源：腾讯数码，周硕，2015年8月19日

9.8 实验：软件产品开发文件编制指南

9.8.1 实验目的

(1) 掌握用户文档的相关知识与开发原则；

(2) 熟悉GB/T8567—1988《计算机软件开发文件编制指南》，掌握软件项目规模与软件文档实施关系的处理方法。

9.8.2 工具/准备工作

在开始本实验之前，请回顾课文的相关内容。

请通过收集了解或者虚拟构思一个应用软件开发项目，以这个项目开发过程中软件文档需求为基础，来完成本实验。

9.8.3 实验内容与步骤

软件文件是在软件开发过程中产生的，与软件生存周期有着密切关系。请参阅有关资料(教科书或专业网站等)，了解就一个软件而言，其生存周期各阶段与各种文件编写的关系，并在表9-1中适当的位置上填入"√"。请注意其中有些文件的编写工作可能要在若干个阶段中延续进行。

表9-1 软件生存周期各阶段中的文件编制

阶段 文件	可行性研究与计划	需求分析	设计	实现	测试	使用与维护
可行性研究报告						
项目开发计划						
软件需求说明书						
数据要求说明书						

续表

文件＼阶段	可行性研究与计划	需求分析	设计	实现	测试	使用与维护
测试计划						
概要设计说明书						
详细设计说明书						
数据库设计说明书						
模块开发卷宗						
用户手册						
操作手册						
测试分析报告						
开发进度月报						
项目开发总结						

1. 文件的读者及其关系

文件编制是一个不断努力的工作过程，是一个从形成最初轮廓，经反复检查和修改，直到程序和文件正式交付使用的完整过程。

在软件开发的各个阶段中，不同人员对文件的关心不同。请根据你的判断，用符号“√”表示某部分人员对某个文件的关心，完成表9-2的填写。

表9-2 各类人员与软件文件的关系

文件＼人员	管理人员	开发人员	维护人员	用　户
可行性研究报告				
项目开发计划				
软件需求说明书				
数据要求说明书				
测试计划				
概要设计说明书				
详细设计说明书				
数据库设计说明书				
模块开发卷宗				
用户手册				
操作手册				
测试分析报告				
开发进度月报				
项目开发总结				

2. 文件内容的重复性

由于不同软件在规模上和复杂程度上差别极大，在 GB/T 8567—1988 所要求的 14 种软件文件的编制中，允许有一定的灵活性，这主要体现在应编制文件种类的多少、文件的详细程度、文件的扩展与缩并、程序设计和文件的表现形式等方面。

此外，分析在 GB/T 8567—1988 中列出的 14 种软件文件的"内容要求"部分，可以看出其中存在着某些重复。较明显的重复有两类，即：

第一类：____；

第二类：____。

这种内容重复的目的，是为了：______________________________

____

3. 文件编制实施规定的实例

GB/T 8567—1988 指出，对于具体的软件开发任务，应编制的文件种类、详细程度等取决于开发单位的管理能力、任务规模、复杂性和成败风险等因素。为了控制文件编制中存在的灵活性，保证文件质量，软件开发单位应该制定一个文件编制实施规定，说明在什么情况下应该编制哪些文件。

我们通过下面的例子，来说明如何建立这种实施规定，使项目经理能确定本项目开发过程中应编制的文件的种类。

我们采用求和法来确定应编制的文件。该方法的要点是：提出 12 个考虑因素来衡量一个应用软件，每个因素可能取值的范围是 1～5。项目经理可用这 12 个因素对所要开发的程序进行衡量，确定每个因素的具体值；把这 12 个因素的值相加，得到一个总和；然后由这个总和的值来确定应该编制的文件的种类。

步骤 1：虚拟一个你正要组织开发的软件项目。你考虑的这个项目的名称是：

____

步骤 2：按表 9-3 中的 12 个因素衡量所要开发的软件，得到每个因素的值。

表 9-3　文件编制的 12 项衡量因素

序号	因　素	因素取值准则				
		1	2	3	4	5
1	创造性要求	没有-在不同设备上重编程序	很少-具有更严格的要求	有限-具有新的接口	相当多-应用现有的技巧	重大的-应用先进的技巧
2	通用程度	很强的限制-单一目标	有限制-功能范围是参量化的	有限的灵活性-允许格式上有某些变化	多用途、灵活的格式-有一个主题领域	很灵活-能在不同设备上处理范围广泛的主题
3	工作范围	局部单位	本地应用	行业推广	全国推广	国际项目
4	目标范围的变化	没有	极少	偶尔有	经常	不断

续表

序号	因素	因素取值准则				
		1	2	3	4	5
5	设备复杂性	单机、常规处理	单机、常规处理，扩充的外设系统	多机，标准外设系统	多机，复杂的外设系统	主机控制系统、多机、自动 I/O 显示
6	人员	1 或 2 人	3～5 人	5～10 人	10～18 人	18 人以上
7	开发投资	6 人月以下	6 人月～3 人年	3～10 人年	10～30 人年	30 人年以上
8	重要程度	数据处理	常规过程控制	人身安全	单位成败	国家安危
9	对程序改变的完成时间要求	2 周以上	1 或 2 周	3～7 天	1～3 天	24 小时以内
10	对数据输入的响应时间要求	2 周以上	1 或 2 周	1～7 天	1～24 小时	60 分钟以内
11	程序语言	高级语言	高级语言带一些汇编	高级语言带相当多汇编	汇编语言	机器语言
12	并行的软件开发	没有	有限	中等程序	很多	完全并行开发

你为自己要开发的软件确定的各个因素的值是：

(1) 创造性要求：________

说明：________________________

(2) 通用程度：________

说明：________________________

(3) 工作范围：________

说明：________________________

(4) 目标范围：________

说明：________________________

(5) 设备复杂性：________

说明：________________________

(6) 人员：________

说明：________________________

(7) 开发投资：________

说明：________________________

(8) 重要程度：________

说明：________________________

(9) 对程序改变的完成时间的要求：________

说明：________________________

(10) 对数据输入的响应时间的要求：________

说明：________________________

(11) 程序语言：　　　　　　　　　　　　______

说明：______

(12) 并行的软件开发：　　　　　　　　　______

说明：______

步骤3：把衡量所得的各个因素的值相加，得总和值：______分。

步骤4：根据总和值，从表9-4中查出应编制的文件的种类。

表9-4　各项因素总和与文件编制要求的关系

因素值	可行性研究报告	项目开发计划	软件需求说明书	数据要求说明书	概要设计说明书	详细设计说明书	数据库设计说明书	用户手册	操作手册	模块开发卷宗	测试计划	测试分析报告	项目开发总结报告①	开发进度月报
12～18		√						√					√	
16～26		√	√	③			③	√		√	√	②	√	√
24～38	√	√	√	③			③	√	√	√	√	②	√	√
36～50	√	√	√	③	√		③	√	√	√	√	√	√	√
48～60	√	√	√	③	√	√	③	√	√	√	√	√	√	√

① 项目开发总结报告的内容应包括：程序的主要功能、基本流程、测试结果和使用说明。

② 测试分析报告应该写，但不必很正规。

③ 数据要求说明和数据库设计说明是否需要编写应根据所开发软件的实际需要来决定。

在你虚拟构思的开发项目中，确定应编制的文件的种类是：

(1) ______

(2) ______

(3) ______

(4) ______

(5) ______

(6) ______

(7) ______

(8) ______

(9) ______

(10) ______

(11) ______

(12) ______

(13) ______

(14) ______

9.8.4 实验总结

____

____

____

____

9.8.5 实验评价(教师)

____

____

第 10 章　人机交互的质量与测评

在 20 世纪 60 年代，用户对计算机速度的感觉由数学计算、程序编译或数据库搜索的响应时间所决定。此后，随着分时系统的出现，对稀缺计算资源的争夺产生了更复杂的延迟原因。随着因特网的出现，用户对扩展服务的期望增加了，还有仍然更复杂的对延迟的解释。现在，用户需要了解文本页面和图形页面之间的大小差异，以理解服务器负荷的巨大变化和容忍网络拥塞。他们还必须了解多个问题的缘由，诸如中断的连接、不可用的网站和网络断电等。这个复杂的关注集合通常都涵盖在服务质量之下。

10.1　人机交互的服务质量

对服务质量的关注源于一个基本的人类价值观：时间是宝贵的。当延迟阻碍着任务进度时，很多用户会产生挫折感。导致长时间显示或刷屏、冗长或意外的系统响应时间等，这些都会在计算机用户中产生反应，导致出错频繁和满意度低。

对服务质量的讨论还必须考虑第二个基本的人类价值观：应该尽量避免出错。有时，取得快速性能与低错误率之间的平衡就意味着工作节奏必须放慢。如果用户工作得太快，他们可能学到的更少、阅读的理解程度更低、所犯的数据输入错误更多和做出的不正确决定更多。压力能够加剧这些情形，特别是当难以从错误中恢复时更是这样。

服务质量的第三个方面是减轻用户的挫折感。延迟通常是受挫的原因，但还有其他原因，诸如数据的崩溃、产生不正确结果的软件缺陷和导致用户困惑的糟糕设计。网络环境造成了更多的挫折感：不可靠的服务提供商、掉线、垃圾电子邮件和恶意病毒等。

对服务质量的讨论通常关注网络设计人员和操作人员做出的决策。界面设计人员也应该做出对用户体验有极大影响的设计决策。例如，可以优化网页以减少字节数和文件数，或者提供可从数字图书馆中获得的资料的预览，以有助于减少对网络的查询和访问次数(如图 10-1 所示)。此外，用户可能有机会从快或慢的服务和从观看低分辨率或高分辨率的图像中进行选择，他们需要指南来理解其选择的含义和帮助其适应不同的服务质量等级。

10.1.1　响应时间影响的模型

响应时间定义为从用户发起动作(通常通过按回车键或单击鼠标)到计算机开始呈现结果(不管是在显示器上、经由打印机、通过扬声器还是在移动设备上)所花的秒数。当该响应完成时，其用户开始构想下一个动作。用户思考时间是在计算机的响应和用户发起下一个动作之间所消逝的秒数。在这个简单的行动阶段模型中，用户发起动作；等待计算机响应；当结果出现时查看；思考一会儿，然后再次发起动作(如图 10-2 所示)。

图 10-1　全球变化参量数据库

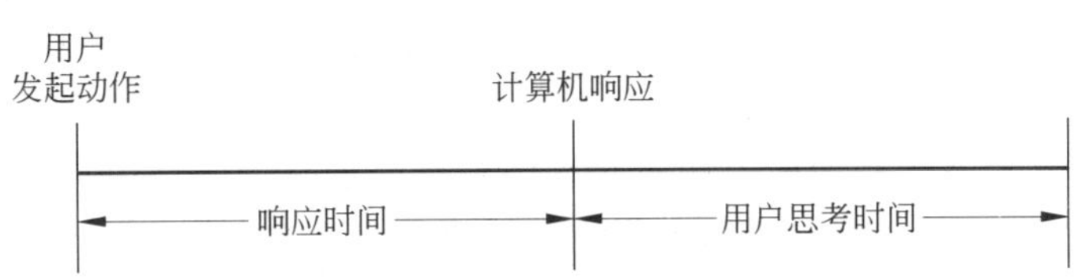

图 10-2　系统响应时间和用户思考时间行动模型的简单阶段

在更真实的模型中(如图 10-3 所示),用户在解释结果、打字/单击和计算机产生结果或跨网络检索信息时进行计划。大多数人将使用他们拥有的任何时间提前计划。因此,用户思考时间的精确测量是难以得到的。

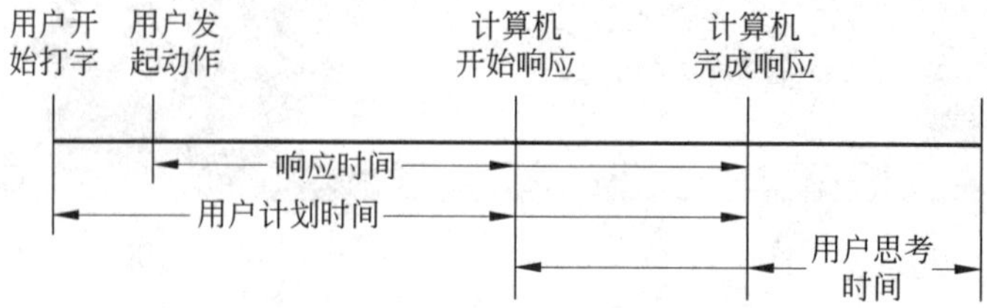

图 10-3　系统响应时间、用户计划时间和用户思考时间的模型

计算机的响应通常可以定义得更精确且可测量,但这里也存在问题。一些界面以分散注意力的消息、告知性的反馈来响应,或在发起动作后立即以简单的提示来响应,但实际结果却可能在几秒钟后才出现。例如,用户可能使用直接操纵方式把文件拖到网络打印机图标上,但可能花很多秒才出现该打印机已被激活的确认信息,或者报告该打印机离线的对话框。用户已经逐渐接受网络设备响应的延迟,规定响应时间的设计人员和寻求提供高服务质量的网络管理人员必须考虑技术可行性、费用、任务复杂性、用户期望、任务执行速度、出错率和错误处理规程之间复杂的交互作用。人们总的生产力不仅依赖于界面速度,也依赖于人的出错率和从这些错误中恢复的容易程度。冗长(长于15s)的响应时间对生产力通常是有害的,增加了出错率,降低了满意度。较快(少于1s)的交互通常受到偏爱且能提高生产力,但也可能增大复杂任务的出错率。提供快速响应时间的高成本和增加错误的损失必须按照最适宜节奏的选择来评估。

网站显示性能通过评估延迟加上两个网站设计变量(网站广度和内容熟悉性)来检验在用户性能、态度、压力和行为意图方面的交互效果。实验证明,延迟、熟悉性和带宽这三个因素共同影响着用户在做出搜索目标信息的各种选择时所承担的认知成本和结果。实验还被用来检验"可接受的"延迟、信息发送、网站深度、反馈、压力和时间约束。初步结论是,用户不耐烦率高,延迟和不良信息发送在较大的程度上影响着结果数量变化。

基于Web的应用程序和移动通信(短消息、经由Web的移动设备访问互联网等)的屏幕刷新率在缓慢时会产生挫折感,在快速工作时能够使情绪平和。在操作要求多的桌面机器的Web应用程序中,屏幕刷新率通常被网络传输速度或服务器性能所限制。部分图像或网页的片段可能随着散布的几秒钟的延迟而出现。

宽带服务提供商通常不提供相同的上传和下载速率:因为大多数用户下载到计算机的信息(文本、照片、音频、视频、软件等)要比他们上载的信息多得多,所以多数服务提供商选择以快速的上载能力为代价换来高得多的下载速度。那些要求更少上载时间的用户(例如,网站管理员、从事合作项目的软件开发人员或定期发送大文件的用户)可能发现他们的宽带服务提供商在上载时间方面还有许多有待改进之处。在用户生成内容的时代,对越来越多的用户来说,上载速度与下载能力并驾齐驱是重要的。

还有能够允许计算机用户评估他们下载和上载速度的Web工具。运行该测试能使用户更好地了解服务质量和给他们提供有用的信息,以便当他们要求更好的服务或升级来满足其网络响应时间需求时,把这些信息提供给他们的宽带服务提供商。

在具有防火墙保护的企业或大学的内联网上工作的用户将经常基于通信量、基础设施工具和在网络上运行的服务以及在网络基础设施上偶尔发生的病毒或其他攻击而注意到网络性能的变化。这些人受益于具有高级的、直接的网络连接(诸如异步传输模式或ATM)的最好通信能力;卫星连接也能减少传输延迟和提供更快的屏幕刷新率。无线网络设备并不总是在使用中,通常不能与它们的对应有线设备的速度相匹配。然而,这种情形也正在改进。

如果网络不能被快速拨通,如果"漫游"花很长时间才找到偏僻地方的信号,或者如果电话掉线,则手机用户就会表现出挫折感。就像有能测量网络性能的基于Web的工具一样,也有关注手机速度测试的网上论坛(消费群体的亲身测试和张贴到用户社区的测试结果)。

阅读屏幕上的文字信息比阅读书上的要困难。由于用户经常浏览网页来寻找突出显示或链接,而不是阅读全文,因此,首先显示文字以给较慢显示的图形元素留出空间是有用的。用户应有可能来控制图像的质量和大小。

随着计算机显示技术的改进、对无纸化"绿色"环境的再度重视和在线图书、报纸的可用性及深度的增加,正在增加对文本和图形数据快速显示的需求。照片、电影、仿真和游戏应用程序等高端应用更增加了用户对性能的期望和需求。

消费需求是促进快速性能的关键因素。很多桌面和笔记本计算机仍然启动缓慢,但手机、移动设备和游戏机被设计成在数秒内的快速启动。

人们使用短期记忆连同工作记忆以处理信息和问题求解。短期记忆处理感知输入,而工作记忆用于生成和实现解决方案。如果需要很多事实和决策来解决问题,短期记忆和工作记忆就可能变得超负荷。短期记忆和工作记忆是高度易变的;混乱会造成信息缺失,而延迟能要求记忆被刷新。视觉分散或者嘈杂的环境也影响认知处理。此外,焦虑明显减小可用记忆的大小,因为人的注意力部分地被超越问题求解任务的关注所吸引。

如果人们在有干扰的情况下能够构建出问题的解决方案,他们还必须记录或实现该解决方案。如果他们能够立即实现该解决方案,就能快速地继续他们的工作。另一方面,如果他们必须在长期记忆中、在纸上或在复杂的设备上记录该解决方案,则出错概率就会增加且工作节奏会减慢。

"屏幕刷新"能够应用于显示数据的更新(例如气象图)和屏幕上数据的初始呈现(例如当首次下载包含若干图形或动画的网页时,可能调用插件以在屏幕上完全显示其内容)。随着响应时间变长,用户可能变得更加焦虑。随着处理错误的难度增加,用户的焦虑程度也在增加,进而减慢性能和增加错误。然而,随着响应时间变得更短和屏幕刷新更快,用户倾向于加快界面的节奏且可能未能完全理解界面所呈现的资料,从而可能产生不正确的解决方案计划,可能犯更多的执行错误。

速度与准确性的折中在界面使用中也是显而易见的。例如,驾驶汽车可能提供有用的类比。尽管较高的速度限制对很多驾驶员很有吸引力,因为它们导致行程完成得更快,但也导致较高的事故率。因为汽车事故可能有可怕的后果,所以我们接受速度限制。显然,如果计算机系统的不正确使用能够导致生命、财产或数据的损失,也应该提供速度限制。

另一个类比是,在驾驶汽车时拨打手机已被证明会造成较高的事故率。同样,以多任务为自豪的计算机用户会容易犯错。有一些计算机系统能够帮助驾驶员犯较少的错误，诸如辅助驾驶员的GPS系统。那么，通过代理和向导来指导计算和新用户得出正确结论也应该是可预期的。

如果满足下列标准，用户就可能实现任务执行快、出错率低和满意度高。

(1) 用户对问题求解任务所需的对象和动作有足够的了解。

(2) 解决方案计划能够毫不拖延地执行。

(3) 分散注意力被消除。

(4) 用户焦虑程度低。

(5) 具有关于解决方案进度的反馈。

(6) 错误能够避免，或者如果发生，能够容易地处理。

这些用于最优问题求解的条件，其费用和技术可行性是基本的设计约束。然而，其他推测可能在选择最优交互速度时发挥作用。

(1) 新用户可能在响应时间稍微有点儿慢时表现得更好。

(2) 新用户更喜欢以较低于知识丰富的常用用户所选择的速度来工作。

(3) 对错误几乎没有惩罚时，用户偏爱更快的工作。

(4) 当任务是熟悉的且易于理解时，用户偏爱更快的动作。

(5) 如果用户以前体验过快速的性能，他们将在未来情形中期望和要求它。

10.1.2 期望与态度

用户可接受的等待计算机响应的时间是多少？一般认为，适当的限制时间是2s。然而，在有些情形中，用户希望在0.1s以内响应(例如，按压键盘，拖动图标，滚动手机列表等)。在这些情形中，2s延迟就可能使用户不安。

影响可接受响应时间的第一个因素，是人们基于以前完成给定任务所需时间的经验而建立起来的期望。如果任务完成得比期望的快，人们将感到满意；但如果任务完成得比期望的快得多，他们可能关注出了什么问题。同样，如果任务完成得比期望的慢得多，用户可能会沮丧。

一项实验中，当计算机负载轻时其响应的时间短。然而，随着负载的增加，响应时间变长了。为此，设计人员设计了响应时间阻塞，通过它，能够在负载轻时使系统变慢。这种策略使响应时间在一段时间内体现统一，从而减少了抱怨。

在添加了新设备或在大项目开始或完成它们的工作时，网络管理人员对于变化的响应时间也有类似的问题。对于已经逐渐产生基于某种程度响应性的期望和工作风格的用户来说，响应时间的变化可能是破坏性的。一天内有几个时段其响应时间倾向于较短(如午餐时间)或较长(诸如早间或傍晚)。两个极端都可能产生问题。

重要的设计问题是快速启动。如果用户必须等待笔记本电脑或数码相机就绪，他们就会不安，因此，快速启动是消费电子产品十分突出的特性。相关问题是快速启动与快速使用之间的折中。例如，下载Java或其他Web应用程序可能要花几分钟时间，不过对大部分动作来说运行是快的。一个替代设计可能使启动加速，但其代价可能是使用期间偶尔的延迟。

影响响应时间期望的第二个因素是个人对延迟的容忍。新用户可能愿意等待的时值比有经验的用户要长得多。简而言之，个人考虑可接受等待时间的变化很大。这些变化受到众多因素的影响，诸如个性、费用、年龄、情绪、文化背景、时段、噪声和察觉到的完成工作的压力。

影响响应时间期望的其他因素是任务的复杂性和用户对任务的熟悉程度。对于简单的、重复的、需要很少的问题求解的任务，用户想要快速执行，超过十分之几秒的延迟，用户也会气恼。对于复杂的问题，甚至响应时间变长，用户通常也将执行得很好，因为他们能利用延迟来事先计划。用户是高度自适应的，能够改变他们的工作风格以适应不同的响应时间。在早期的批处理编程环境研究和近期的交互系统使用研究中都发现了这个因素。如果延迟时间长，用户将寻找尽可能减少交互次数的可选择策略。他们将通过执行其他任务、做白日梦或在工作中事先计划来填充长时间的延迟。但即使转移注意力是可用的，对于过长的响应时间，不满意度也会增加。

越来越多的任务对快速的系统性能有很高的要求；用户控制的三维动画、飞行模拟、图形设计和信息可视化的动态查询就是例子。在这些应用程序中，用户持续调整输入控制，他们希望没有可察觉的延迟(即在少于 100ms 以内)。同样，一些任务(例如，视频会议、互联网语音电话和多媒体流)要求快速的性能以确保服务质量高，因为断断续续的延迟会造成用户图像的跳动和声音中断，这体现了对速度更快和容量更高网络的需要。

因特网上日益增多的受众和新任务已将新的考虑带入到服务质量领域。因为电子商务的购物者深切关注信任、信用和隐私，所以研究人员已经开始研究有时间延迟的交互。各个网站响应时间的范围千差万别，所以定期强迫网站管理员决定，为了给用户减少响应时间，何种程度的资源消耗是适当的。研究已发现，随着响应时间的增加，用户发现网页内容不是很有趣且质量较低。响应时间长甚至可能对提供网站公司的用户感知有负面影响。

总之，影响用户对响应时间的期望和态度的三个重要因素如下。

(1) 以前的经验。

(2) 个体的个性差异。

(3) 任务的差异。

相应的三个推测如下。

(1) 个体差异大且用户是自适应的。当他们获得经验时他们将工作得更快，当响应时间改变时他们将改变他们的工作策略。允许人们设置他们自己的交互节奏可能是有用的。

(2) 对于重复性任务，用户更喜欢且将用短的响应时间较快地工作。

(3) 对于复杂的任务，用户能够使自己适应于用缓慢但不损失响应时间来工作，但他们的不满意度随着响应时间变长而增加。

10.2 人机界面的测试

在把系统推向市场之前,必须对系统各组成部分进行多次大小规模的先期测试。测试的一种形式是让领域专家使用该系统。专家的经验使他们能够识别问题、提出创造性的建议。

常用的形式是选择预期的用户团体,试验对象必须具有代表性,要注意他们在计算机使用、经验、能动性、教育、使用界面语言的能力等方面的背景。针对不同的用户群体(如开发人员还是最终用户等),制定精细的验收准则,如学习特定功能的时间、出错率、对用户的记忆要求、用户主观满意度等,对系统的不同组成部分进行8~10个这样的测试。在测试过程中尽早发现问题,即使是很小的缺陷,诸如拼写错误或前后不一致的布局也要尽快修改,使之最大限度地满足用户的需求。

用户界面在作为软件或系统正式交付前的严格测试,一般可以达到以下作用。

(1) 降低产品或者系统技术支持的费用,缩短最终用户的训练时间。

(2) 减少由于用户界面问题而引起的软件修改和改版问题。

(3) 使产品的可用性增强,用户易于使用。

(4) 更有效地利用计算机系统资源。

(5) 帮助系统设计者更深刻地领会“以用户为核心”的设计原则。

(6) 在界面测试与评价过程中形成的一些评价标准和设计原则对界面设计有直接的指导作用。

10.3 人机界面设计的评价

人机界面评价就是把构成人机界面的软、硬件系统按其性能、功能、界面形式、可使用性等方面与某种预定的标准进行比较,对其做出评价。人机界面评价是人机界面开发的一个重要步骤。用户界面的成功与否需要通过评价以及用户的实践,才能得到最终的判定。

自20世纪80年代以来,设计与评价趋于更紧密的结合,并且从发展趋势看,评价愈来愈倾向于贯穿设计的全过程,从而在每一个阶段,设计都能够得到不断的完善。

评价用户界面是一项复杂的任务,在评价之前首先要明确以下两个问题。

(1) 评价的对象是开发工具还是目标系统,不同的对象有不同的评价指标。

(2) 评价的主体是开发人员还是终端用户,不同的主体导致不同的评价方法。

从界面开发过程角度来讲,人机界面评价大致可分为两类:一类是在界面完成之后做出的最终评价,称为总结评价;另一类是在设计过程中的评价,称为阶段评价。这两类评价在系统的开发过程中都起着重要的作用,是整个界面设计的有机组成部分。其中,阶段评价强调采用开放式手段,如访谈、问卷、态度调查以及量表技术等;而总结性评价则大多采用较严格的定量评价,如反应时间和错误率等。

10.3.1 界面设计的评价指标

对于任何人机界面的评价均可以使用不同的三类评价指标，分别如下。

(1) 设计功能的评价。着重评价系统实现的功能、特性、硬件环境等是否满足用户的需求。它通常由两条途径来实现，一种是面向用户的，另一种是面向系统的。前者根据用户使用系统和界面所能完成的任务，以及该任务满足用户需求的程度来评价设计的功能，也称为任务方法；后者评价的是系统和界面的特性，并将它们与用户的特性需求相匹配，也称为特性方法。上述两条途径各有千秋，其中，任务方法比特性方法更加强调以用户为中心。

(2) 设计效果的评价。着重鉴别界面设计对用户以及用户与系统交互的影响，尤其注重用户需要多大的努力才能方便地运用系统的功能。

(3) 设计问题的诊断。专门诊断在系统的使用过程中出现的设计错误和问题。诊断性评价是鉴别和划分具体问题范围的一种系统化方法。它和效果评价的不同点在于它致力于具体设计决策产生的副作用。一般地，它们通过人机之间的交互对话来观察界面，当对话突然中断或产生了一个没有预料的转折时，确认并调查交互时产生的错误。

10.3.2 界面设计的评价形式

从设计评价的主体区分，有消费者的评价、生产经营者的评价、设计师的评价和主管部门的评价等几种形式。

消费者的评价多考虑价格、实用、安全、可靠、审美等问题；生产经营者的评价多从成本、利润、可行性、加工性、生产周期、销售前景等方面着眼；而设计师多从社会效果、环境、与人们生活方式提升的关系、宜人性、使用性、审美价值、时代性等综合性能上加以评价；至于主管部门的评价，在标准和范围上一般较接近于设计师的评价，但更偏重于方案的先进性和社会性，其评价的对象多为产品形式。

从评价的性质区分，可分为定性评价和定量评价。定性评价是指对一些非计量性的评价项目，如审美性、舒适性、创造性等进行评价；定量评价则是指对那些可以计量的评价项目，如成本、技术性能(可以用参数和参数值表示)等所进行的评价。

从评价的过程区分，可以分为理性评价和直觉评价。例如，在价格或者成本上，A 方案比 B 方案便宜，这种判断是理性的；对于色彩问题，认为红色较蓝色好，则是直觉判断。一般来说，评价过程都是理性和感性相互结合的。

10.3.3 设计评价方法

设计评价的方法很多，概括起来可分为以下几类。

(1) 经验性评价方法。当方案不多、问题不太复杂时，可以根据评价者的经验，采用简单的评价方法对方案做定性的粗略分析和评价。如采用淘汰法，经过分析，直接去除不能达到主要目标要求的方案或不相容的方案。

(2) 数学分析类评价方法。运用数学工具进行分析、推导和计算，得到定量的评价参数的评价方法，如名次记分法、评分法、技术经济法及模糊评价法等。

(3) 试验评价方法。对于一些较重要的方案环节，有时要通过试验(模拟试验或者样机试验)对方案进行评价，这样试验评价法所得到的评价参数较准确。

(4) 虚拟仿真评价方法。这是一种重要的评价方法，它允许在实施界面设计之前对它进行评价。一旦系统完成后再对它进行较大的修改是困难的，要花费很多的人力、成本和时间。采用虚拟评价方法，能够尽早地修改设计，也可以节省费用。

硬件界面的仿真是将一定的评价标准(如劳动安全标准、人体尺度、力、疲劳、视域等)输入计算机。通过计算机过程仿真，在虚拟环境中对设计进行评价；或者利用虚拟现实技术设备，直接模拟人的操作，根据人的操作运动来对设计进行评价等。

软件界面仿真有多种形式，包括从静态界面设计到动态交互显示等。简单的仿真由以下部分组成：给出人机界面的某些特征，如命令格式之类，可以用手册、指南或教学程序的形式；要求用户通过他们常采用的策略或使用的命令来“执行”给定的任务，并且给出他们所期望的结果。最基本的仿真形式为一系列待求解的问题集合。在仿真中，可以采用类似于分析人机界面实际活动的方式来分析所模拟的活动参数，例如，可以测量命令的使用频率、使用正确性、错误率以及错误类型等。

动态仿真所提供的模型能够模拟界面的某些部分，使得用户可以在终端直接和模型进行交互，例如，输入命令、接收反馈信息等。用户使用动态仿真系统执行任务，看上去与真实系统很相似，但其实质却有很大的区别。因为评价者事先对用户会话要有适当的安排，但对用户来说，就像真的一样运行该仿真系统。

仿真评价的原则是：开发工作量应比实现整个界面系统的工作量少得多，因为它们并不构成最终的系统，而且以后肯定是要被丢弃的。必须重视在如何节省工作量和保证仿真精确度之间进行权衡。为了使界面设计的仿真评价有益于真实的设计，必须在仿真过程中注意界面的一些本质特征，精确地掌握用户和系统之间进行交互的复杂状况。

10.4 人机界面设计的评价方法

软件界面的交互过程极为复杂，单纯地采用形式方式进行评价，很难考虑用户的认知特性。尤其是在形式语言的较高层次上，目前尚未解决如何进行评价的规格化描述。因此，较为可靠并且切实可行的是采用各类经验方法进行评价。

10.4.1 观察法

收集数据最有效的方法就是观察。观察方法能够提供大量的有关用户与界面交互的数据信息，其中多数为可度量的客观性数据信息，也能获得有关用户认知的有价值的主观性数据信息。

观察方法主要研究人机交互过程，通常受到时间、资金、数据分析等因素的限制，因此一般只能对少数实验用户进行观察，并且限于对一些具体问题进行详细的研究。常用的观察方法有直接观察法、录像录制与分析、系统监控、记录的收集和分析等4类。

10.4.2 原型评价法

在界面研发过程中，对于屏幕设计以及程序的测试来获得用户的反馈是至关紧要的。以用户为中心和交互式设计的重要因素之一就是原型方法，其目的是将界面设计与用户的需求进行匹配。一般来讲，原型方法可分为以下三种。

(1) 快速原型。原型迅速成型并分配实施。在原型试验收集的信息基础上，系统从草案中得以完善。

(2) 增量原型。应用于大型系统，它从系统的基本骨架开始，需要阶段性的安装。其系统的本质特征是在初次安装完后允许阶段性测试，以减少遗漏重要的特征。

(3) 演化原型。对前期的设计原型不断进行补充和优化，直到成为最后的系统。

原型方法类似于动态仿真，但它使用专门的软件开发工具，所产生的界面和实际的界面设计非常一致，而且比由动态仿真提供的界面要复杂得多。原型方法已成为评价者重视的焦点，它不仅可以节省大量工作上的开支，而且可以纠正工作中双方的分歧，甚至产生新的设计思路和方法。在原型设计评价方法中，设计者和用户是捆绑在一起进行的，它有利于工作的顺利开展和双方的交互、沟通。例如，当评价中发现了用户需求的变化时，这往往会导致对原型设计指标方案的变化，使一个按既定方案进行的设计变成了具有很大变动的逐步发展的设计过程。通过评价可以有选择地决定是对原方案进行修改，设计仍依据原方案按原计划进行，还是丢弃它并寻找新的方法。

10.4.3 咨询法

咨询方法直接向广大用户或经过选择的样本用户进行询问，然后对收集到的反馈信息进行统计分析，产生有用的评价结论。其特点是，要预先设计和构造好咨询手段或工具(例如调查表、座谈提纲等)，能够对大批用户同时进行咨询，从用户那里直接取得关于对系统界面评价的第一手材料。

(1) 座谈。是指通过座谈会、采访之类的形式，直接向用户征询对系统和界面的意见。当用户界面在大量使用后，可能会出现各类问题。通过与用户的座谈，可不断地发现问题和解决问题，并客观、正确地评价自己开发的界面。它比调查方式有更大的灵活性，并且能够与用户一起对问题进行更深入的探讨，常常能产生特殊的、建设性的建议。虽然系统设计者早些时候已经提出改进建议，但座谈的结果可以使之更接近于用户的需要。

(2) 实验法。区别于其他方法的特点是，它有更明确、具体的测试目的，并按照严格的测试技术和步骤，得出直观和验证性的结论。它更适合于对不同的界面设计或特性进行比较性测试。它可以将观察或咨询方法获得的数据信息作为实验的基础，反之，在其他方法的实施过程中，也可以引用实验法的结论。

实验方法有一套严格规定执行的步骤，即建立实验目标和条件假设、实验设计、实验运行、数据分析。

10.5 软件人机界面的评价

用户界面设计评价有很多种方法，在进行大规模用户调查之前，必须准备用户调查表。编写用户调查表是一种费用少、管理人员和用户双方都能接受的方法，这个方法以调查清单为基础，由一系列用于评价可用性的具体问题组成。这些问题为界面评价人员提供了一个标准和系统化的方法，使他们能找出并弄清存在问题、待提高和特别优良的方面等。

在调查表中，要求用户按照以下评价尺度回答表中提出的问题。

1——很不满意、2——不满意、3——中立、4——满意、5——非常满意

根据需要，也可以将评价级别分为7级。

调查表中列出的用户界面评价条目如下。

1. 屏幕

(1) 屏幕上字符的可读性：易读/难读。

(2) 屏幕布局：合理/不合理。

(3) 各帧屏幕次序：合理/不合理。

(4) 色彩搭配：美观/不美观。

(5) 颜色使用是否改善显示状况：清晰/模糊。

(6) 颜色搭配是否考虑色盲者使用：是/否。

2. 术语和系统信息

(1) 整个系统术语使用：一致/不一致。

(2) 术语选择：易懂/难懂。

(3) 使用的术语是否熟悉：熟悉/生疏。

(4) 术语是否与任务相关：相关/不相关。

(5) 缩略词用法：合适/不合适。

(6) 屏幕上的信息：清晰/模糊。

(7) 屏幕上说明性的描述或标题：清晰/模糊。

(8) 重要信息是否突出：突出/不突出。

(9) 信息组织的逻辑性：强/弱。

(10) 屏幕上不同类型信息的区分：清晰/模糊。

(11) 用户输入信息的位置和格式：清晰/模糊。

3. 帮助和纠错

(1) 始终由用户帮助告知在做什么：是/否。

(2) 出错信息有用程度：有用/没用。

(3) 纠正用户错误：容易/困难。

(4) 屏幕上的求助信息：清晰/模糊。
(5) 出错信息用词：愉快/不愉快。
(6) 求助信息获得：容易/困难。
(7) 纠正打字错误的能力：简单/复杂。
(8) 对误操作的复原：容易/困难。
(9) 对输入信息的修改：方便/不方便。
(10) 系统反馈：有效/无效。
(11) 错误的避免：有效/无效。
(12) 综合考虑生疏型、熟悉型用户需求：合理/不合理。

4. 学习

(1) 学习系统：简单/困难。
(2) 记忆命令的名称和使用：简单/困难。
(3) 信息编排符合逻辑：符合/不符合。
(4) 屏幕信息：足够/不够。
(5) 联机求助的内容：合适/不合适。
(6) 提供的联机手册：完整/不完整。
(7) 提供的参考资料：易懂/难懂。
(8) 联机求助的使用：方便/不方便。
(9) 图标与符号形象：明确/模糊。

5. 系统能力

(1) 系统响应时间：快/慢。
(2) 响应信息速率：快/慢。
(3) 对破坏性操作的保护：合理/不合理。
(4) 兼容性：好/坏。
(5) 系统故障发生：极少/频繁。

6. 对系统总的反应

(1) 系统功能：足够/不够。
(2) 系统使用：满意/不满意。
(3) 系统可靠性：可靠/不可靠。
(4) 用户认为系统：灵活/呆板。
(5) 用户对系统的控制：灵活/勉强。

在清单每一部分的结尾，要为评价者留出空间，评价者可在此做任何评论，不管这些评论是好是坏，只要与本部分出现的问题有关即可。其后是一个从“非常满意”到“非常不满意”的5项可选表格，让评价者对照标准及本部分的问题对界面给出一个一般的评论。

各种评价方法各有利弊，通常最好是将多种方法综合使用，互相取长补短。例如，在开发阶段首先与用户进行初步座谈,了解用户的需求,然后在座谈的基础上确定调查表的内容,并发出调查表。进入调查阶段后,对回收的调查表进行统计分析,初步得出调查结论,然后再挑选部分用户进行跟踪座谈,使他们继续提供补充意见。其中调查表与座谈相互补充,使结论更为可靠。类似地,系统监控也可以与本原记录相互结合,形成更为可靠的综合评价方式。

10.6 阅读与思考:新版 Flickr 测评:设计漂亮但新功能少

据科技新闻网站 TheNextWeb 报道,雅虎宣布对照片分享服务 Flickr 进行大幅升级,采用全新的页面设计和风格,并为所有用户提供免费 1TB 存储空间,如图 10-4 所示。

图 10-4 Flickr

在登录新版 Flickr 时,最先感受到的变化就是首页动态的改变。此前,Flickr 首页主要是用户自己和好友最近上传的照片。如今,整个主页变得更具视觉效果,图片尺寸更大,用户界面也被重新设计,如图 10-5 所示。

图 10-5 Flickr 主页

在新版 Flickr 中,所有照片都可以以完整的分辨率显示,但整体设计在某些地方看起来不是很协调。雅虎抛弃了以往 Flickr 蓝色、粉色和白色的混合色调,而是使用黑色作为主色调和背景。这种设计有助于突出显示照片,但在某些页面中可能会看起来有些太黑,仍有改进空间,如图 10-6 所示。

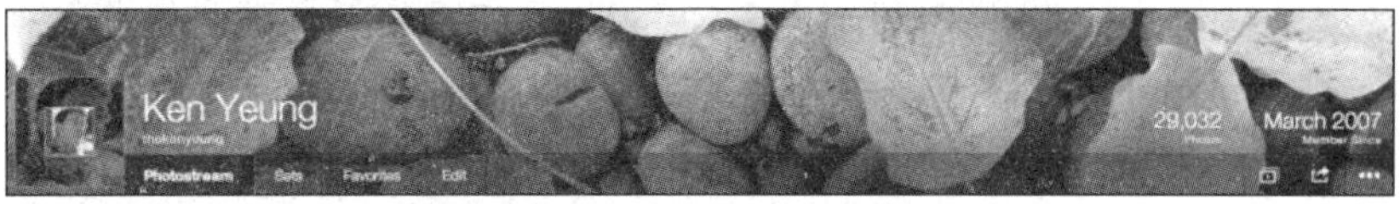

图 10-6　黑色主色调

在查看用户照片流方面，新版 Flickr 的改进非常好。用户简介新增了封面照片功能，而该功能在 Facebook 和 Google+中很早之前就已经存在。通过测量发现，封面照片的尺寸大约是 1418×189 像素。

在升级后的照片流设计中，Flickr 改变了传统的两栏式版面，而是让更具艺术感排列的照片占据整个屏幕。用户可以单击任何照片，完成一整套标准的操作，比如加入收藏夹、评论、分享等。值得注意的是，照片流可以无限下拉更新，因此无须分页浏览，不过 Flickr 还是将页码标记了出来，如图 10-7 所示。

图 10-7　照片流

在查看单个照片时，用户就会发现，照片再也不必被限制在页面的特定位置，而是尽可能地占据整个宽屏。所有照片显示的背景都是黑色。在每个图片下方，你可以发表评论、查看特定照片的细节信息，或者浏览当前用户的照片流和标签，如图 10-8 所示。

图 10-8　查看照片

相册功能也得到了提升，比如预览图变得更大，自动占据整个屏幕的大小。单击任何相册，Flickr 都会以默认照片流的风格显示相册中的照片，图片拼贴风格颇有艺术感。

并非所有的 Flickr 功能都有更新。在浏览社区栏目时，界面看起来跟以往完全一样，小组列表显示的方式也并未改变。在进入特定小组之后，页面显示也与以往相同——这次更新似乎主要是针对用户主页的更新，如图 10-9 所示。

图 10-9　Flickr 界面

上传功能也有所升级，新增拖曳上传功能。用户可以从计算机或云端文件存储服务中找到希望上传的照片，拖入上传框就可以上传。用户可以单个或批量添加照片描述、标签、任务等信息，功能上与以往并无区别，不过设计上更有美感。如果用户不喜欢新的上传页面，也可以选择切换至旧版上传界面。不过尚不清楚旧版界面将会保留多久，如图 10-10 所示。

图 10-10　上传照片界面

新版 Flickr 的搜索体验得到了极大的视觉提升。在搜索结果页面中，图片会跟随鼠标的移动而自动放大，如图 10-11 所示。

雅虎希望用户上传更多照片至 Flickr 服务中，因此该公司将为所有用户免费提供 1TB 的存储空间。为了获得这些存储空间，用户无须进行任何操作。此前购买付费空间的用户将继续获得无限制的空间、无广告体验和数据统计等功能。

Flickr 表示，免费账户不仅将获得 1TB 存储空间，而且每张上传的照片大小限制为 200MB。用户可以创建最多 60 个相册，将照片和视频放入其中。

Flickr 用户如今可选三种套餐计划。除了免费套餐，还有无广告套餐和加倍套餐可选，价格分别是每年 49.99 美元和 499.99 美元。

图 10-11　搜索

总的来说，Flickr 在重新设计上下了很大功夫，以吸引更多摄影爱好者。不管这些努力能否寻回已经流失的客户，Flickr 都已不再是人们以往印象中的停滞不前的服务。

资料来源：张和，腾讯科技，2013 年 05 月 21 日

10.7　实验：典型软件人机界面设计评价

10.7.1　实验目的

(1) 了解人机交互的质量要求与测评方法；

(2) 熟悉本书 10.5 节“软件人机界面的评价”介绍的评价指标与评价方法，并应用此方法对著名软件产品进行测试评价，提高自己对人机交互界面设计水平的鉴赏能力。

10.7.2　工具/准备工作

在开始本实验之前，请回顾课文的相关内容。

需要准备一台能够访问因特网的计算机。

10.7.3　实验内容与步骤

光影魔术手(nEO iMAGING，2008 年被迅雷公司收购，如图 10-12 所示)是一个对数码照片画质进行改善及效果处理的免费软件。用户无须任何专业的图像技术，就可以制作出专业胶片摄影的色彩效果，是摄影作品后期处理、图片快速美容、数码照片冲印整理时必备的图像处理系统。它可在 Windows 的各个版本下运行，同时有简体中文、繁体中文和英文三个版本。简单、易用，每个人都能制作精美相框，艺术照，专业胶片效果。

请下载安装最新版本的光影魔术手软件，尝试学习使用，并对照 10.5 节“软件人机界面的评价”介绍的“软件用户界面的评价条目”，尝试对该典型软件的人机界面的设计进行评价，并将观察评价结果填入表 10-1。

图 10-12 光影魔术手

表 10-1 指定软件用户界面评价

软件名称		软件大小	MB
软件版本		软件授权	
适用平台		评测时间	

序号	内 容	评 价				
		1 很不满意	2 不满意	3 中立	4 满意	5 非常满意
屏幕						
1	屏幕上字符的可读性					
2	屏幕布局					
3	各帧屏幕次序					
4	色彩搭配					
5	颜色使用是否改善显示状况					
6	颜色搭配是否考虑色盲者使用					
术语和系统信息						
1	整个系统术语使用					
2	术语选择					
术语和系统信息						
3	使用的术语是否熟悉					
4	术语与任务是否相关					

续表

软件名称		软件大小	MB
软件版本		软件授权	
适用平台		评测时间	

序号	内　　容	评　　价				
		1 很不满意	2 不满意	3 中立	4 满意	5 非常满意
术语和系统信息						
5	缩略词用法					
6	屏幕上的信息					
7	屏幕上说明性的描述或标题					
8	重要信息是否突出					
9	信息组织的逻辑性					
10	屏幕上不同类型信息的区分					
11	用户输入信息的位置和格式					
帮助和纠错						
1	始终由用户帮助告知在做什么					
2	出错信息的有用程度					
3	纠正用户的错误					
4	屏幕上的求助信息					
5	出错信息用词					
6	求助信息的获得					
7	纠正打字错误的能力					
8	对误操作的复原					
9	对输入信息的修改					
10	系统反馈					
11	错误的避免					
12	综合考虑生疏、熟悉型用户的需求					
学习						
1	学习系统					
2	记忆命令的名称和使用					
3	信息编排符合逻辑					
4	屏幕信息					
5	联机求助的内容					
6	提供的联机手册					

续表

<table>
<tr><td>软件名称</td><td colspan="3"></td><td>软件大小</td><td colspan="2">MB</td></tr>
<tr><td>软件版本</td><td colspan="3"></td><td>软件授权</td><td colspan="2"></td></tr>
<tr><td>适用平台</td><td colspan="3"></td><td>评测时间</td><td colspan="2"></td></tr>
<tr><td rowspan="2">序号</td><td rowspan="2">内　　容</td><td colspan="5">评　　价</td></tr>
<tr><td>1 很不满意</td><td>2 不满意</td><td>3 中立</td><td>4 满意</td><td>5 非常满意</td></tr>
<tr><td colspan="7">学习</td></tr>
<tr><td>7</td><td>提供的参考资料</td><td></td><td></td><td></td><td></td><td></td></tr>
<tr><td>8</td><td>联机求助的使用</td><td></td><td></td><td></td><td></td><td></td></tr>
<tr><td>9</td><td>图标与符号形象</td><td></td><td></td><td></td><td></td><td></td></tr>
<tr><td colspan="7">系统能力</td></tr>
<tr><td>1</td><td>系统响应时间</td><td></td><td></td><td></td><td></td><td></td></tr>
<tr><td>2</td><td>响应信息速率</td><td></td><td></td><td></td><td></td><td></td></tr>
<tr><td>3</td><td>对破坏性操作的保护</td><td></td><td></td><td></td><td></td><td></td></tr>
<tr><td>4</td><td>兼容性</td><td></td><td></td><td></td><td></td><td></td></tr>
<tr><td>5</td><td>系统故障发生</td><td></td><td></td><td></td><td></td><td></td></tr>
<tr><td colspan="7">对系统总的反映</td></tr>
<tr><td>1</td><td>系统功能</td><td></td><td></td><td></td><td></td><td></td></tr>
<tr><td>2</td><td>系统使用</td><td></td><td></td><td></td><td></td><td></td></tr>
<tr><td>3</td><td>系统可靠性</td><td></td><td></td><td></td><td></td><td></td></tr>
<tr><td>4</td><td>用户认为系统</td><td></td><td></td><td></td><td></td><td></td></tr>
<tr><td>5</td><td>用户对系统的控制</td><td></td><td></td><td></td><td></td><td></td></tr>
<tr><td>备注</td><td colspan="6">本次测评满分共 240 分，您的评价得分是：______________分</td></tr>
</table>

10.7.4　实验总结

____

____

____

____

10.7.5　实验评价（教师）

____

____

第 11 章　信息可视化

对于某些任务而言,视觉表示(诸如地图或照片)确实比文字描述或口头报告要容易使用或理解得多。设计人员正在发现如何以紧凑的、用户控制的方式来呈现和操纵大量信息。获得信息的最佳方式之一,是通过可视化方式,快速抓住要点信息。另外,通过视觉化呈现数据,也揭示了令人惊奇的模式和观察结果,这是不可能通过简单统计就能显而易见看到的模式和结论。正如作家、记者和信息设计师 David McCandless 所说:"通过视觉化,我们把信息变成了一道可用眼睛来探索的风景线,一种信息地图。当你迷失在信息中时,信息地图非常实用。"

11.1　信息可视化的概念

信息可视化(Information Visualization,如图 11-1 所示)起源于图形学、计算机图形学、人工智能、科学可视化以及用户界面等领域的相互促进和发展,是当前计算机科学的一个重要研究方向,它是利用计算机对抽象信息进行直观的表示,以利于快速检索信息和增强认知能力。

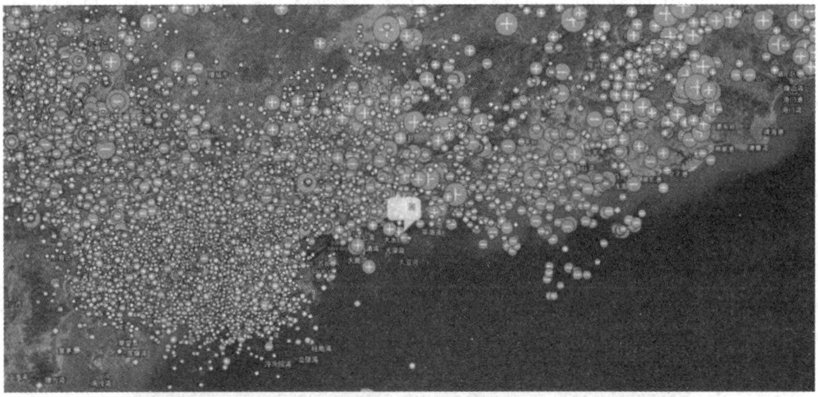

图 11-1　深圳受大面积雷电影响(图为某日 18 时至 31 日 0 时共记录到 9119 次闪电)

信息可视化最早出现在 1989 年美国计算机学会组织的重要国际会议"用户界面软件与技术(UIST)"的报告中,重点研究如何把抽象信息交互地、可视地表示出来。作为一个新兴并快速发展的研究领域,信息可视化结合了科学可视化、人机交互、数据挖掘、图像技术、计算机图形学、认知心理学等诸多学科的理论和方法。

Card 等对信息可视化的定义为:对抽象信息使用计算机支持的、交互的、可视化的表示形式以增强认知能力。董士海对信息可视化的定义为:信息可视化是研究人、计算机表示的信息以及它们的相互影响的技术。

随着计算机技术、存储技术、网络和多媒体技术的发展，使海量信息得以存在并迅猛增长，信息资源日益丰富，信息种类繁多，纷繁复杂的信息给人们理解、查询和获取知识带来沉重的负担。信息可视化技术将为人们发现规律、解释现象、辅助决策提供强有力的工具。自提出以来，信息可视化的研究得到了快速发展，对一维、二维、三维、多维、层次、网络、时序等各类型的信息均有许多可视化方法。国外对信息可视化研究的较多，应用广泛，如统计分类数据、商业信息、数字图书馆、个人信息、复杂文档、实时信息、历史信息、网络信息、社会关系等。

信息可视化自被正式提出以来，受到了国内外专家组织的高度重视。国际电气和电子工程师协会(IEEE)、美国计算机学会(ACM)每年都组织重要国际会议发表信息可视化的研究成果，国际期刊定期发表信息可视化的研究进展。信息可视化被列为计算机图形学领域十大尚未解决的关键问题之一。

11.1.1 信息可视化的运用

信息可视化系统并不是为了展示用户的已知的数据之间的规律，而是为了帮助用户通过认知数据，有新的发现，发现这些数据所反映的实质(如图 11-2 所示，CLARITY 成像技术使科学家们不需要切片就能够看穿整个大脑。斯坦福大学生物工程和精神病学负责人 Karl Deisseroth 说："以分子水平和全局范围观察整个大脑系统，曾经一直都是生物学领域一个无法实现的重大目标。")，也就是说，用户在使用信息可视化系统之前往往没有明确的目标。信息可视化系统在探索性任务(例如包含大数据量信息)中有突出的表现，它可以帮助用户从大量的数据空间中找到关注的信息来进行详细的分析。因此信息可视化主要应用于下面几种情况。

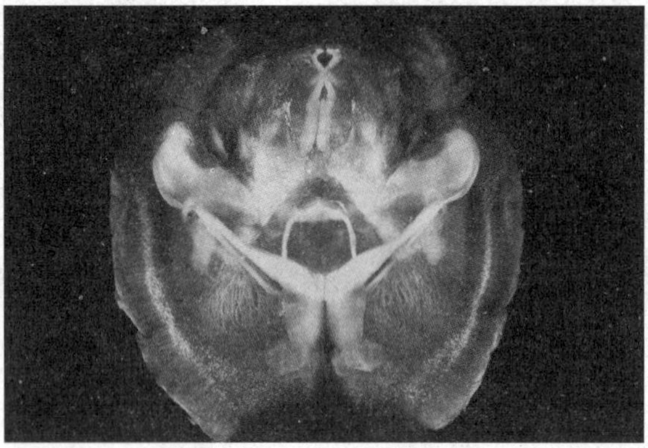

图 11-2 CLARITY 成像技术

(1) 当存在相似的底层结构，相似的信息可以进行归类时。

(2) 当用户处理自己不熟悉的信息化内容时。

(3) 当用户对系统的认知有限，并且喜欢用扩展性的认知方法时。

(4) 当用户难以了解底层信息时。

(5) 当信息更适合感知时。

总之,信息可视化是一个关于探查收集信息内部本质的过程,而不是一个了解特殊模型的过程。

11.1.2 可视化对认知的帮助

科学可视化(Scientific Visualization)是科学之中的一个跨学科研究与应用领域,主要关注的是三维现象的可视化,如建筑学、气象学、医学或生物学方面的各种系统。重点在于对体、面以及光源等的逼真渲染,或许甚至还包括某种动态(时间)成分。科学可视化侧重于利用计算机图形学来创建视觉图像,从而帮助人们理解那些采取错综复杂而又往往规模庞大的数字呈现形式的科学概念或结果。

对于科学可视化来说,三维是必要的,因为典型问题涉及连续的变量、体积和表面积(内/外、左/右和上/下)。然而,对于信息可视化来说,典型问题包含更多的分类变量和股票价格、医疗记录或社会关系之类数据中模式、趋势、聚类、异类和空白的发现,如图 11-3 所示。

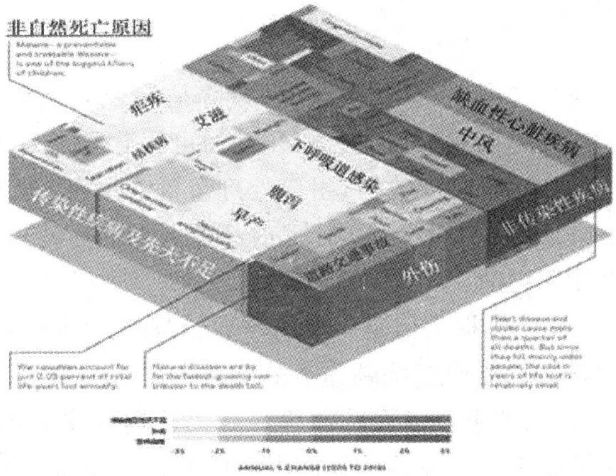

图 11-3 医疗信息可视化

人的眼睛是人们感知世界的最主要途径,因此,信息可视化提供了一种感性的认知方式,是提高人们感知能力的重要途径。可视化可以扩大人们的感知,增加人们对海量信息分析的一系列的想法和分析经验,从而对人们感知和学习提供参考或者帮助。

通常为了交互式操纵从大得多的数据集中可能提取出大量条目($10^2 \sim 10^6$),信息可视化提供紧凑的图形表示和用户界面。有时称其为视觉数据挖掘,它使用巨大的视觉带宽和非凡的人类感知系统,使用户能够对模式、条目分组或单个条目有所发现、做出决定或提出解释。它甚至可能允许用户回答他们不知道他们具有的问题。

感知心理学家、统计学家和平面设计师提供关于呈现静态信息的宝贵指南,但动态显示的机会远远超出用户界面设计人员当前的智慧。人类具有非凡的感知能力,它们在当前的大多数界面设计中远未被充分利用。用户能够快速地浏览、识别和回忆图像,能够察觉大小、颜色、形状、移动或质地的微妙变化。在图形用户界面中呈现的核心信息大部分仍旧是文字导向的(虽然已用吸引人的图标和优雅的插图增强),倘若探索更视觉化的方法,吸引人的新机会就会出现。

有些用户抵制视觉方法,偏爱强有力的文本方法,诸如多菜单和多分面元数据搜索中的数字查询预览。他们的选择可能是恰当的,因为这些文本工具使用紧凑的呈现,这种呈现有丰富的、有意义的信息且令人欣慰地熟悉。成功的信息可视化工具必须不止是"酷",它们还必须为实际任务提供可测量的好处。它们必须被构建来满足在各种平台上工作、使得包括残疾用户的所有预期用户均能访问的普遍可用性原则。

11.2 按任务分类的数据类型

信息可视化的研究人员和商业开发人员也许能通过使用按任务分类的数据类型给大量工具分类和发现新的机会。正如在搜索时,用户正在查看有多个属性的条目集合。按任务分类的数据类型包括 7 个基本数据类型和 7 个基本任务。

11.2.1 7 个数据类型

基本数据类型是一维、二维、三维或多维的,接着是三种结构化更强的数据类型:时态的、树的和网络的。这种简化对于描述已被开发的可视化和表示用户所遇到的问题类别的特征是有用的。例如,对于时态数据,用户处理事件和间隔,他们的问题关心的是之前、之后或之中。对于树结构的数据,用户处理内部节点上的标签和叶节点的值。他们的问题是关于路径、级次和子树的。例如:

(1) 1D 线性数据。线性数据类型是一维的,包括程序源代码、文本文档、字典和按字母顺序的名字列表,所有这一切均能按顺序方式组织。对程序源代码来说,1 个像素/字符的大量压缩产生单个显示器上数以万计源程序代码行的紧凑显示。属性,诸如最近修改日期或作者名,可能被用于颜色编码。界面设计问题包括使用什么颜色、大小和布局以及给用户提供什么概览、滚动或选择方法。用户任务可能是查找条目的数量、查看有某些属性(例如,从先前版本以来被改变的程序行)的条目。

(2) 2D 地图数据。平面数据包括地理图、平面布置图和报纸版面。集合中的每个条目覆盖整个区域的某个部分,每个条目都有任务域属性(诸如名字、所有者和值)和界面域特征(诸如形状、大小、颜色和不透明度,如图 11-4 所示)。

很多系统采用多层方法来处理地图数据,但每层都是二维的。用户任务包括查找邻近条目、包含某些条目的区域和两个条目之间的路径,以及执行 7 个基本任务。例如地理信息系统,它是一个庞大的研究和商用领域,如图 11-5 所示。

(3) 3D 世界数据。现实世界的对象,诸如分子、人体和建筑物,具有体积和与其他条目的复杂关系。计算机辅助的医学影像、建筑制图、机械设计、化学结构建模和科学仿真被构建来处理这些复杂的三维关系。用户的任务通常处理连续变量,诸如温度或密度。结果经常被表示为体积和表面积,用户关注左/右、上/下和内/外的关系。在三维应用程

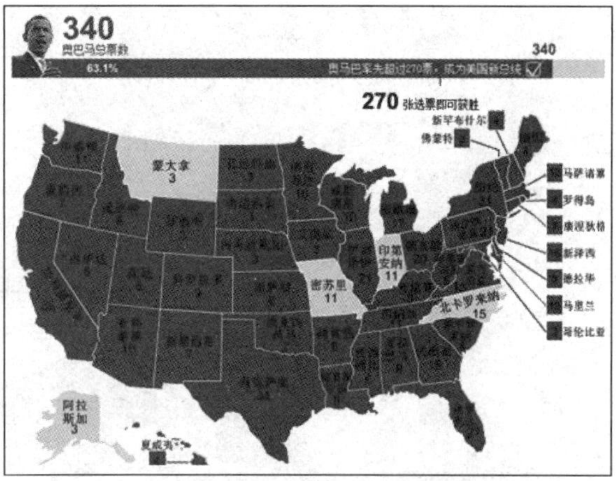

图 11-4 可视化技术呈现的 2008 美国总统选举结果

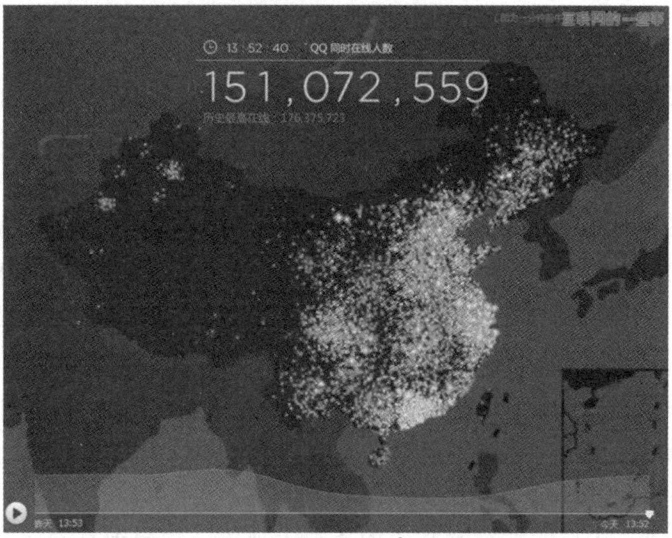

图 11-5 某时刻 QQ 同时在线人数

序中，当观察对象时，用户必须处理查看对象时它们的位置和方向，必须处理遮挡与导航的潜在问题，如图 11-6 所示。

使用增强的三维技术的解决方案，诸如概览、地标、远距传物、多视图和有形用户界面，正在设法进入研究原型和商业系统中。成功的例子包括帮助医生计划手术的声波图医学影像和使购房者了解建成的房屋看上去将是什么样子的建筑的走查或飞越。三维的计算机图形和计算机辅助设计工具的例子很多，但三维的信息可视化工作仍是有争议的。一些虚拟环境研究人员和商业图表制作者已经寻求用三维结构呈现信息，但这些设计似乎需要更多的导航步骤且使结果更难以解释。

除了 1D 线性数据、2D 地图数据和 3D 世界数据之外，还有多维数据、时态数据、树数据、网络数据等数据类型。

图 11-6　3D 世界的信息可视化

11.2.2　7 个基本任务

分析信息可视化的第二个框架包含用户通常执行的 7 个基本任务。

(1) 概览任务。用户能够获得整个集合的概览。概览策略包括每个数据类型的缩小视图,这种视图允许用户查看整个集合,加上邻接的细节视图。概览可能包含可移动的视图域框,用户用它来控制细节视图的内容,允许缩放因子在 3～30 之间。重复有中间视图的这种策略使用户能够达到更大的缩放因子。另一种流行的方法是鱼眼策略,其变形放大一个或更多的显示区域,但几何缩放因子必须被限制在 5 左右,或针对可使用的上下文必须使用不同的表示等级。因为大多数查询语言工具都使集合概览的获取很困难,所以适当概览策略的规定是评价此类界面的有用标准。

(2) 缩放任务。用户能够在感兴趣的条目上放大。用户通常对集合的某部分感兴趣,他们需要工具使他们能够控制缩放焦点和缩放因子。平滑的缩放有助于用户保持他们的位置感和上下文。用户能够通过移动缩放条控件或通过调整视图域框的大小一次在一个维度上缩放。令人满意的放大方式,是先指向一个位置,然后发布一个缩放命令,通常是通过按下鼠标按键来实现。缩放在针对小显示器的应用程序中特别重要。

(3) 过滤任务。用户能够滤掉不感兴趣的条目。应用于集合中条目的动态查询构成信息可视化的关键思想之一。当用户控制显示的内容时,他们能够通过去除不想要的条目而快速集中他们的兴趣。通过滑块或按钮能快速执行显示更新,允许用户跨显示器动态突出显示感兴趣的条目。

(4) 按需细化任务。用户能够选择一个条目或一个组来获得细节。一旦集合被修剪到只有几十个条目,浏览该组或单个条目的细节就应该是容易的。通常的方法是仅在条目上单击,然后在单独或弹出的窗口中查看细节。按需细化窗口可能包含到更多信息的链接。

(5) 关联任务。用户能够关联集合内的条目或组。与文本显示相比,视觉显示的吸引力在于它们利用人类处理视觉信息的非凡感知能力。在视觉显示之内,有机会按接近性、包容性、连线或颜色编码来显示关系。突出显示技术能够被用于引起对有数千条目的域中某些条目的注意。指向视觉显示能够允许快速选择,且反馈是明显的。当用户在视觉显示上执行动作时,眼、手、脑似乎流畅、快速地工作。然而,设计用于确定哪个关系是显而易见的这样的用户界面动作仍是一个挑战。用户也许还想把多种可视化技术结合在一起,这些技术是紧耦合的,以至于一个视图中的动作会触发其他所有耦合视图中的立即改变。工具正在被开发以允许用户确定他们需要什么可视化技术和如何控制可视化技术之间的交互。

(6) 历史任务。用户能够保存动作历史以支持撤销、回放和逐步细化。单个用户动作产生想得到结果的情况是罕有的。信息探索本来就是一个有很多步骤的过程,所以保存动作的历史并允许用户追溯他们的步骤是重要的。然而,大多数产品未适当处理这种需求。在给信息检索系统建模方面,设计人员将做得更好,这种系统通常保留搜索序列,以便这些搜索能够被组合或细化。

(7) 提取任务。用户能够允许子集和查询参数的提取。一旦用户获得了他们想要的条目或条目集合,对他们有用的是,他们能够提取该集合并保存它、通过电子邮件发送它或把它插入统计或呈现的软件包中。他们可能还想发布那些数据,以便其他人用可视化工具的简化版本来查看。

11.3 信息可视化的挑战

按任务分类的数据类型有助于组织我们对问题范围的理解,但为了创建成功的工具,信息可视化的研究人员仍有很多挑战需要去面对。这些挑战包括:

(1) 导入和清理数据。决定如何组织输入数据以获得期望的结果,它所需要的思考和工作经常比预期的多。使数据有正确的格式、滤掉不正确的条目、使属性值规格化和处理丢失的数据也能够是繁重的任务。

(2) 把视觉表示与文本标签结合在一起。视觉表示是强有力的,但有意义的文本标签起到很重要的作用。标签应该是可见的,不应遮盖显示或使用户困惑。屏幕提示和偏心标签等用户控制的方法经常能够提供帮助。

(3) 查找相关信息。经常需要多个信息源来做出有意义的判断。专利律师想要看到相关的专利、基因组学研究人员想要看到基因簇在细胞过程的各个阶段如何一致地工作,等等。在发现过程中对意义的追寻需要对丰富的相关信息源进行快速访问,这需要对来自多个源的数据进行整合。

(4) 查看大量数据。信息可视化的一般挑战是处理大量的数据。很多创新的原型仅能处理几千个条目,或者当处理数量更大的条目时难以保持实时交互性。显示数百万条目的动态可视化证明,信息可视化尚未接近于达到人类视觉能力的极限,用户控制的聚合机制将进一步突破性能极限。较大的显示器能够有帮助，因为额外的像素使用户能够看到更多的细节同时保持合理的概览。

(5) 集成数据挖掘。信息可视化和数据挖掘起源于两条独立的研究路线。信息可视化的研究人员相信让用户的视觉系统引导他们形成假设的重要性，而数据挖掘的研究人员则相信能够依赖统计算法和机器学习来发现有趣的模式。一些消费者的购买模式，诸如商品选择之间的相关性，适当可视化就会突显出来。然而，统计试验有助于发现在产品购买的顾客需要或人口统计的连接方面的更微妙趋势。研究人员正在逐渐把这两种方法结合在一起。就其客观本性来说，统计汇总是有吸引力的，但它们能够隐藏异常值或不连续性(像冰点或沸点)。另一方面，数据挖掘可能把用户指到数据的更有趣部分，然后它们能够在视觉上被检查。

(6) 与分析推理技术集成。为了支持评估、计划和决策，视觉分析领域强调信息可视化与分析推理工具的集成。业务与智能分析师使用来自搜索和可视化的数据和洞察力作为支持或否认有竞争性的假设的证据。他们还需要工具来快速产生他们分析的概要和与决策者交流他们的推理，决策者可能需要追溯证据的起源。

(7) 与他人协同。发现是一个复杂的过程，它依赖于知道要寻找什么、通过与他人协同来验证假设、注意异常和使其他人相信发现的意义。因为对社交过程的支持对信息可视化是至关重要的，所以软件工具应该使记录当前状态、带注释和数据把它发送给同事或张贴到网站上更容易。

(8) 实现普遍可用性。当可视化工具打算被公众使用时，必须使该工具可被多种多样的用户使用而不管他们的生活背景、工作背景、学习背景或技术背景如何，但它仍是对设计人员的巨大挑战。

(9) 评估。信息可视化系统能够是十分复杂的。分析很少是一个孤立的短期过程，用户可能需要长期地从不同视角查看相同的数据。他们或许还能阐述和回答他们在查看可视化之前未预料会有的问题(使得难以使用典型的实证研究技术)，而受试者被征募来短期从事所承担的任务。虽然最后发现能够产生巨大的影响，但它们极少发生且不太可能在研究过程中被观察到。基于洞察力的研究是第一步。案例研究报告在其自然环境中完成真实任务的用户。他们能够描述发现、用户之间的协同、数据清理的挫折和数据探索的兴奋，并且他们能报告使用频率和获得的收益。案例研究的不足是，它们非常耗费时间且可能不是可重复的或可应用于其他领域。

11.4 阅读与思考：二十大数据可视化工具点评

如今学习应用数据可视化的渠道有很多，可以跟踪一些专家博客，但更重要的一点是实践/实操，必对目前可用的数据可视化工具有个大致了解。以下是 Netmagzine 列举的二十大数据可视化工具，无论是准备制作简单的图表还是复杂的图谱或者信息图，这些工具都能满足需要。更加美妙的是，这些工具大多免费，如图 11-7 所示。

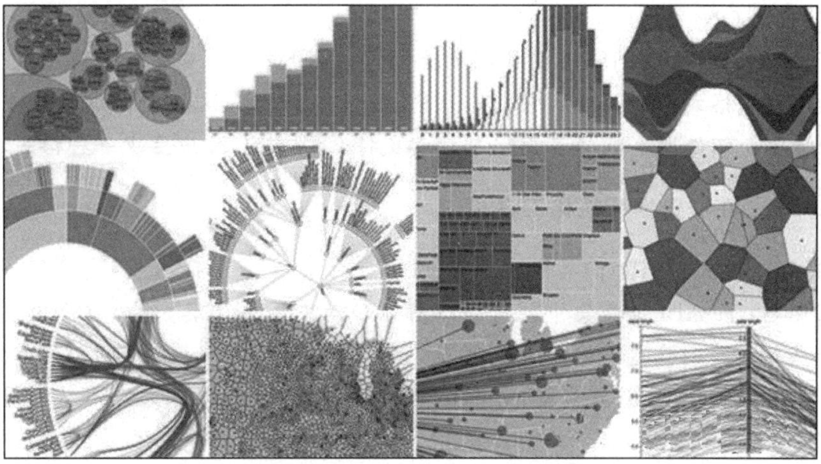

图 11-7 可视化工具

第一部分：入门级工具

1. Excel

Excel 的图形化功能并不强大，但 Excel 是分析数据的理想工具，图 11-8 是 Excel 生成的热力地图。

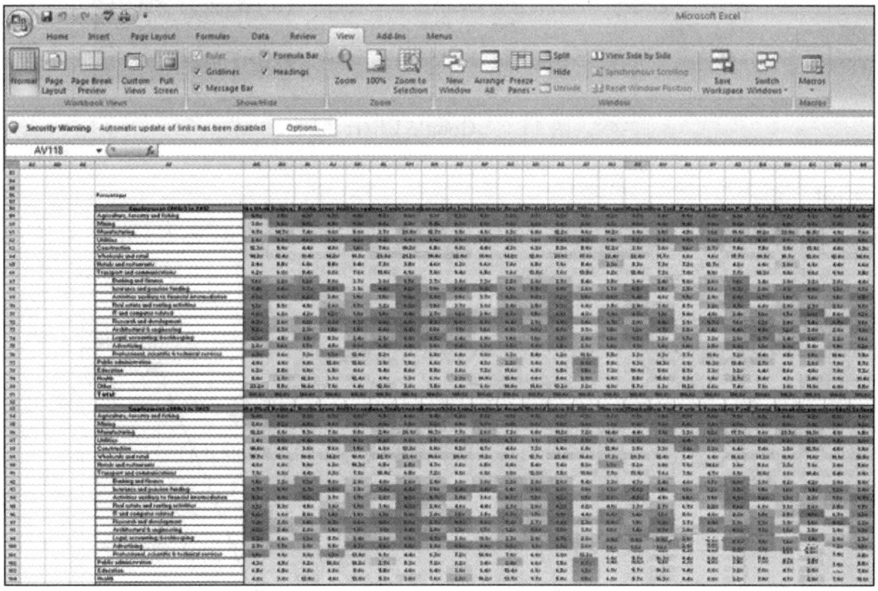

图 11-8 Excel 图表

作为一个入门级工具，Excel 是快速分析数据的理想工具，也能创建供内部使用的数据图，但是 Excel 在颜色、线条和样式上可选择的范围有限，这也意味着用 Excel 很难制作出能符合专业出版物和网站需要的数据图。但是作为一个高效的内部沟通工具，Excel 应当是用户百宝箱中必备的工具之一。

2. CSV/JSON

CSV(逗号分隔值)和JSON(JavaScript对象注释)虽然并不是真正的可视化工具,但却是常见的数据格式。必须理解它们的结构,并懂得如何从这些文件中导入或者导出数据。以下将要介绍的所有数据可视化工具都支持CSV、JSON中至少一种格式。

第二部分:在线数据可视化工具

3. Google Chart API

Google Chart API工具集中包括静态图片和动态图表工具,能够在所有支持SVG\Canvas和VML的浏览器中使用。不可否认的是,Google Chart API的功能异常丰富,如果没有特别的定制化需要,或者对Google视觉风格的抵触,那么大可以从Google Chart开始,如图11-9所示。

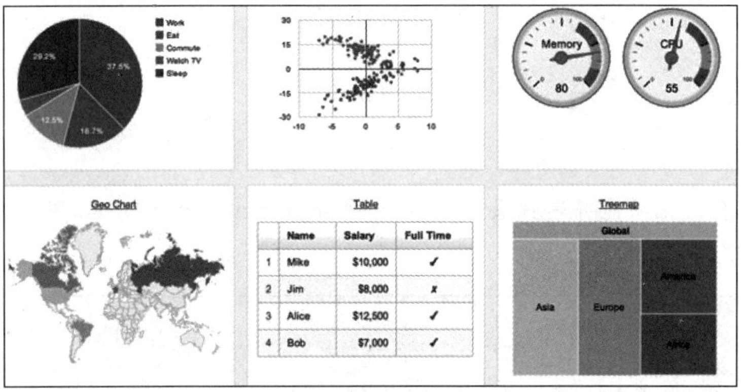

图11-9　Google Chart API

4. Flot

Flot是一个优秀的线框图表库,支持所有支持Canvas的浏览器(目前主流的浏览器都支持),如图11-10所示。

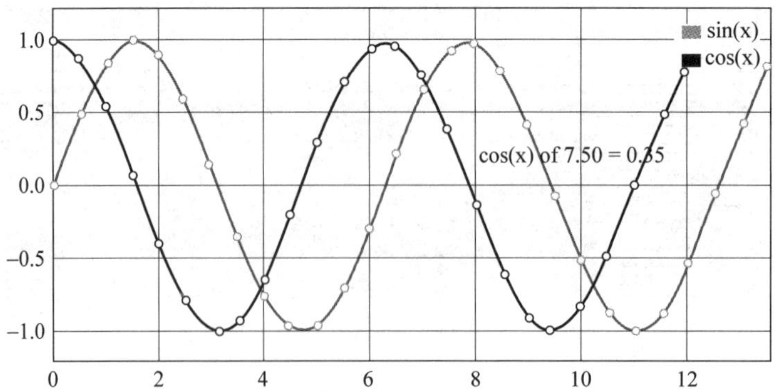

图11-10　Flot

5. Raphaël

Raphaël是创建图表和图形的JavaScript库,与其他库最大的不同是输出格式仅限

SVG 和 VML。SVG 是矢量格式，在任何分辨率下的显示效果都很好，如图 11-11 所示。

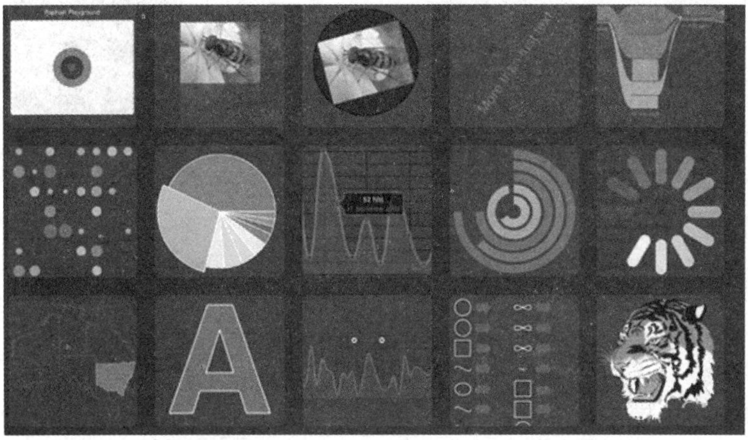

图 11-11　Raphaël

6. D3

D3(Data Driven Documents)是支持 SVG 渲染的另一种 JavaScript 库。但是 D3 能够提供大量线性图和条形图之外的复杂图表样式，例如 Voronoi 图、树形图、圆形集群和单词云等。虽然 D3 能够提供非常花哨的互动图表，但在选择数据可视化工具时，需要牢记的一点是：知道在何时保持简洁，如图 11-12 所示。

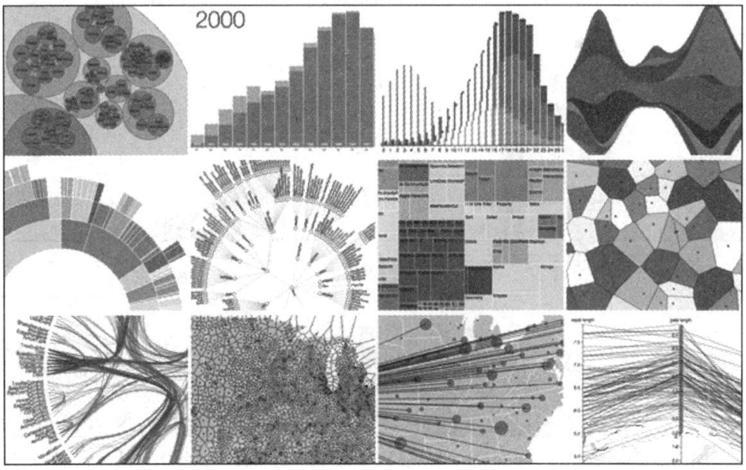

图 11-12　D3

7. Visual. ly

如果需要制作信息图而不仅仅是数据可视化，目前也有大把的工具可用。Visual. ly 就是最流行的一个选择。虽然 Visual. ly 的主要定位是"信息图设计师的在线集市"，但是也提供了大量信息图模板。虽然功能还有很多限制，但是 Visual. ly 绝对是个能激发灵感的地方，如图 11-13 所示。

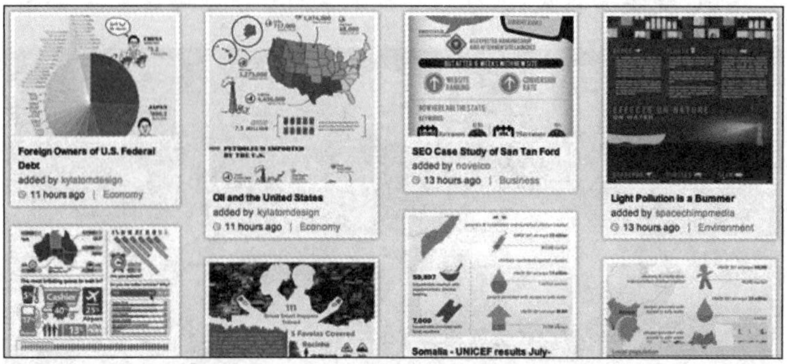

图 11-13 Visual. ly

第三部分：互动图形用户界面(GUI)控制

如果数据可视化的互动性强大到可以作为GUI界面会怎样？随着在线数据可视化的发展，按钮、下拉列表和滑块都在进化成更加复杂的界面元素，例如，能够调整数据范围的互动图形元素，推拉这些图形元素时输入参数和输出结果数据会同步改变，在这种情况下，图形控制和内容已经合为一体。以下这些工具能够帮助实现这些功能。

8. Crossfilter

当我们为方便客户浏览数据开发出更加复杂的工具时，我们已经能够创建出既是图表，又是互动图形用户界面的小程序。JavaScript 库 Crossfilter 就是这样的工具，如图 11-14 所示。

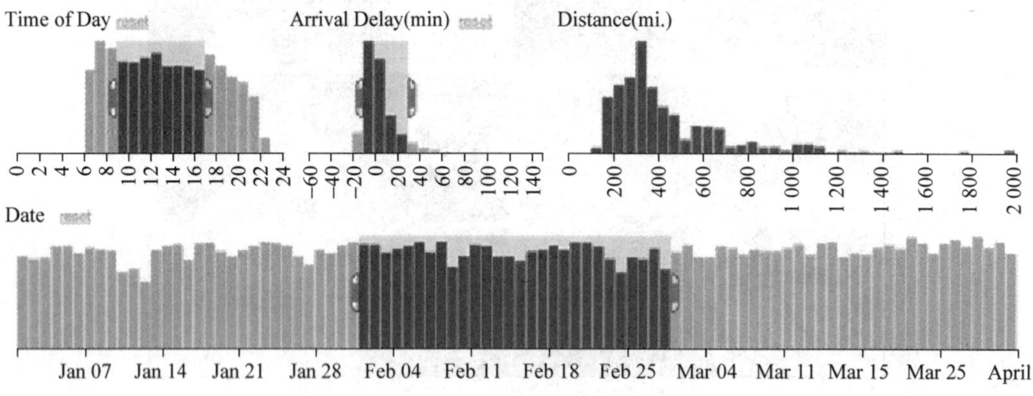

图 11-14 Crossfilter

Crossfilter 应用：当调整一个图表中的输入范围时，其他关联图表的数据也会随之改变。

9. Tangle

JavaScript 库 Tangle 进一步模糊了内容与控制之间的界限。在下面这个应用实例中，Tangle 生成了一个负载的互动方程，读者可以调整输入值获得相应数据，如图 11-15 所示。

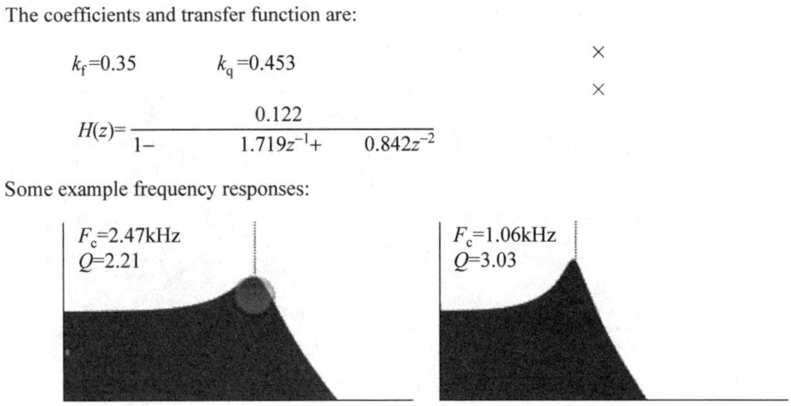

图 11-15 Tangle

第四部分：地图工具

地图生成是 Web 上最困难的任务之一。Google Maps 的出现完全颠覆了过去人们对在线地图功能的认识。而 Google 发布的 Maps API 则让所有的开发者都能在自己的网站中植入地图功能。

近年来，在线地图的市场成熟了很多，如果需要在数据可视化项目中植入定制化的地图方案，目前市场上已经有很多选择，但是知道在何时选择何种地图方案则成了一个很关键的业务决策。地图方案看上去功能都很强大，但是切忌“有了一把锤子，看什么都像钉子。”

10. Modest Maps

顾名思义，Modest Maps 是一个很小的地图库，只有 10KB 大小，是目前最小的可用地图库。这似乎意味着 Modest Maps 只提供一些基本的地图功能，但是不要被这一点迷惑了。在一些扩展库的配合下，例如 Wax，Modest Maps 立刻会变成一个强大的地图工具，如图 11-16 所示。

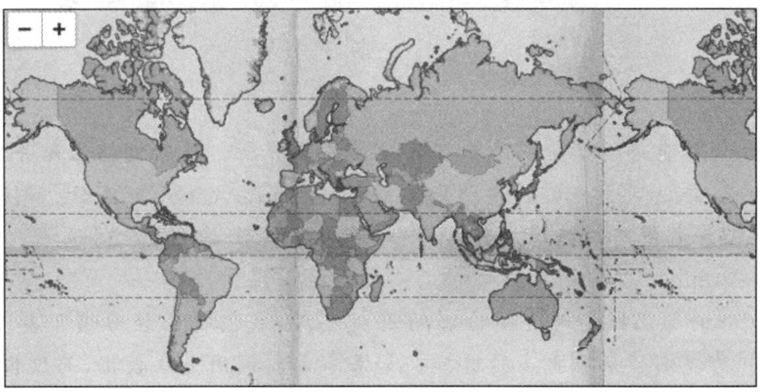

图 11-16 Modest Maps

11. Leaflet

CloudMade 团队带来了 Leaflet，这是另外一个小型化的地图框架，通过小型化和轻量化来满足移动网页的需要。Leaflet 和 Modest Maps 都是开源项目，有强大的社区支持，是在网站中整合地图应用的理想选择，如图 11-17 所示。

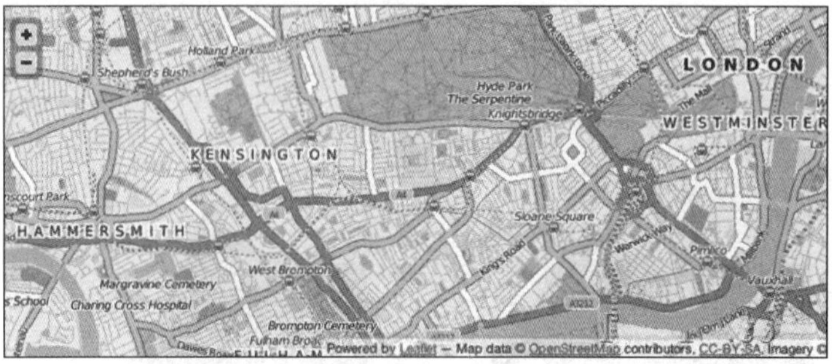

图 11-17　Leaflet

12. Polymaps

Polymaps 是另外一个地图库，但主要面向数据可视化用户。Polymaps 在地图风格化方面有独到之处，类似 CSS 样式表的选择器，是不可错过的好东西，如图 11-18 所示。

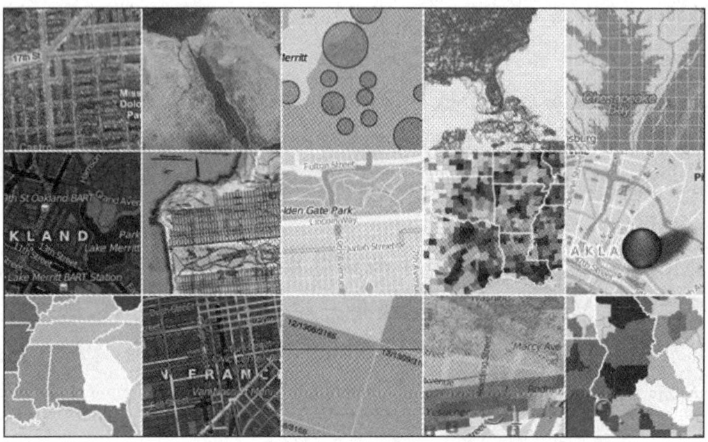

图 11-18　Polymaps

13. OpenLayers

OpenLayers 可能是所有地图库中可靠性最高的一个。虽然文档注释并不完善，且学习曲线非常陡峭，但是对于一些特定的任务来说，OpenLayers 无可匹敌。例如，它能够提供一些其他地图库都没有的特殊工具，如图 11-19 所示。

14. Kartograph

Kartograph 的标记线是对地图绘制的重新思考，我们都已经习惯了莫卡托投影，但是 Kartograph 为我们带来了更多的选择。如果不需要调用全球数据，而仅仅是生成某一区域的地图，那么 Kartograph 将是最佳选择，如图 11-20 所示。

15. CartoDB

CartoDB 是一个不可错过的网站。可以用 CartoDB 很轻易就把表格数据和地图关联起来，这方面 CartoDB 是最优秀的选择。例如，可以输入 CSV 通讯地址文件，CartDB

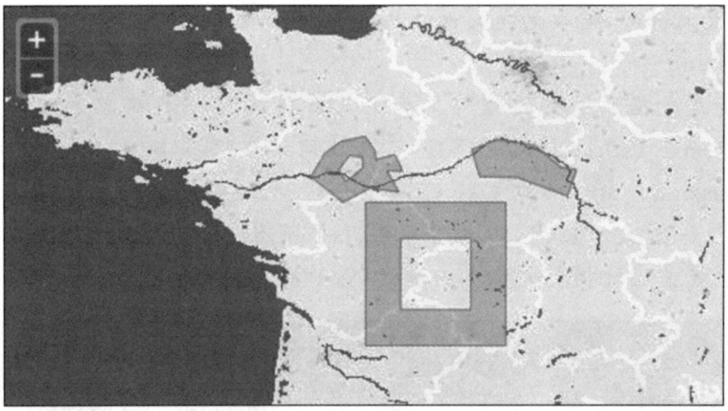

图 11-19　OpenLayers

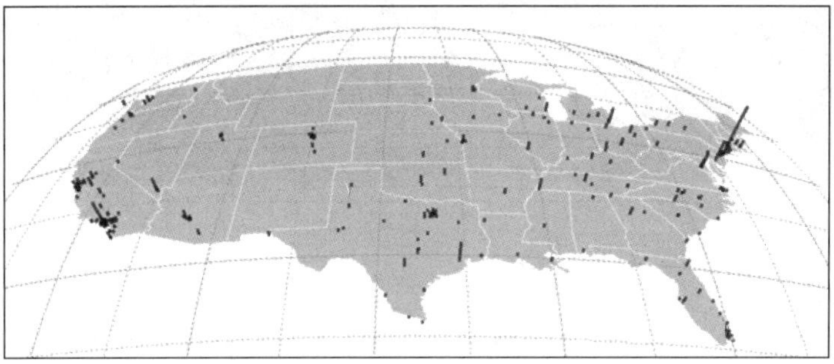

图 11-20　Kartograph

能将地址字符串自动转化成经度/纬度数据并在地图上标记出来。目前 CartoDB 支持免费生成 5 张地图数据表，更多使用需要支付月费，如图 11-21 所示。

图 11-21　CartoDB

Web 开发的一个最新趋势是将符号字体与字体整合（把符号变成字体），创建出漂亮的矢量化图标。这些矢量字体将是数据可视化工作中需要考虑到的因素。

第五部分：进阶工具

如果准备用数据可视化做一些“严肃”的工作，那么可能不会对在线可视化工具或者

Web 小程序有太大兴趣，需要的是桌面应用和编程环境。

16. Processing

Processing 是数据可视化的招牌工具。只需要编写一些简单的代码，然后编译成 Java。目前还有一个 Processing.js 项目，可以让网站在没有 Java Applets 的情况下更容易地使用 Processing。由于端口支持 Objective-C，也可以在 iOS 上使用 Processing。虽然 Processing 是一个桌面应用，但也可以在几乎所有平台上运行，此外经过数年发展，Processing 社区目前已近拥有大量实例和代码，如图 11-22 所示。

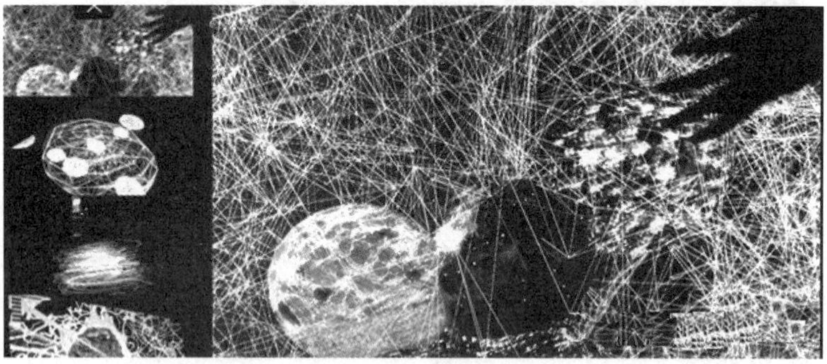

图 11-22 Processing

17. NodeBox

NodeBox 是 OS X 上创建二维图形和可视化的应用程序。需要了解 Python 程序，NodeBox 与 Processing 类似，但是没有 Processing 的互动功能，如图 11-23 所示。

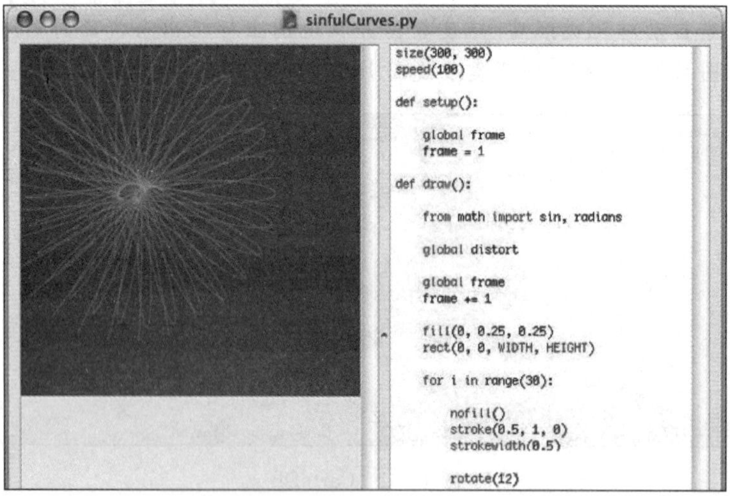

图 11-23 NodeBox

第六部分：专家级工具

与 Excel 相对的是专业数据分析工具。如果你是一个专业的数据分析师，那么就必须对下面将要介绍的工具有所了解(如果不是精通的话)。众所周知，SPSS 和 SAS 是数据分析行业的标准工具，但是这些工具的费用不菲，只有大型组织和学术机构才有机会使用，下面介绍几种免费的替代工具，这些开源工具的共同特征是都有强大的社区支持。开源分析工具性能不输老牌专业工具，插件的支持甚至更好。

18．R

作为用来分析大数据集的统计组件包，R是一个非常复杂的工具，需要较长的学习实践，学习曲线也是本文所介绍工具中最陡峭的。但是R拥有强大的社区和组件库，而且还在不断成长。当你能驾驭R的时候，一切付出都是物有所值的，如图11-24所示。

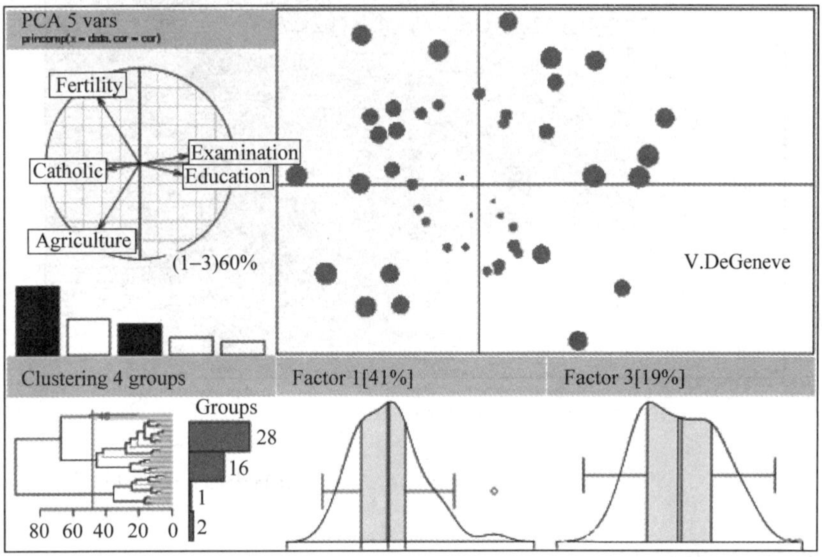

图 11-24　R

19．Weka

当你成长成一名数据科学家的时候，就需要将个人能力从数据可视化扩展到数据挖掘领域。Weka是一个能根据属性分类和集群大量数据的优秀工具，Weka不但是数据分析的强大工具，还能生成一些简单的图表，如图11-25所示。

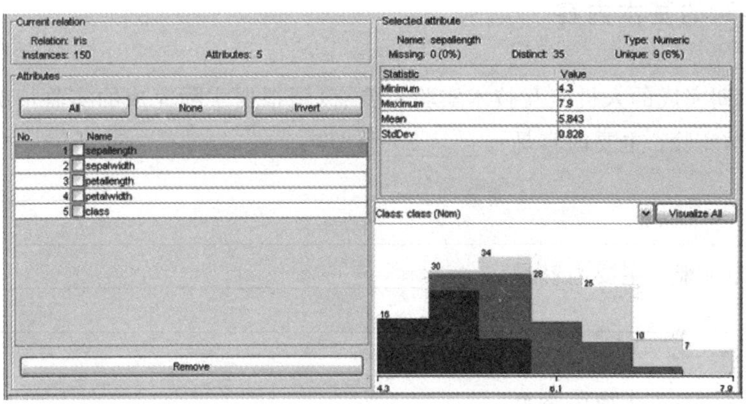

图 11-25　Weka

20. Gephi

Gephi是进行社交图谱数据可视化分析的工具，不但能处理大规模数据集并生成漂亮的可视化图形，还能对数据进行清洗和分类。Gephi是一种非常特殊的软件，也非常复杂，先于他人掌握Gephi将使你一骑绝尘，如图11-26所示。

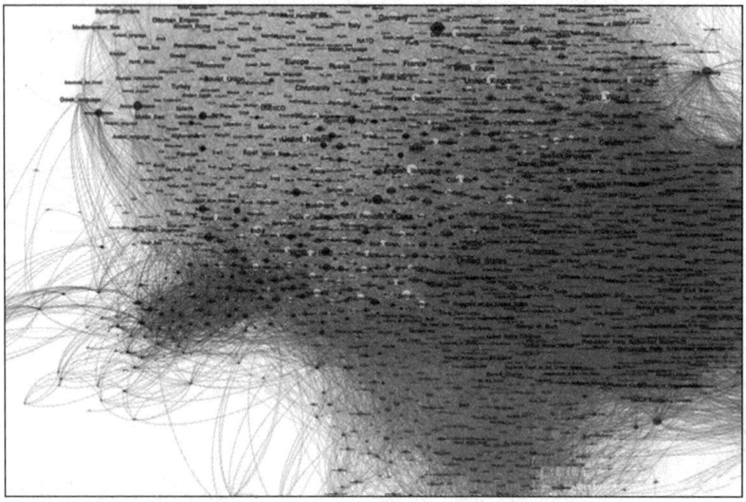

图11-26 Gephi

资料来源：王萌，IT经理网，2012.10.11

11.5 课程实验总结

至此，顺利完成了本书有关人机交互技术的全部实验。为巩固通过实验所了解和掌握的相关知识和技术，请就所做的全部实验做一个系统的总结。由于篇幅有限，如果书中预留的空白不够，请另外附纸张粘贴在边上。

11.5.1 实验的基本内容

(1) 本学期完成的人机交互技术实验主要有(请根据实际完成的实验情况填写)：

① 第1章实验：主要内容是：______________________________

____

____

② 第2章实验：主要内容是：______________________________

____

____

③ 第3章实验：主要内容是：______________________________

____

④ 第 4 章实验：主要内容是：

⑤ 第 5 章实验：主要内容是：

⑥ 第 6 章实验：主要内容是：

⑦ 第 7 章实验：主要内容是：

⑧ 第 8 章实验：主要内容是：

⑨ 第 9 章实验：主要内容是：

⑩ 第 10 章实验：主要内容是：

(2) 通过实验，你认为自己主要掌握的人机交互技术的知识点是：

① 知识点：

简述：

② 知识点：

简述：

③ 知识点：

简述：

11.5.2 实验的基本评价

(1) 在全部实验中，你印象最深，或者相比较而言你认为最有价值的实验是：

① ______________________________

你的理由是：______________________________

____

____

② ______________________________

你的理由是：______________________________

____

____

(2) 在所有实验中，你认为应该得到加强的实验是：

① ______________________________

你的理由是：______________________________

____

____

② ______________________________

你的理由是：______________________________

____

____

(3) 对于本课程的实验内容，你认为应该改进的其他意见和建议是：

答：______________________________

____

____

____

____

____

____

____

____

____

____

11.5.3 课程学习能力测评

请根据你在本课程中的学习情况客观地对自己在人机交互技术知识方面做一个能力测评。请在表 11-1 的“测评结果”栏中合适的项下打“√”。

表 11-1 课程学习能力测评

关键能力	评价指标	测评结果					备注
		很好	较好	一般	勉强	较差	
课程主要内容	1. 了解本课程的主要内容						
	2. 熟悉本课程的全部或者大多数基本概念，了解本课程的理论基础						
	3. 熟悉本课程的网络计算环境						
相关学科知识	1. 了解认知心理学的基本知识						
	2. 了解人机工程学的基本知识						
	3. 了解人机界面艺术设计						
界面设计知识	1. 熟悉硬件人机界面设计						
	2. 掌握软件人机界面、网页界面和图标设计知识						
	3. 掌握 Firework 软件的各项功能和基本操作						
网络学习能力	1. 了解通过网络自主学习的必要性和可行性						
	2. 掌握通过网络提高专业能力、丰富专业知识的学习方法						
自我管理能力	1. 培养自己的责任心						
	2. 掌握、管理自己的时间						
交流能力	1. 知道如何尊重他人的观点等						
	2. 能和他人有效地沟通，在团队合作中表现积极						
	3. 能获取并反馈信息						
解决问题能力	1. 学会欣赏人机界面设计的作品和运用人机交互技术课程的知识						
	2. 能发现并解决一般问题						
设计创新能力	1. 能根据现有的知识与技能创新地提出有价值的观点						
	2. 使用不同的思维方式						

说明："很好"为 5 分，"较好"为 4 分，其余类推。全表栏目合计满分为 100 分，你对自己的测评总分为：________分。

11.5.4 人机交互技术实验总结

____

____

11.5.5 实验评价(教师)

参考文献

1. 王文,周苏等. 人机界面设计(第二版). 北京：科学出版社,2011.
2. 周苏等. 数字艺术设计基础. 北京：清华大学出版社,2011.
3. [美]Ben Shneiderman,Catherine Plaisant. 用户界面设计——有效的人机交互策略(第五版). 北京：电子工业出版社,2014.
4. [韩]金振宇. 人机交互——用户体验创新的原理. 北京：清华大学出版社,2014.
5. 骆斌. 人机交互——软件工程视角. 北京：机械工业出版社,2012.
6. [美]Roger S Pressman. 软件工程——实践者的研究方法. 郑人杰等译. 北京：机械工业出版社,2011.
7. 周苏等. 数字媒体技术基础. 北京：机械工业出版社,2015.
8. 周苏等. 现代软件工程. 北京：机械工业出版社,2015.
9. 周苏主编. 创新思维与 TRIZ 创新方法. 北京：清华大学出版社,2015.

参考文献